陕西师范大学优秀著作出版基金资助出版
陕西师范大学一流学科建设经费资助出版

中国科技创新中心城市形成机理研究

—— 基于企业区位选择视角 ——

睢 博 ◎著

陕西师范大学出版总社

图书代号　ZZ21N1764

图书在版编目(CIP)数据

中国科技创新中心城市形成机理研究：基于企业区位选择视角／睢博著. —西安：陕西师范大学出版总社有限公司，2021.8

ISBN 978-7-5695-2358-4

Ⅰ.①中…　Ⅱ.①睢…　Ⅲ.①企业管理—区位选择—影响—科技中心—城市建设—研究—中国　Ⅳ.①F279.23

中国版本图书馆 CIP 数据核字(2021)第 149776 号

中国科技创新中心城市形成机理研究：基于企业区位选择视角
ZHONGGUO KEJI CHUANGXIN ZHONGXIN CHENGSHI XINGCHENG JILI YANJIU: JIYU QIYE QUWEI XUANZE SHIJIAO

睢　博　著

责任编辑	张俊胜
责任校对	王东升
封面设计	鼎新设计
出版发行	陕西师范大学出版总社
	（西安市长安南路 199 号　邮编 710062）
网　　址	http://www.snupg.com
经　　销	新华书店
印　　刷	西安日报社印务中心
开　　本	787mm×1092mm　1/16
印　　张	14.5
字　　数	253 千
版　　次	2021 年 8 月第 1 版
印　　次	2021 年 8 月第 1 次印刷
书　　号	ISBN 978-7-5695-2358-4
定　　价	39.00 元

读者购书、书店添货或发现印刷装订问题，请与本社高等教育出版中心联系。

电话：(029)85303622（传真）　85307826

目录

第一章 导论 ……………………………………………………… / 1

  第一节 研究背景及意义 …………………………………… / 1

    一、研究背景 ……………………………………………… / 1

    二、研究意义 ……………………………………………… / 5

  第二节 文献综述 …………………………………………… / 7

    一、知识型企业区位选择的相关研究 …………………… / 7

    二、科技创新中心城市形成的相关研究 ………………… / 13

    三、企业区位选择与科技创新中心城市的形成 ………… / 19

    四、研究述评 ……………………………………………… / 22

  第三节 研究思路、研究内容及研究方法 ………………… / 24

    一、研究思路 ……………………………………………… / 24

    二、研究内容 ……………………………………………… / 25

    三、研究方法 ……………………………………………… / 26

第二章 基于企业区位选择视角的科技创新中心城市形成机理分析 ……… / 28

  第一节 科技创新中心城市的内涵及特征 ………………… / 28

    一、科技创新中心城市的内涵 …………………………… / 28

    二、科技创新中心城市的特征 …………………………… / 30

  第二节 创新环境与企业区位选择 ………………………… / 33

    一、基于创新生态系统视角的科技创新中心城市要素构成 …… / 33

二、融资约束、人力资本、知识溢出与企业区位选择 ………… / 42

第三节　创新环境、企业区位选择与科技创新中心城市形成 ……… / 46

　　一、地理区位、企业区位选择与科技创新中心城市形成 ………… / 46

　　二、产业政策、企业区位选择与科技创新中心城市形成 ………… / 49

　　三、创新文化环境、企业区位选择与科技创新中心城市形成 …… / 52

第四节　企业区位选择视角下的科技创新中心城市形成数理模型分析

　　………………………………………………………………………… / 56

　　一、模型设定 ……………………………………………………… / 56

　　二、模型求解 ……………………………………………………… / 57

　　三、模型比较静态分析 …………………………………………… / 60

第五节　本章小结 …………………………………………………… / 65

第三章　地理区位、企业区位选择与科技创新中心城市形成实证分析 … / 67

第一节　研究假设的提出 …………………………………………… / 67

　　一、地理区位、企业融资约束与科技创新中心城市形成 ………… / 67

　　二、地理区位、企业人力资本与科技创新中心城市形成 ………… / 68

　　三、地理区位、企业知识溢出与科技创新中心城市形成 ………… / 69

第二节　模型设定与变量说明 ……………………………………… / 70

　　一、变量选择 ……………………………………………………… / 70

　　二、数据来源 ……………………………………………………… / 76

　　三、描述性统计 …………………………………………………… / 77

　　四、模型设定 ……………………………………………………… / 78

第三节　实证分析 …………………………………………………… / 79

　　一、地理区位、企业区位选择与科技创新中心城市形成分析 …… / 79

　　二、企业异质性条件下地理区位、企业区位选择与科技创新中心

　　　　城市形成分析 ………………………………………………… / 87

三、地区异质性条件下地理区位、企业区位选择与科技创新中心城市形成分析 ……………………………………………… / 94

　第四节　本章小结 …………………………………………………… / 105

第四章　产业政策、企业区位选择与科技创新中心城市形成实证分析 … / 107

　第一节　研究假设的提出 …………………………………………… / 107

　　一、产业政策、企业融资约束与科技创新中心城市形成 ………… / 107

　　二、产业政策、企业人力资本与科技创新中心城市形成 ………… / 108

　　三、产业政策、企业知识溢出与科技创新中心城市形成 ………… / 109

　第二节　模型设定与变量说明 ……………………………………… / 110

　　一、变量选择 ………………………………………………………… / 110

　　二、数据来源 ………………………………………………………… / 112

　　三、描述性统计 ……………………………………………………… / 113

　　四、模型设定 ………………………………………………………… / 113

　第三节　实证分析 …………………………………………………… / 115

　　一、产业政策、企业区位选择与科技创新中心城市形成分析 …… / 115

　　二、企业异质性条件下产业政策、企业区位选择与科技创新中心城市形成分析 …………………………………………………… / 123

　　三、地区异质性条件下产业政策、企业区位选择与科技创新中心城市形成分析 …………………………………………………… / 130

　第四节　本章小结 …………………………………………………… / 143

第五章　创新文化环境、企业区位选择与科技创新中心城市形成实证分析 ……………………………………………………………………… / 144

　第一节　研究假设的提出 …………………………………………… / 144

　　一、创新文化环境、企业融资约束与科技创新中心城市形成 …… / 144

　　二、创新文化环境、企业人力资本与科技创新中心城市形成 …… / 145

三、创新文化环境、企业知识溢出与科技创新中心城市形成……/ 146
　第二节　模型设定与变量说明…………………………………/ 147
　　一、变量选择 ……………………………………………………/ 147
　　二、数据来源 ……………………………………………………/ 150
　　三、描述性统计 …………………………………………………/ 150
　　四、模型设定 ……………………………………………………/ 151
　第三节　实证分析………………………………………………/ 152
　　一、创新文化环境、企业区位选择与科技创新中心城市形成分析
　　　 ……………………………………………………………/ 152
　　二、企业异质性条件下创新文化环境、企业区位选择与科技创新
　　　 中心城市形成分析 …………………………………………/ 166
　　三、地区异质性条件下创新文化环境、企业区位选择与科技创新
　　　 中心城市形成分析 …………………………………………/ 177
　第四节　本章小结………………………………………………/ 197

第六章　结论与展望………………………………………………/ 199
　第一节　研究结论………………………………………………/ 199
　第二节　政策建议………………………………………………/ 201
　　一、取缔地方保护主义，扩大对外开放………………………/ 201
　　二、实施多样化、差异化的产业政策…………………………/ 202
　　三、营造良好的创新文化环境，调动创新者的积极性………/ 203

参考文献………………………………………………………/ 204

第一章 导论

第一节 研究背景及意义

一、研究背景

自1978年改革开放以来,中国政府出台了一系列鼓励科技创新的政策。1978年,邓小平指出要实现农业、工业、国防和科学技术现代化,关键在于实现科学技术现代化,并强调"科学技术是第一生产力";1985年,中共中央发布了《关于科学技术体制改革的决定》,中国科技体制改革拉开了序幕。此后,国家建立了知识产权保护制度,组织实施"星火计划""火炬计划""863计划""973计划"等各类不同的科研计划,以促进中国科学技术的发展。为了提升科技创新对实体经济的贡献,1991年,国务院批准部分地区建立国家高新技术产业开发区,通过营造良好的创新环境,促进高新技术产业的发展。1995年,党中央提出"科教兴国"战略;2005年,党的十六届五中全会,首次提出了建设创新型国家的战略思想;2006年,国务院制定并颁布了《国家中长期科学和技术发展规划纲要(2006—2020年)》,提出了到2020年把中国建成创新型国家的发展目标,标志着中国正式将科学技术作为推动中国经济社会发展的根本动力。

2008年"次贷危机"以来,整个世界经济处于衰退期,中国人口红利逐步消失、老龄化社会以及资产泡沫加剧等因素一直制约着中国经济的良性发展,尽管中国政府在此期间实施了"四万亿计划",中国经济依然动力不足。突破旧有的经济发展模式,寻找经济增长新动力是保持经济稳定增长的必然要求,基于此,党的十八大提出了创新驱动发展战略。截止2017年,国家级高新区数量已达156家,高新区生产总值占国内生产总值(GDP)的比重为

11.5%;孵化企业数量达到61 743家,日均新登记企业1.66万家,全社会创新创业热情高涨;工业战略性新兴产业增加值同比增长11%;技术市场共签订技术合同3.6万项,比上一年增长14.71%,技术市场签订合同成交额为13 424.22亿元,同比增长17.68%[①],科技贡献率达到57.5%[②],科技创新对实体经济的贡献与日俱增。

但是,与发达国家相比,中国整体创新水平还有一定的差距。就创新投入而言,2017年,中国研发投入总量为3706亿美元,位居世界第二,研发支出占GDP的比重为2.0%,比美国少了0.7%;从研究人员密度来看,2017年,中国每100万人口中,拥有1096名研究人员,分别比美国、以色列和韩国少了3199、7154、5760人[③];在创新产出方面,2017年,全球创新指数(GII)显示中国创新排名居世界第22位,中国受理的发明专利申请量为138.2万项,同比增长14.2%,远远高于美国、日本和韩国等国家。然而,PCT(《专利合作条约》)国际专利申请量依然是美国居于榜首,美国PCT申请量为5.66万项,比中国多了0.78万项,中国庞大的国内专利申请量并未完全转化为世界认可的科技成果。图1-1反映了中国和世界知识产权组织(WIPO)公布的全球排名前五位国家的全要素生产率(TFP)数据[④],图中每一个点反映当年以美国作为基准的各国全要素生产率。从图1-1可以看出,1978—2014年,中国全要素生产率有了一定的提升,但是,与发达国家相比,中国全要素生产率依然偏低。尤其是2009年后,虽然中国创新产出有了较大的提升,但中国全要素生产率并未有显著提高,中国创新发展未能给中国的经济带来实质性的增长。

---

① 中华人民共和国科学技术部《2017年全国技术市场交易简报》。
② 《光明日报》2018年1月10日08版。
③ 联合国教科文组织统计研究所的详细可视化数据,网址为:http://uis.unesco.org/apps/visualisations/research-and-development-spending/#! lang=en。
④ TFP数据来自宾夕法尼亚大学全要素生产率表,荷兰数据在表中未披露,因此选取第六名丹麦递补。

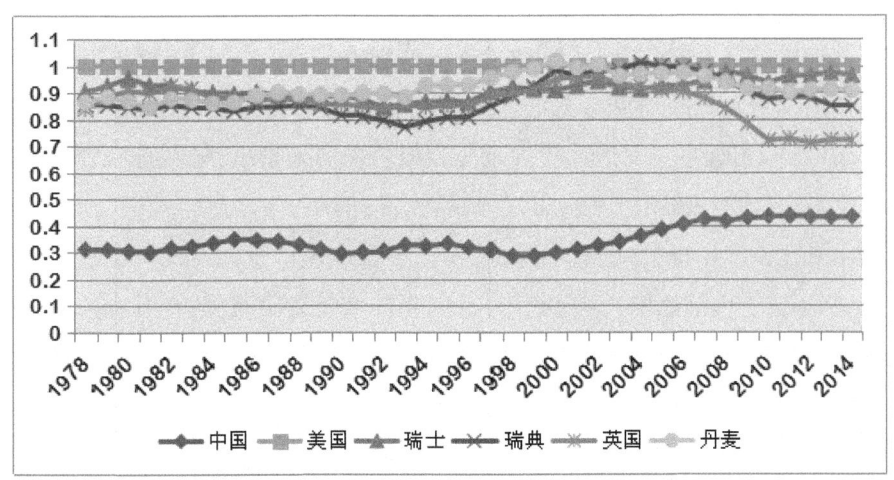

图1-1 中国与WIPO排名前五位国家的全要素生产率(以每一年美国数据为基准)

如何提升中国的创新能力？学术界从不同方面进行了探究，一部分学者从产业集聚(倪进峰 等，2017；韩坚 等，2017)、制度政策(罗晓辉 等，2018；郭玥，2018)和财政分权(李政 等，2018；薛婧 等，2018)等宏观区域层面寻找答案，还有部分学者从企业研发投入(李盛竹 等，2016)、公司治理(冯根福 等，2008)、政治关联(李爽，2018；高厚宾 等，2018；乐菲菲 等，2018)和企业异质性(孙晓华 等，2010；易靖韬 等，2015)等微观层面探究了提升中国创新能力的途径。上述诸多学者基于不同层面分析了中国创新发展过程中存在的问题，并提出许多有益的对策和建议。然而，信息技术、人工智能、生物医药等领域的交叉融合，促使创新活动由封闭状态向开放式创新转换。经济全球化背景下贸易保护主义日益显现，中国不仅需要对国内的创新资源进行合理配置，更需要立足于世界，有效利用全球的科技创新资源，在新一轮的科技竞争中占据有利地位(樊增强，2018)。硅谷、伦敦、纽约等地区作为全球科技创新中心，集聚了大量的创新资源，决定了全球产业发展的方向，具有广泛的世界影响力(杜德斌 等，2016)。中国为了实现跨越式发展，在世界经济体系占有一席之地，必须建立科技创新中心城市。2015年，《中共中央 国务院关于深化体制机制改革加快实施创新驱动发展战略的若干意见》提出，建立以企业为主导的创新中心；2016年，国务院印发《北京加强全国科技创新中心建设总体方案》，明确提出北京加强全国科技创新中心建设的总体思路、发展目标、重点任务和保障措施。同年,中共中央、国务院先后发布了《国家创新驱动发展战略纲要》和《"十三五"国家社会发展科技创新规划》,都明确提出把北京、上海建设成具有全球影响力的科技创新中心。2017年,习近平总书记在党的十九大报告中明确指出,创新是引领发展的第一动力,是建设现代化经济体系的战略支撑,同年,科技部印发的《国家技术创新中心建设工作指引》的通知指出,在若干重点领域建设一批国家技术创新中心,形成具有国际影响力和竞争力的国家技术创新网络,培育具有国际影响力的行业领军企业,带动一批科技型中小企业成长,推动若干重点产业进入全球价值链中高端,提升中国在全球产业版图和创新格局中的位势。

随着国家相关政策法规的出台,全国各地掀起了建设"科技创新中心"的热潮。然而,现实情况是中国各地区科技创新发展水平参差不齐,空间分布不均衡。从整体上看,科技创新中心城市和知识型企业主要集中在东部及沿海城市,科技创新中心城市在中西部地区的分布较为零散,仅在重庆市和成都市存在一定的空间集聚,一少部分知识型企业分布在中部和西部地区。知识型企业空间分布与科技创新中心城市空间分布具有一定的相似性,知识型企业集中的城市也是科技创新中心所在地,科技创新中心城市与知识型企业区位选择存在着某种必然的内在联系。

地方政府建设科技创新中心的需要与各地区科技创新发展空间分布不均衡之间的矛盾,引发了人们的思考。为什么有些地方科技创新发展得比较快,有些地方发展得比较慢?是不是中国所有地区都适合建立科技创新中心城市呢?是满足地方政府的需要,在各个城市建立科技创新中心,还是尊重客观规律,有选择、有计划地建立科技创新中心城市?科技创新中心城市是怎样形成的,有无规律可循?这些问题,都是当前亟待解决的问题。对于这些问题,现有文献并未给出明确的答案。

尽管诸多学者分别从地理区位(党兴华 等,2013;杜江 等,2017)、产业政策(赵坚,2008;柳光强,2012)、文化环境(艾永芳 等,2017;于晓宇,2011)、创新资源(Krugman,1991;刘娟,2010;潘文卿,2012;饶光明 等,2009)和创新主体(Friedmann,1987;王佳宁 等,2016)等方面对科技创新中心城市的形成进行了研究,提出了许多观点,但是鲜有文献从微观企业层面对科技创新中心城市的形成机理进行研究,特别是从知识型企业的区位选择视角对科技创新中心城市的形成机理进行探究更是凤毛麟角。鉴于此,本文以已有的相关研究文献和理论为指导,以知识型企业为主线,从微观企业区位选择视角,研究地理区位、产业政策以及创新文化环境等因素对知识型企业选择科技创新中心城市的影响及作用机理,分析科技创新中心城市形成的一般规律,为中国建立和发展科技创新中心城市提供理论支撑。所以,本研究对于加快中国科技创新中心城市建设的步伐,提高中国科技创新中心城市的创新效率,以及提高中国科技创新水平,推动中国经济可持续发展,实现中国由制造大国向科技创新强国转变,都具有非常重要的理论价值和现实意义。

二、研究意义

当前,中国发展仍处于并将长期处于重要战略机遇期,经济运行稳中有变、变中有忧,外部环境复杂严峻,经济面临下行压力。突破旧有的经济发展模式,寻找经济增长新的动力是保持经济稳定增长的必由之路。在这种背景下,探究科技创新中心城市的形成规律,充分发挥科技创新中心城市的功能和作用,既能形成中国经济增长新动能,推动经济可持续发展,又能促进产业结构的优化与升级,推动经济发展质量和效率提升,不断提高中国科技创新能力,增强中国经济国际竞争力。

(一)理论意义

第一,从理论上明晰科技创新中心城市的形成机理。本文依据新经济地理理论、创新生态系统理论、知识基础理论以及区位选择理论,基于企业区位选择视角构建科技创新中心城市形成机理分析框架,分析地理区位、产业政策以及创新文化环境等因素对知识型企业选择科技创新中心城市的影响及作用机理,探寻中国科技创新中心城市的形成规律,丰富了科技创新中心城市的形成理论。

第二,拓展了目前学术界对科技创新中心城市形成研究的视野。已有文献从宏观或中观层面对科技创新中心城市的形成进行了初步探讨,鲜有文献从微观企业视角对科技创新中心城市的形成机理进行研究,鉴于此,本文基于企业区位选择视角,研究地理区位、产业政策和创新文化环境等因素对知识型企业选择科技创新中心城市的影响及作用机理,总结科技创新中心城市形成的一般规律,拓展了科技创新中心城市研究的边界。

第三,补充了知识型企业区位选择理论。本文基于知识型企业区位选择视角,通过改变企业的融资约束、人力资本和知识溢出三个变量,分析地理区位、产业政策以及创新文化环境等因素,对知识型企业选择科技创新中心城市的影响及其作用机理,探索在地理区位、产业政策以及创新文化环境等因素的影响下,知识型企业区位选择的规律,丰富了知识型企业区位选择理论。

(二)现实意义

第一,通过探究科技创新中心城市的形成机理,掌握科技创新中心城市的形成规律,为科技创新中心城市营造地理区位优越、创新文化环境优良、产业政策优惠的氛围,充分发挥科技创新中心城市的集聚功能和创新功能,增强科技创新中心城市的创新能力,提高科技创新中心城市的产出效率,实现基础研究和核心技术的突破,把科技创新中心城市打造为中国科技创新的策源地。

第二,以知识型企业区位选择为主线,从理论与实证两个层面分析科技创新中心城市的形成机理,为知识型企业向地理区位优越、创新文化环境优良、产业政策优惠的科技创新中心城市集聚提供理论指导,不断壮大科技创新中心城市的创新队伍,拓展知识型企业配置资源的边界,提升知识型企业的创新能力和产出效率,形成一批具有国际影响力的行业领军企业,提升中国在全球创新格局中的位势。

第三,通过建立布局合理、科学高效的中国科技创新中心城市,有助于激发全社会资源投入科技创新中心城市的积极性,缓解知识型企业的融资约束,提升知识型企业的人力资本和知识溢出水平,激活知识型企业的创新潜力,提高中国科技创新中心城市的创新水平,发挥科技创新中心城市的辐射功能、引领与带动作用,推动中国各地区经济可持续发展,实现中国的跨越式发展。

第二节 文献综述

本章在整理已有文献的基础上,对知识型企业区位选择与科技创新中心城市形成之间的关系进行了初步梳理,为深入探讨企业区位选择视角的科技创新中心城市形成机理奠定了理论基础。

一、知识型企业区位选择的相关研究

知识型企业以创新为使命,通过持续的创新,创造市场价值。佟爱琴等(2007)将知识型企业定义为知识经济背景下,从事知识和信息型产品生产经营活动的经济组织。蔡晓珊(2016)认为知识型企业以人力资本为要素,通过人力资本积累,生产知识和技术,并依靠人力资本实现企业的竞争优势。借鉴佟爱琴和蔡晓珊等人对知识型企业的定义,本书认为知识型企业是以人力资本为核心要素,以创新为使命,通过人力资本积累,生产知识和技术产品的经济组织,是一种学习知识、转换知识和生产知识的组织。因此,知识型企业是学习型企业,处于新知识的获取与转化状态之中。这就决定了知识型企业的区位选择不同于一般企业,不仅需要考虑成本—收益的利润最大化原则,而且更需要考虑一个地区知识型人才和其他创新要素的多寡。

(一)基于成本-市场理论的相关研究

"区位"源于德文的 standort,在 1886 年被译为英文 location。区位是一种空间状态,是指人类行为活动的空间,也是任何经济活动必须依存的基础,是自然地理和交通地理区位等因素在空间上相互结合的一种形式。区位理论既是关于人类活动的空间分布及其空间中的相互关系的学说,又是企业遵循利润最大化原则,在空间内实现最优经济活动的理论。

区位理论最早始于"杜能圈"的研究。杜能(1986)认为地租是影响农业生产布局的重要因素,并运用抽象演绎的分析方法,对地租的影响因素进行了分析,研究发现地租是由农业生产成本、运费等因素共同影响的,得出成本是影响农业区位选择重要因素的结论;Launhardt(1995)借鉴杜能的农业区位理论,提出了工业区位理论,Launhardt 结合企业实际,引入供给等约束条件,基于成本最

小化原则,分析工业企业的最优区位选择,得出成本是影响工业企业区位选择的重要因素;韦伯(1997)在假定政策、政治制度、技术差别等非经济因素不起作用的条件下,探讨影响工业区位的经济因素,研究发现区域因子和地理位置因子是影响工业区位选择的主要因素,这两种因子影响企业的运输成本和生产成本,进而决定企业的空间分布,拓展了区位理论中关于成本的分析框架;Hotelling(1929)基于市场空间竞争模式,分析不完全竞争条件下企业在市场空间的分布状况,为以后区域产业竞争理论的发展提供了思路;克里斯塔勒(1998)和勒施(1995)认为企业区位选择的主要影响因素是利润,企业是基于利润最大化原则进行区位选择的,市场需求和市场规模的空间分布决定了企业的空间分布;俄林(2001)在区域之间资本和技术不存在自由流动的条件下研究了产业区位问题,认为贸易是影响产业区位的重要因素,将生产要素的相对价格差异作为产业区位选择理论的核心。

成本-市场学派是在汲取古典区位理论和近代区位理论基础上发展起来的现代区位理论之一,代表人物主要是 Isard(1956)。早在20世纪50年代中期,Isard 数理推导了韦伯的区位理论公式,将企业新古典分析框架中的单一生产区位分析扩展到多生产区位。他综合了自韦伯以来工业区位理论的研究成果,将原料、市场、动力燃料、劳工供给、技术、资金供给和环境等要素考虑在内。提出了工业企业选址的方向,成本-市场学派理论的核心是强调成本与市场的相互依存关系。该学派认为,产业区位的确定应以利润最大化为目标,以自然环境、运输成本、工资、地区居民购买力、工业品销售范围和渠道等因素为条件,对区位进行成本与市场多种因素的综合分析,形成竞争配置模型。Venables(1996)把下游产业对上游产业的吸引称为"需求联系",把上游产业对下游产业的反作用称为"成本联系",在上、下游产业为不完全竞争市场、没有劳动力的自由流动、运输成本适中的情况下,需求联系和成本联系会导致产业在特定地区集聚。贺灿飞和魏后凯(2001)研究发现,东道国的市场规模、生产要素禀赋、政策环境等是影响跨国公司对外直接投资(FDI)分布的重要区位变量。黄肖琦和柴敏(2006)以中国29个省市自治区为研究对象,利用1993—2004年间的数据,研究中国 FDI 的区位选择发现,劳动力成本、地区优惠政策等传统区位变量对外资企业的区位选择影响不显著,而市场规模、运输成本等变量对外资企业的区位选择有显著的影响。叶素云和叶振宇(2012)将市场潜力、资源禀赋以及地区税负纳入企业区位选择的分析框架之中,依据2000—2010年的企业数据,研究286个城市的新增企业数,实证结果表明,市场潜力、资源禀赋等因素对企业区位选择产生正向影响,企业倾向于在市场规模大、自然禀赋丰富的地区选址;叶素云和叶振宇进一步比较了市场潜力、资源禀赋以及地区税负对企业区位选择的影响,发现市场潜力对中国企业的区位选择影响更为显著,在企业的区位选择影响中,市场需求是最为重要的因素。邵挺(2010)引入市场潜力、地理位置等因素研究外资企业区位选择的影响因素,发现传统区位理论中成本对外资企业的区位选择影响不显著,市场潜力对企业区位选择的影响在1%的水平上显著。

梳理已有文献,结合知识型企业的内涵,将运输成本或者企业成本作为知识型企业区位选择的主要因素是不合适的。除了成本因素以外,知识型企业在选址过程中,还把市场规模、市场潜力作为区位选择的重要因素。一个地区单纯依靠税收减免或低工资难以吸引知识型企业的进入,必须不断增加地区及周边地区市场潜力,扩大市场规模,才能吸引知识型企业安家落户。

(二)基于新经济地理理论的相关研究

新经济地理学派基于中心-外围模型,讨论了规模报酬递增和运输成本相互影响下,生产要素在两个区域之间流动的问题。新经济地理学派的代表人物Krugman(1991)将"冰山运输成本"引入垄断竞争模型中,构建了一个两区域的一般均衡模型,并进行数理推导,结果表明,当劳动力要素自由流动时,大量的劳动力将向市场规模大的地区流动,随着劳动力流向该区域,企业也不断向该区域集中,市场规模进一步扩大,市场效应逐步显现出来。然而,当大量的企业在市场效应影响下聚集到同一地区时,企业之间的竞争不断加剧,为了避免恶性竞争,一些企业会远离竞争激烈的地区。新经济地理理论认为,影响企业区位选择的主要因素是空间集聚的向心力和离心力。集聚的向心力和离心力通过影响生产要素在要素市场的流动,进而影响企业的区位选择。Arthur(1990)研究发现,大量的厂商和工人在某地区集中会吸引更多的厂商和工人,集聚向心力日益增强。然而,产业的集聚会引起该区域生产要素价格的上升,从而形成集聚的离心力,抑制集聚规模的进一步扩大。Head和Ries(1996)使用54个城市共931个外商投资企业的数据进行实证分析发现,中国的集聚效应是吸引FDI的重要因素,且该效应在基础设施和工业基础良好的城市更为显著。

集聚吸引企业区位选择的一个原因是实现规模经济效应。在技术水平一定的条件下,伴随着集聚现象出现,企业的长期平均成本不断降低,生产能力随着生产规模的扩大而扩大(郝寿义 等,2011)。企业为了实现规模经济,降低生产成本,倾向于在产业集聚地选址建厂。刘岳平和付晓东(2018)基于空间邻近视角,运用空间条件Logit模型研究城市空间邻近效应对企业区位选择的影响,实证结果表明,空间邻近性对企业区位选择存在显著影响。除此之外,集聚经济效应、人力资本以及人口规模等因素对企业区位选择在10%的水平上显著。进一步研究发现,集聚经济效应和邻近空间效应对企业区位选择的影响最为显著,企业在进行生产时,由于受到周边同行业企业知识溢出的影响,降低了企业的生产成本,促进了企业的创新。刘修岩和张学良(2010)使用2004—2007年中国工业企业数据,从地方化经济和城市化经济两个维度分析集聚对企业区位选择的影响,研究发现,地区集聚水平对企业区位选择产生正向显著影响。

集聚吸引企业区位选择的另一个原因是企业可以共享公共基础设施资源。公共基础设施作为准公共产品,具有非排他性和非竞争性。在市场规模不断扩大的地区,无论是交通、通信、信息设施,还是基础教育、医疗卫生服务,都形成了比较完善的公共服务体系,为企业生产、运输以及员工生活提供了必要的保障,有助于降低企业生产成本,提高劳动生产率。对此,诸多学者进行了研究。Henderson(1974)研究发现,良好的公共基础设施缩短了企业员工的通勤时间,降低了员工的生活成本,减少了企业支付的工资费用,使企业将更多的资金投入生产和研发之中。Harris(1954)使用可达性指标分析集聚对区位选择的影响,研究发现可达性指标的改善,促进了中心与周边地区的经济往来,对中心地区企业产品的需求不断增加,企业利润随之增加,吸引更多的企业进驻该地区。Harris的研究还发现,可达性指标在影响中心地区市场规模的同时,还产生了中心地区对外围地区的知识溢出,降低了外围地区的生产成本,集聚的离心力会驱使企业远离中心地区,可见,集聚对企业区位选择的影响不是线性变化的。林善浪等(2017)依据新经济地理理论,将企业运输过程中的油费以及时间成本纳入"冰山运输成本"之中,依据中国微观企业数据,进一步研究中国高速公路对企业区位选择的影响。研究结果表明,完善的地区高速公路设施节省了企业运输的时间,增加了企业运输来回的次数,整洁、宽敞的路面减少卡车运输过程的轮胎磨损和汽油费用,降低了企业的运输成本。由此可见,完善的基础设施有助于降低产品的生产成本和运输费用,增加企业利润,吸引更多的企业进入公共设施完善的地区,产生集聚效应。

与一般企业相比较,知识型(创新)企业并不关注一个地区传统资源是否丰裕等问题,而是关注该地区创新资源的多寡,尤其是关注自身拥有创新资源的多少。由于知识型企业不断进行科技创新,突破核心技术,开发新产品,必须拥有大量的人才、知识和技术,这些创新资源是知识型(创新)企业不断创新、生存和发展的根本保证(郑健壮 等,2011)。所以,徐康宁和陈健(2008)以中国样本为检验对象,研究发现在区位选择上,研发类跨国公司对城市市场规模的反应很敏感,对技术基础或人力资本、通信能力的反应比较敏感。余珮和陈继勇(2012)将美国在华公司分为电子及通信制造业以及计算机办公制造业等六个行业,将中国29个省、市自治区划分为华北、华东、西北、东北、华南等区域,并分别计算各省的投资者吸引指数(IPA指数),直观发现华北、华东等地区的IPA指数最高,西北地区最低。余珮和陈继勇通过嵌套Logit模型,进一步研究美国公司在中国区位选择的影响因素,结果表明,外资企业的集聚对美国公司在中国投资区位选择的影响更为显著,从上述美国在华公司的行业分布来看,美国在华公司具有知识型企业特性,对中国所在地区的人力资本和专业技术人才的集聚均有要求。具有地理区位优势以及经济发展好的地区更容易吸引外资的进入。随着集聚水平的提升,吸引更多的人才集聚,为所在地区知识型企业提供高质量的人力资本,有助于提升企业创新能力。伴随着知识型企业的发展壮大,对创新资源的需求与日俱增,从而推动更多的创新资源向科技创新中心城市聚集,促进科技创新中心城市的良性发展。

(三)基于增长极理论的相关研究

佩鲁(1987)认为经济空间存在若干个磁场,每个磁场产生"磁极",磁极包括向心力和离心力。在向心力和离心力的共同作用下会产生一定范围的"场",而国家经济被定义为由各个经济空间构成的集合,国家经济发展的动力来自技术创新,创新企业被称为增长的诱导单元,创新企业通过创新实现自身绩效水平的提升,不仅带动主导产业的发展,而且带动关联产业的发展,使一些地区优先发展起来,形成磁场中的"磁极"。然而,佩鲁对发展极的定义存在一定的缺陷,发展极是在抽象空间中形成的,并未与实际的经济生活联系在一起。

地理学家 Boudville(1966)作为佩鲁发展极理论的追随者,在其论著《区域经济规划问题》(*Problem of Regional Economic Planning*)中将"地理空间"概念引入增长极,提出了"增长中心"的空间概念,从地理空间的角度补充了佩鲁对于"经济空间"概念的理解。缪尔达尔(1966)认为,在增长极的发展过程中,产生"极化"和"扩散"两种作用,其中,"极化"作用促使大量的资本、技术以及劳动力聚集到增长极,企业获取生产要素比较容易,由此节约了生产成本。增长极以地区主导产业为中心,地区主导产业的核心是企业,增长极在推动企业发展的同时,通过乘数效应带动关联企业的发展,使企业和关联企业产生规模经济效应,增强企业的创新能力,吸引更多的企业向增长极聚集。

安虎森(2007)建立局部溢出模型,研究了增长极形成机制以及增长极与外围区的关系。结果表明,知识资本溢出强度越大,则经济增长率越高;经济增长率越高,资本向该区域集中度越高;资本份额大,则实际收入水平高,市场份额就大;资本集中度可以降低新资本生产成本,生产更多的知识资本,形成创新中心。安虎森进一步研究发现,增长极对外围区具有资本转移效应、知识和技术溢出效应以及在较发达地区的福利补偿效应。文玫(2004)考查了中国工业在区域上的集中程度及其影响因素,研究发现,低交易成本和运输费用有助于工业聚集于市场规模大的地区。金煜等(2006)利用 1987—2001 年省级面板数据研究了导致中国地区工业集聚的因素,研究发现,市场容量、城市化、基础设施的改善和政府作用的弱化有利于工业集聚,沿海地区具有工业集聚的地理优势。贾俊雪和郭庆旺(2007)运用基尼系数、面板时间序列分析和核密度估计的方法,对 1978—2004 年间中国区域人均 GDP 水平差异、全国及各地区是否存在增长趋同和增长分布的动态演进方式的分析表明,全国人均 GDP 水平差异主要源于地区间差异,中部地区存在着增长趋同,东部地区存在着以上海为中心的增长趋同子俱乐部,西部地区存在着以新疆为中心的增长趋同子俱乐部。

周密和王家庭(2018)在研究雄安新区成为国家增长极的条件时,梳理了增长极形成的传统框架,认为增长极的形成包括以下几个方面:首先,增长极本身应当具有良好的地理区位和丰富的资源禀赋,当发生"极化"作用时,能迅速聚集区域内的生产资源,将初级资源转变为可以出售的产品;其次,增长极的发展是通过主导产业推动的,主导产业通过乘数效应带动关联产业的发展,使得主导产业和相关联产业实现规模经济,降低增长极地区主导产业的生产成本。除此以外,增长极的发展还改善了人才创新环境,增长极地区完善的基础设施、廉价的生活成本以及便捷的交通,吸引着创新人才的集聚。

随着科技不断进步,众多科技创新企业开始崛起,部分学者用增长极理论研究创新企业问题,提出了企业孵化器理论。企业孵化器是以促成科技成果转化、培养高新技术企业和企业家为宗旨的科技创业服务载体。企业孵化器通过为初创的企业提供基础设施以及服务,降低企业的创业风险和创业成本,提高创业成功率,促进科技成果转化,提高企业的创新能力。李燕萍和李洋(2018)使用2007—2015年的省域数据和空间计量模型研究中国科技企业孵化器的空间关系,结果表明,企业孵化器的分布呈现出空间集聚现象,进一步研究发现,创新资源的丰裕程度、人力资本的积累水平以及地区经济的发展显著正向地影响企业孵化器的空间分布;在研究孵化器空间分布时,李燕萍和李洋认为知识型企业的创新活动在地理分布上并非是均质的,经济发展水平对于初创的知识型企业区位选择影响显著。知识型企业为了获得更多的创新资源支持,必然选择经济发展水平高、企业孵化器发展成熟的地区。因此,创新资源的获取程度、人力资本积累以及地区经济发展水平是影响知识型企业区位选择的重要因素。

二、科技创新中心城市形成的相关研究

(一)地理区位对科技创新中心城市形成的相关研究

美国硅谷和128公路的科技创新成功使得经济学家们发现,空间因素决定了科技创新中心的形成。Porter(1998)依据增长极理论,认为地理的集中性就向磁场一样,吸引着人才和创新资源的集聚。随着创新资源源源不断地涌入,吸引专业的研发团队进入该地区,有利于推进该地区产业结构的升级与优化。在增长极地区,随着创新资源的涌入,专业化的人才也在不断集聚,地理区位优势最终转变为人力资本累积的优势,科技创新中心的创新能力进一步得到提升。杜德斌和段德忠(2015)以2 Think Now评选出的全球最具影响的100个创新城市为研究对象,依据麦肯锡公司发布的创新热图对全球科技创新中心的成长路径和类型进行研究,发现地理区位是影响全球科技创新中心成长和发展的决定性因素。

首先,地理的邻近性促进了知识的交流和创造(Sammarra et al,2008)。Malmberg 和 Maskell(2006)认为由于面对面地接触和共同分享的认知和社会技能,地理邻近性能够促进企业间相互学习,地理邻近性对企业学习具有两种效应,即可观察性和可比较性。其一,由于企业在同一地域中进行相似的生产活动,它们可以经常监视和观察竞争者在市场上的行为;其二,共同分享的生产条件、面临同等的获利机会和外部威胁可以揭示出自己与竞争者的力量强弱,因此,地理邻近能够帮助企业发现和模仿最佳的做法,提高自身产品的竞争优势。Asheim 和 Isaksen(2002)基于空间视角研究挪威的区域创新,研究发现,空间地理紧邻性加强了企业间的学习与交流,促进区域内企业知识溢出水平的提升。张涛和宣昌勇(2017)以江苏省科技创新中心为研究对象,发现地理和环境因素的协同作用促进了科技创新中心集聚程度的提升,进一步研究发现,创新资源主要向基础设施好的科技工业园区和工业城市流动。Petrou 和 Daskalopoulou(2009)把创新视为企业知识基础和关系邻近性的函数,认为关系邻近性以经济主体之间基于信任的交互作用为基础,是学习和创新过程的决定性因素,集体学习过程的效果取决于公司之间建立共同的信仰和行为规范,因此,关系邻近性能够促进集体学习,提升公司的创新能力。党兴华和常红锦(2013)研究了中国企业的地理空间分布对网络空间的影响,实证结果表明中国企业地理空间邻近使得网络空间发生转移。

其次,地理区位好的地区,地区开放程度高,知识存量和其他科技创新资源相对丰富,便于知识型企业获取创新资源。康志勇(2018)等认为,市场竞争激烈的地区容易发生"竞争逃离效应",较低的利润率驱使企业通过研发创新获取超额利润。具有地理区位优势的地区,经济发展水平比较高,不断吸引着新企业的加入,企业间的竞争相对激烈,在"竞争逃离效应"的作用下,企业的创新动机不断被激发,进而获取超额的利润(陈艳莹 等,2015)。楚天骄和宋韬(2017)以35个城市为研究对象,研究中国独角兽企业的空间分布,实证结果显示,新经济发展水平和高素质人口规模是独角兽企业区位选择的影响因素,能够将新经济发展水平和高素质人口规模有机结合的城市是孕育独角兽企业的最佳区位。东部地区经济发展和高素质人口规模远远领先于中西部地区,这也是中国独角兽企业空间分布偏向于东部地区的原因。Chatterjee(1991)研究发现,空间集聚对人才引进具有显著的正向作用,在经济全球化的背景下,单一的地理区位优势难以吸引企业和高素质的人才,地区的区位优势与集聚结合在一起时,地理区位对企业和人才的吸引力才会增加。

再次,具有地理区位优势的地区通过提供便捷的交通和良好的基础设施,吸引更多的企业聚集而来。地理区位对技术创新活动产生催化作用,具有区位优势的地区优先使用先进的科学技术,规模报酬递增,地区集聚水平上升(李雪等,2008)。新经济地理学派认为良好的交通基础设施促使有上下游联系的企业集聚,集聚的企业在同一区域共同协作分工,促进了市场规模的扩大,进一步吸引更多的企业集聚而来(Krugman,1991)。Wallsten(2001)以美国受小型企业创新研究(SBIR)资助的企业为研究对象,研究发现受SBIR资助的企业具有空间集聚特性,进一步研究发现企业之间的空间邻近促进了企业间的学习和技术的交流。Furman(2002)等将市场竞争嵌入到内生技术变迁理论中,研究了经济合作与发展组织(OECD)国家的科技创新空间分布,研究发现OECD国家的科技创新空间分布是不均衡的,科技创新设施完善的地区创新产出比较高。

第四,地理区位好的地区企业融资约束小,企业创新成果转换效率高(Romer,1990)。Sasidharan(2015)等认为融资约束程度影响企业的研究和开发,融资约束抑制研发投资,进而抑制企业的创新,尤其是中国企业在创新过程中,受到的融资约束十分显著,而风险投资和银行贷款的增加激发了高新技术企业的创新效率。金融机构使用金融工具化解创新产品的收益不确定的风险,缓解企业创新过程中的融资约束压力。朱欢(2010)通过个体固定效应模型对中国31个省市2000—2007年企业技术创新投入和产出进行研究,实证结果发现,中国银行贷款规模对企业技术创新的支持效果比较明显。王仁祥和白旻(2017)采用2007—2013年中国省域面板数据,研究金融集聚与科技创新效率的关系,实证结果表明,增加金融集聚水平有利于科技创新效率的提升。杜江(2017)等依据2001—2013年省级面板数据,构建空间杜宾计量模型,检验了空间视角下中国科技金融对区域科技创新的影响,研究结果发现,各地区科技创新能力呈现出明显的空间相关性,科技金融发展能够显著地提升区域科技创新能力;空间地理和社会经济特征对各省、市科技创新能力有显著正向作用。

最后,地理区位好的地区,区域创新能力强,有助于高新技术企业的集聚。廖晓东等(2018)基于1997—2013年省级数据,使用区位熵和空间基尼系数等指标测算中国科技服务业集聚程度,研究发现,中国科技服务业发展情况与地域关系密切。珠三角、长三角及环渤海等资源密集型地区,科技服务业发展情况较其他地区具有一定优势。肖凡等(2018)基于相对区位基尼系数等方法对2013—2015年高新技术企业时空分布情况进行分析,在此基础上构建空间滞后模型和空间误差模型分析区域创新对高新技术企业的空间影响,实证结果验证了区域创新能力通过影响高新技术产品的形成流程,影响高新技术企业的区位选择。

(二)产业政策对科技创新中心城市形成的相关研究

瑞士国际管理发展研究院发布的《2016年世界竞争力年鉴》表明,新加坡世界竞争力位居全球第四。作为全球科技创新中心,新加坡模式的成功离不开政府的主导作用。新加坡政府在给予企业补贴和税收优惠的同时,完善知识产权保护,构建高效的科技管理体制,吸引更多的企业落户新加坡,提高新加坡科技研发能力和国际影响力。现有的研究普遍认为直接补贴、低价土地和税收减免等政府优惠政策能够变相减少企业生产成本,吸引企业进入。实证研究也表明政府补贴显著影响企业的选址行为(Devereux et al.,2007)。

产业政策间接地调整生产成本和人们对经济环境的预期,从而改善企业的外部融资环境。由于企业的创新过程伴随着高风险性和低抵押性,商业银行担心创新项目失败导致项目收益递减(Stiglitz,2005),因此,企业的创新项目很难获得银行信贷支持,尤其是民营企业创新过程中面临的信贷歧视更加明显(黎文靖 等,2014;Cornaggia et al.,2015),产业政策的实施既能有效缓解企业创新投资的融资约束问题,吸引更多的企业向实施产业政策的地区迁移,又能降低企业研发过程所面临的不确定性,保证企业资金链的正常运转,降低企业经营成本,引导资源向受鼓励的行业倾斜,使受鼓励行业的企业获益(谭劲松 等,2017)。当企业预期未来环境良好时,企业的外部融资环境逐步得到了优化,人才和知识溢出环境进一步得到改善,企业的创新能力得到显著提升(姜国华等,2011;柳光强,2016)。余明桂(2016)等认为产业政策能促进企业增加研发投入,尤其是民营企业的技术创新,民营企业更加倾向于在产业政策力度大的地区落户。Buesaa(2010)等研究欧盟区域创新问题时发现,创新政策在促进企业技术创新能力方面具有重要作用。Hinloopen(2000)认为政府补贴和税收优惠增加了企业创新的投入,促进了企业的创新产出,吸引更多的企业聚集而来,提升整个地区的社会福利水平。陈冬华和姚振晔(2018)研究发现,产业政策扶持能显著提高企业的首次公开募股(IPO)融资额及通过数量增长率。

伴随着各种税收优惠与政府补贴政策的颁布与实施,从事创新活动的企业纷纷向实施优惠政策的地区聚集,促使区域内劳动力市场得到迅速发展,产生更多的就业机会,降低了人才就业的机会成本,人才集聚显现。在高新技术企业,政府同时实施个人所得税优惠政策和高层次专门人才补贴政策,有助于减少科技工作者流失,激发科技工作者的工作热情,吸引更多的创新人才进入企业从事研发活动(储德银 等,2016)。除此以外,企业R&D活动不仅需要简单的体力劳动投入,还需要作为知识和技能载体的人力资本投入。在信息对称的情况下,政策决策者提高原始创新补贴力度,能有效地激励企业进行原始创新(安同良 等,2009)。鄢圣文(2015)认为人才集聚是推动产业发展的重要因素,政府通过制定相关的产业政策以及配套的人才引进政策,吸引各地区的人才集中在产业及配套政策实施区域,强化产业集聚的人力资本效应。产业政策实施,激发企业创新动力,吸引大量企业集聚,有助于提升科技创新中心的创新能力。

然而,产业政策对企业也会产生一定的负向影响。已有文献将产业政策分为功能性产业政策和选择性产业政策。功能性产业政策具有非专向性和非贸易扭曲性的"普惠式"特征(黄先海 等,2003),而选择性产业政策具有专向性和贸易扭曲性的"特惠式"特征。孟庆玺(2016)等人基于2007—2014年中国上市公司数据,研究发现,受产业政策激励的企业创新产出弹性更低,过度实施产业政策不利于企业创新。李万福(2017)等研究发现,政府的创新补助未能有效激励企业进行创新的自主投资。王春元和叶伟巍(2018)进一步提出,双重税收优惠政策对企业自主创新存在抑制作用。选择性的产业政策容易诱发企业过度追求创新数量(安同良 等,2009),而忽略创新质量(Hall et al.,2012;黎文靖等,2016)。Dosi(2006)等研究认为,在选择性产业政策影响下,以专利申请量衡量的企业创新行为有时表现为一种策略性行为。当企业获得更多政府科技补贴时,更容易滋生腐败(周黎安,2004;罗琦 等,2007;李芸达 等,2012);大量潜在的企业因政府补贴进入战略性新兴产业,但部分企业并不会将政府补贴用于研发投入反而转向其他高收益项目,政府补贴未能提升企业的科研产出(汪秋明 等,2014)。产业政策的实施并未提升企业的创新能力,不利于科技创新中心的形成。所以,孙伯灿(2001)等为测算税收优惠政策激励高新技术产业发展的效应,从企业税收和费用负担水平等方面进行分析,得出税收优惠对高新技术产业的激励效应逐渐减小。引起激励效应减少的原因可能是产业政策实施后,市场的作用会受到抑制,经济中寻租活动抑制了企业创新(林毅夫,2002),进而阻碍企业向该地区集聚。

(三)创新文化环境对科技创新中心城市形成的相关研究

尽管物质资本和技术是影响高新技术产业的重要因素,然而,经济体制和社会文化的建设也是促进高新技术产业发展的重要因素(吴敬琏,1999)。社会文化创新涉及文化创新、观念创新、技术创新以及体制创新等多个方面,社会文化创新也对科技创新中心城市的形成具有正向促进作用(徐冠华,2001)。李婷和董慧芹(2005)认为,宽容的文化环境促进了地区科技创新系统持续发展,良好的创新文化环境促使众多的知识型企业不断发展壮大。Asheim 和 Coenen(2005)认为文化环境是由本地化的网络结构、组织的双重逻辑以及动态的学习过程三方面构成的。文化环境使得当地企业处于同一文化氛围之中,便于企业之间更好地交流和企业对知识的吸收。Cooke(2001)研究美国 128 公路时发现,创新和合作的文化是 128 公路成为科技创新中心的主要原因。

首先,创新文化环境能激发科技人才的科学精神和创新行为(张相林,2010),吸引创新人才聚集。由于创新人才对发展环境的感知直接影响其创新积极性,在全社会形成一种尊重知识、崇尚创新、鼓励创新创业、宽容失败的良好氛围就显得尤为重要。自由的空间、宽松的创新文化环境对于营造创新人才发展环境具有显著的影响(王琪,2006;罗孝高,2004)。艾永芳(2017)等首次将文化差异与制度环境置于同一分析框架之中,讨论文化与科技创新之间的内在机制。研究发现,文化对科技创新有显著的影响,文化既通过影响人的行为对创新起直接作用,又可以通过影响一国的制度体制的构建对创新产生间接的作用。在人才集聚过程中,产业集群与高端人才集聚群体效应和磁场效应开始显现(于斌斌,2012),良好的创新文化环境不仅影响人才的集聚效应,而且还影响人才集聚的规模(Sahin,2000)。

其次,创新文化环境的改善,减少了企业之间的知识距离,促进企业之间的知识溢出,既能激发企业创新的积极性,又能吸引更多的知识型企业向科技创新中心城市聚集。成熟的企业通过学习,将不同的知识片段整合到一起(Boschma et al.,2011),通过与周边其他企业的互相交流、互相学习,吸收新的知识并转化为对自身有益的知识(Zahra et al.,2002)。创新文化环境的改善,在一定区域内构建一种非正式的社会关系网络,促使区域内的企业相互学习,促进企业创新能力和产出的提升。在企业相互学习的过程中,先进的技术、管理经验等各种隐性知识和显性知识的流动与扩散会使接受方受益(潘文卿,2012)。薛捷(2015)对珠三角地区253家科技型小微企业进行实证分析,结果表明,良好的区域创新环境为科技型小微企业学习和创新活动的开展提供了基本保障。

最后,创新文化环境带动经济增长,激发企业研发动机,有助于科技创新中心城市的形成。邱成利和魏际刚(2003)认为,文化与经济的发展有着相当密切的关系,良好的创新文化氛围是企业成长的温床,有利于科学发展与技术创新。黄昱方和陈如意(2013)等对苏南地区的研究显示,社会文化氛围对科技型小微企业资源获取有正向影响。张培富和李艳红(2001)认为,文化环境与技术创新系统相互作用,积极的文化环境促使技术创新系统向更协调、更完善的方向进化,给技术创新系统功能的发挥创造了良好的条件。

三、企业区位选择与科技创新中心城市的形成

(一)科技创新中心城市是知识型企业区位选择的必然结果

经济学之所以产生,就是因为经济物品以及生产经济物品的资源是稀缺的,迫使人们做出选择。同理,知识型企业之所以要进行区位选择,就是因为创新要素是稀缺的,因此,知识型企业区位选择的实质就是对创新要素的选择。从现实情况来看,创新要素不是均匀地分布在世界各地,其区位分布是非均质的,各个地区拥有的创新要素的多寡是不均衡的,这既是创新要素稀缺性在空

间维度上的反映,又是知识型企业区位选择的逻辑起点。

已有研究表明,如果科技创新中心(城市)拥有以下三方面的特质,将对知识型企业产生较大的吸引力:一是有较高的技能劳动力和较高的科技水平;二是有较好的创新文化;三是有宽容的环境,使创新成果容易投入市场(Gordon et al.,2005)。如前所述,科技创新中心城市不仅拥有良好的创新环境、宽容的创新文化,而且拥有丰富的创新资源,必将对知识型企业产生巨大的吸引力。受科技创新中心城市丰裕的创新要素的吸引,知识型企业争先恐后地选择科技创新中心城市安家落户,这是知识型企业主动做出的选择(Baldwin et al.,2006)。当一个知识型企业选择某一城市作为研发基地,开展创新活动时,许许多多的知识型企业竞相效仿,纷纷选择这一城市安家落户,开展创新活动,从而使这个城市逐步成为科技创新中心。知识型企业在地域上集中,一方面,有利于知识型企业之间建立横向或纵向的联系,实现知识和信息的共享与交流,提高研究开发的溢出效应,促进知识型企业技术创新效率的提升(Sternberg,1996);另一方面,一种新技术在前期基础上的创新产生,使得知识型企业积累,拥有了一定的创新经验,不断形成更多的储备信息和技术优势,有利于该地区推进新一轮的科技创新,从而产生一轮又一轮的科技创新(例如,硅谷、东京、纽约等全球科技创新中心)。途径依赖的技术累积过程的存在,将会吸引更多的知识型企业进入科技创新中心城市,使得科技创新中心城市得以建立和发展。

虽然某一科技创新中心城市最初不一定拥有所有的创新要素,然而,创新要素却是具有流动性的。在全球化背景下,创新要素的流动不再以物质或产品为主要形式,而是以知识、技术、资本、信息、商业模式的整合为特征,采用复合式、多渠道式、现实与虚拟相融合的形式,跨时空地流动。资源具有"逐利"性,通常流向能够实现其价值的城市或地区,因此,在全球化时代,诸多的科技创新中心城市把争夺创新要素作为首要的目标(李福 等,2018)。为此,政府为科技创新中心城市制定了一系列的优惠产业政策,营造良好的创新文化环境,改善经济地理区位势差,吸引更多的创新要素流向科技创新中心城市,从而,增强科技创新中心城市的实力和知识型企业的创新能力。伴随着知识型企业及其配套企业在科技创新中心城市的大量集聚,科技创新中心城市的规模不断扩大,科技创新中心城市的创新能力得以增强,真正发挥科技创新中心城市的聚集效应、引领和示范作用以及辐射功能,推动地区经济又快又好地发展,实现中国由制造大国向创新强国的转变。

(二)知识型企业是科技创新中心城市形成的发动机

知识型企业是科技创新中心城市的主体,是科技创新活动的实施者、组织者和推动者。从企业社会责任来看,由于知识型企业占有社会的创新要素,进行科技创新是社会赋予知识型企业的神圣使命;从成本-收益来看,知识型企业从事的创新活动是高收益与高风险并存的,高收益驱使知识型企业选择创新要素丰裕、创新条件优越的科技创新中心城市开展创新活动,减少创新过程中的不确定性。知识型企业依靠自己占有的创新要素,积极开展创新活动,为社会创造大量的知识和技术,为人类社会的发展做出自己应有的贡献。因此,知识型企业是科技创新中心城市开展创新活动的实施者和组织者,是科技创新中心城市创新能力的直接体现者。从全球科技创新中心发展过程来看,正是依靠一批具有全球影响力的知识型企业作支撑,比如,硅谷依靠惠普、英特尔、苹果、谷歌、思科、甲骨文、推特、脸书、特斯拉等一大批世界级的科技创新龙头企业(吴和雨,2017),才能源源不断地产生新知识和新产品。根据2015年国际大都市科技创新能力评价结果,在全球九大创新型城市专利申请前二十位的机构中,企业占比均达到了60%以上,其中,东京为100%,伦敦为90%,深圳为80%,上海为75%(顾震宇 等,2015)。被誉为"欧洲创新领导者"的芬兰特拉维夫科技创新中心的成功就是吸引了全球领先的高科技企业和跨国研发中心、世界顶尖的技术人才以及一群经验丰富的企业家和投资者。这是其一。

其二,知识型企业是创新要素集聚科技创新中心城市的推动者。与一般企业相比较,知识型企业不仅关注科技创新中心城市传统资源规模的大小,而且更关注科技创新中心城市创新要素的多寡,尤其是关注自身拥有创新要素的多少。因为知识型企业只有拥有大量的创新人才、知识和技术,才能进行科技创新,研发核心技术,开发新产品,所以,创新要素是知识型企业不断创新、不断发展的根本保证。知识型企业的发展壮大,又会对创新要素产生更大的、更高的需求,从而推动更多的创新要素向科技创新中心城市集聚,形成创新要素集聚科技创新中心城市的良性循环。

其三,知识型企业是相关企业集聚科技创新中心城市的带动者。在科技创新中心城市形成的过程中,知识型企业的进驻,不仅带来竞争者,而且还会带来关联企业、配套企业。当进入科技创新中心城市中的知识型企业有所发明和创造时,周边地区的知识型企业竞相模仿和学习,纷纷迁移到基础条件好、资金雄厚、人才济济的科技创新中心城市,示范效应得以产生。对此,Albahari(2016)等人研究发现,在(知识型)企业引领下的科技创新中心,不仅能为新企业提供知识和技术支持,而且还能吸引行业巨头、促进企业成长。知识型企业在科技创新中心城市的聚集,带动"上游"和"下游"关联企业向科技创新中心城市移动,不断扩展科技创新中心城市的边界,形成比较完善的人才市场、资本市场、技术交易和产品市场等市场体系,以及基础设施完善、功能齐全、居住环境良好的城市服务体系,驱使相关企业在科技创新中心城市安家落户,从而促使科技创新中心城市不断发展。

四、研究述评

诸多学者对企业区位选择和科技创新中心城市形成进行了探讨,提出了许多有益的观点,但也存在一些缺陷和不足。

(一)缺乏对知识型企业区位选择影响因素的深入分析

从已有研究企业区位选择的文献来看,主要从成本-市场理论、新经济地理理论以及增长极理论等方面对企业区位选择进行研究。韦伯(1997)认为区域因子和地理位置因子对工业区位选择产生影响;(Krugman 1991)和 Arthur(1990)认为空间集聚的向心力和离心力是企业区位选择的主要影响因素;Head 和 Ries(1996)发现中国的集聚效应是吸引 FDI 的重要因素;缪尔达尔(1992)认为,在增长极的发展过程中产生的"极化"作用对企业的区位选择产生影响。尽管已有学者进行了大量的研究,提出了许多富有建设性的观点。但是,已有研究还存在一些缺陷。一是已有文献在运用成本—市场理论、新经济地理理论以及增长极理论分析企业区位选择时,主要从成本、市场规模、绩效等方面对工业企业区位选择进行了研究,然而,对知识型企业区位选择研究涉猎较少;二是已有文献分别从劳动、资本、土地和技术等方面研究影响企业区位选择的成果较多,但是,从知识型企业赖以生存的创新要素维度研究影响其区位选择的成果较少;三是虽然已有文献从人力资本、物质资本等方面对知识型企业区位选择有所涉及,但是,缺乏从地理区位、产业政策以及创新文化环境等方面对知识型企业区位选择的全面分析。

(二)缺乏对科技创新中心城市形成影响因素的系统研究

已有文献主要从地理区位、产业政策以及文化环境等方面对科技创新中心形成进行了相关研究,Sammarra、Biggiero(2008)与 Malmberg、Maskell(2006)认为地理的邻近性促进了知识的交流;陈艳莹和吴龙(2015)提出地理区位好、地区开放程度高,便于企业获取创新资源;李雪和简泽(2008)认为地区交通便捷,基础设施良好,能吸引更多的企业聚集而来;Stiglitz(2005)认为产业政策能缓解企业研发过程中所面临的不确定性,引导资源向受鼓励的行业倾斜;Boschma 和 Frenken(2011)认为成熟的企业通过学习,将不同的知识片段整合到一起;邱成利和魏际刚(2003)认为良好的创新文化氛围是企业成长的温床,有利于科学发展与技术创新。诸多学者进行了大量的研究,提出许多有益的观点和思想,但是,由于中国探索建立科技创新中心是近几年的事情,所以,对科技创新中心的研究尚处在起步阶段,这些研究成果主要停留在科技创新中心概念及其建设意义的探讨上,所提出的科技创新中心形成主要涉猎宏观层面,且存在着碎片化特性;尽管也有学者对科技创新中心的形成原因进行了探讨,如杜德斌和段德忠(2015)以 2 Think Now 评选出的全球最具影响的 100 个创新城市为研究对象,探寻全球科技创新中心的成长路径和类型研究,但是缺乏对科技创新中心城市形成的系统分析,缺乏从地理区位、产业政策和创新文化环境等三个方面通过改变融资约束、人力资本和知识溢出影响科技创新中心城市形成的理论分析,致使其提出的科技创新中心城市建设根基匮乏,构成要素之间缺乏应有的内在逻辑联系。

(三)缺乏从企业区位选择视角分析科技创新中心城市的形成

已有的研究主要从宏观层面对科技创新中心城市形成进行了相关研究,Romer(1990)、Malmberg 和 Maskell(2006)、Asheim 和 Isaksen(2002)、Chatterjee(1991)、Krugman(1991)、党兴华和常红锦(2013)、张涛和宣昌勇(2017)、廖晓东(2018)等从地理区位方面对科技创新中心城市的形成进行了相关探讨;Stiglitz(2005)、Cornaggia(2015)等、陈冬华和姚振晔(2018)、姜国华和饶品贵(2011)、黎文靖和李耀淘(2014)、柳光强(2016)、储德银(2016)等、安同良

(2009)等、鄢圣文(2015)等从产业政策方面对科技创新中心城市的形成进行了探究;Asheim 和 Coenen(2005)、Cooke(2001)、Boschma 和 Frenken(2011)、张相林(2010)、黄昱方(2013)、艾永芳(2017)等从文化环境方面对科技创新中心城市的形成进行了相关研究,为本文研究科技创新中心城市的形成机理提供了一定的参考价值。但是,诸多学者未能从企业区位选择视角分析科技创新中心城市的形成机理。

综上所述,尽管已有文献对知识型企业的区位选择以及科技创新中心城市的形成进行了相关研究,但是,尚无学者从企业区位选择视角研究科技创新中心城市的形成机理。为此,本文以企业区位选择视角下的科技创新中心城市的形成机理为题开展研究,探究科技创新中心城市形成机理,对于促进知识型企业在科技创新中心城市集聚,提升中国科技创新中心城市的创新能力和创新效率,丰富科技创新中心城市形成理论和企业区位选择理论,都具有非常重要的理论和现实意义,为加快中国科技创新中心城市的建设步伐提供理论指导。

第三节 研究思路、研究内容及研究方法

一、研究思路

首先,通过对中国科技创新发展的历史及现状进行分析,提出研究科技创新中心城市的形成机理是当前中国科技创新领域亟待解决的问题,阐明本文选题的价值和意义;其次,对国内外相关文献和理论进行梳理,了解已有研究的进展情况,归纳和总结已有研究取得的成绩及存在的缺陷和不足,以明晰本文的逻辑起点和理论基础;再次,依据新经济地理理论、创新生态系统理论以及区位选择理论,基于企业区位选择视角,分析地理区位、产业政策以及创新文化环境等因素,通过改变知识型企业融资约束、人力资本以及知识溢出,对知识型企业选择科技创新中心城市的影响及作用机理,运用数理模型进行推导,构建科技创新中心城市的形成机理分析框架;接着,在理论分析的基础上,分别从地理区位、产业政策以及创新文化环境三个维度,以中国 A 股

649家上市公司的知识型企业为研究对象,依据国泰安数据库(CSMAR)、万得(Wind)数据库以及中国经济与社会发展统计数据库,通过构建 Logit 模型,并基于中介效应逐步法和分样本回归法对科技创新中心城市的形成机理进行实证检验。最后,得出本文的研究结论,提出相应的政策建议以及今后需要进一步深入研究的问题。

二、研究内容

本书共计六章。其中,第一章为导论。第二章为基于企业区位选择视角的科技创新中心城市形成机理分析。第三章为地理区位、企业区位选择与科技创新中心城市形成实证分析。第四章为产业政策、企业区位选择与科技创新中心城市形成实证分析。第五章为创新文化环境、企业区位选择与科技创新中心城市形成实证分析。第六章是结论与展望。各章具体内容安排如下:

第一章导论,简要阐述论文的研究背景及其理论和实践意义,以及具体的研究内容、研究思路、技术路线和研究方法。对知识型企业区位选择、科技创新中心城市的形成以及知识型企业的区位选择与科技创新中心城市形成的相关文献进行梳理和探讨,为进一步开展研究奠定理论基础。

第二章基于企业区位选择视角的科技创新中心城市形成机理分析,在梳理科技创新中心城市相关文献及其理论的基础上,对科技创新中心城市的内涵进行了界定。基于创新生态系统理论、新经济地理理论以及内生增长理论构建了企业区位选择视角下科技创新中心城市形成理论模型。运用数理分析方法对企业区位选择视角下的中国科技创新中心城市的形成机理进行推导,探寻中国科技创新中心城市的形成规律,为中国全面建设科技创新中心城市提供理论指导。

第三章地理区位、企业区位选择与科技创新中心城市形成实证分析,依据第二章企业区位选择视角下科技创新中心城市形成机理分析结论,借鉴已有的研究成果,进一步分析地理区位通过改变企业的融资约束、人力资本和知识溢出,对知识型企业选择科技创新中心城市的影响,并依据2004—2018年中国A股649家上市公司的知识型企业数据,验证地理区位对知识型企业选择科技创新中心城市的一般作用机理和影响途径。

第四章产业政策、企业区位选择与科技创新中心城市形成实证分析,依据第二章企业区位选择视角下科技创新中心城市形成机理分析结论,借鉴已有的研究成果,进一步分析产业政策通过改变企业的融资约束、人力资本和知识溢出,对知识型企业选择科技创新中心城市的影响,并依据2004—2018年中国A股649家上市公司的知识型企业数据,验证产业政策对知识型企业选择科技创新中心城市的一般作用机理和影响途径。

第五章创新文化环境、企业区位选择与科技创新中心城市形成实证分析,依据第二章企业区位选择视角下科技创新中心城市形成机理分析结论,借鉴已有的研究成果,进一步分析创新文化环境通过改变企业的融资约束、人力资本和知识溢出,对知识型企业选择科技创新中心城市的影响,并依据2004—2018年中国A股649家上市公司的知识型企业数据,验证创新文化环境对知识型企业选择科技创新中心城市的一般作用机理和影响途径。

第六章结论与研究展望,对全文进行归纳和总结,结合目前中国科技创新中心城市发展状况,提出相应的政策建议,并对未来科技创新中心城市研究进行展望。

三、研究方法

本文采用的研究方法主要有:

1. 文献研究法

对国内外的相关研究文献进行梳理和整理,既可以保证论文在立意、理论与方法上的前沿性,又可以为论文的创新研究寻找空间。本文通过对知识型企业的区位选择和科技创新中心城市形成的相关文献进行梳理,明晰了知识型企业区位选择与科技创新中心城市形成的内在联系。构建知识型企业区位选择视角下的科技创新中心城市形成理论分析框架,集中运用大量文献中的相关成果并结合中国科技创新中心城市的实际状况进行拓展分析。

2. 理论逻辑演绎与数理模型分析相结合

理论逻辑演绎是指从概念出发,经过判断和推理从而认识事物的本质和规律的思维方法。本书在构建知识型企业区位选择视角下的科技创新中心城市形成理论分析框架时,运用理论逻辑演绎的方法,由外到内、由表及里开展研究。从理论上分析地理区位、产业政策以及创新文化环境等因素,通过改变企业的融资约束、人力资本和知识溢出对知识型企业选择科技创新中心城市的影响及作用机理,通过基于企业区位选择视角构建科技创新中心城市形成理论分析框架,对理论分析结论进行数理推导,增强科技创新中心城市形成机理分析的科学性。

3. 采用多种计量技术对理论分析的基本结论进行实证检验

本文依据知识型企业财务报表相关数据,通过构建Logit模型,分析地理区位、产业政策以及创新文化环境等因素对知识型企业选择科技创新中心城市的影响及形成机理,并采用中介效应逐步法和分样本回归法,验证地理区位、产业政策以及创新文化环境等因素在融资约束、人力资本以及知识溢出机制下的传导效果,为总结中国科技创新中心城市形成的一般规律提供依据。

第二章 基于企业区位选择视角的科技创新中心城市形成机理分析

本章在梳理科技创新中心城市相关文献及其理论的基础上,对科技创新中心城市的内涵进行了界定。基于创新生态系统理论、新经济地理理论以及内生增长理论构建了企业区位选择视角下科技创新中心城市形成理论框架,并运用数理分析方法对科技创新中心城市的形成机理进行推导,探寻企业区位选择视角下科技创新中心城市的形成规律,为中国全面建设科技创新中心城市提供理论指导。

第一节 科技创新中心城市的内涵及特征

一、科技创新中心城市的内涵

(一)科技创新中心城市的相关概念

英国科学家贝尔纳(1954)最早提出"科学活动中心",并对科学活动中心在世界范围内的变化进行了概述。在此基础上,英国地理学家 Hall(1966)提出世界城市是那些对世界大多数国家的政治、经济、文化产生影响的国际一流大都市。Sassen(1991)在 Hall 的基础上提出了"全球城市"的概念,认为全球城市是指发达的金融和商业服务中心。创新活动的发生往往伴随着大都市圈的集聚,进而产生了"创意岛",创意城市的概念也随之诞生(Hall,1966)。2001 年,联合国提出了"技术成长中心",认为技术成长中心是研发机构、创新企业和风险投资机构的聚集。澳大利亚 2 Think Now 对全世界创新型城市进行打分和排名,构建全球创新型城市排名榜,北京、上海、香港等城市均榜上有名。杜德斌

(2016)将全球科技创新中心定义为创新资源丰裕、创新活动频繁、科技辐射范围宽广,在全球价值链中具有价值增值功能且处于领导和支配地位的城市或者地区。

(二)科技创新中心城市内涵的界定

探究科技创新中心城市的形成机理,首先需要明确科技创新中心城市的内涵。从字面上来看,科技创新中心城市由三个部分组成,分别是科技、创新、中心,下面分别对这三个部分展开讨论,最终形成科技创新中心城市的内涵。

1. 科技的含义

科技可以称为科学技术。科学是客观地反映事物本质和规律的理论体系,技术是人类在认识自然和改造自然的过程中形成的劳动手段、工艺流程和方式方法的总和。因此,科技知识、科技知识的物质生产技术条件以及相对应的技能共同构成科学技术。基于此,我们认为,科技是科学与技术的总称。

2. 创新的含义

熊彼特(1990)认为创新是一种生产要素或生产条件新的组合方式。具体来说,创新包括以下五个方面的内容:新的产品、新的生产方法、新的市场、新的供应来源、新的组织。国内外诸多学者对创新的理解大体上都是按照熊彼特的创新理论展开的,概括起来主要有两种观点。

Mansfield(1971)将创新与发明联系起来,认为创新是"一项发明的首次应用"。有学者认为 Mansfield 的创新定义属于狭义创新,认为创新是企业家利用已有的市场信息,将生产要素或生产条件进行重新组合,建立效率更高、成本更低的生产体系,进而推出新产品、新工艺或开辟新市场的过程。在这一过程中,创新不仅是新技术的首次商业应用,更是由科学技术转化为实际生产力的过程。

德鲁克(1989)从技术、市场、管理和组织体制等生产系统方面对创新进行了广义的理解,认为"创新的行动就是赋予资源以创造财富的新能力,创新并非在技术方面,凡是能改变已有资源的财富创造潜力的行为都是创新",管理创新、市场创新和组织创新都属于创新的范畴。

由此可见,创新不仅属于经济学的范畴,还属于管理学和社会学的范畴。

从一定意义上说,创新活动贯穿于人类生产活动、社会活动和科技活动的全过程。

3. 中心的含义

《辞海》中对"中心"的解释有五层含义:一是指距离位置,即跟四周距离相等的位置,亦中央,处于中央位置,比如市中心;二是指内心,亦心中;三是指经济社会地位,即在某一方面占据重要地位,比如,中心城市;四是指组织机构,如服务中心、研究中心;五是指核心、重点,即事物的主要部分,如中心工作等。本文所说的中心既有距离位置的含义,即包含空间的概念,又有经济社会地位的含义,即在某个层面上占据重要地位。

通过梳理已有文献,我们不难发现,诸多学者对科技创新中心的理解,可谓是仁者见仁,智者见智。有的学者(杜德斌,2016)从全球层面提出了全球科技创新中心,有的学者(伍建民,2014)从国家层面提出了国家科技创新中心,有的学者(李惠平,2009;丛海彬 等,2015)从区域层面提出了区域科技创新中心,有的学者(牛东晓 等,2009)从企业层面提出了企业科技创新中心,有的学者(彭华涛 等,2017)从产业层面提出了产业科技创新中心,有的学者(顾伟男 等,2018)从城市层面提出了城市科技创新中心,等等。就"世界科学中心"的发展历程来看,世界科学中心转移过程往往与工业革命、社会革命以及技术进步相伴生,许多世界科学中心形成之前,都是知名的世界商业中心或经济中心。

通过对科技创新中心城市相关概念的梳理,从中国经济社会发展的实际情况出发,在借鉴已有研究成果合理内核的基础上,我们认为,科技创新中心城市是指以知识型企业为创新主体,以城市为创新载体,拥有有利的区位优势、优惠的产业政策、良好的创新文化环境,通过创新型企业的空间集聚,以自主创新为主导、以科学与技术进步为动力,实现前瞻性基础研究、引领性原创成果重大突破以及关键共性技术、前沿引领技术、现代工程技术、颠覆性技术创新,易于发挥聚集效应、示范引领和辐射带动作用,并占据领导和支配地位的城市。

二、科技创新中心城市的特征

(一)科技创新中心城市是以城市为空间载体

综观美国、英国、法国、日本等国家科技创新中心的发展历程,我们不难发现,科技创新中心的形成与一个国家的城市发生重大科技革新如影随形。如,英国伦敦抓住第一次技术革命的机遇,成为全世界首个科技创新中心;法国巴黎推动重工业发展,成为全球创新中心;德国柏林和美国波士顿相继依靠第二次技术革命,成为全球科技创新中心;近几十年来,美国通过移民政策,吸引大量的科技人才,领航第三次技术革命,波士顿及硅谷等地区成为全球科技创新中心(熊鸿儒,2015)。所以,我们认为科技创新中心一定是立足于某一个城市的科技创新中心,科技创新中心也就是"科技创新中心城市"。

(二)科技创新中心城市以知识型企业为创新主体

科技创新中心城市的使命就是创新。而创新又是知识型企业的源泉。为了创新,知识型企业拥有大量的创新要素,并不断对其进行新的组合,通过研究与开发,创造新的知识和技术,为经济发展和社会进步提供持续的动力,这既是知识型企业生存的根本目的,又是知识型企业发展的源泉。因此,知识型企业不仅对传统资源进行加工和利用,生产知识含量高的产品,而且充分利用创新资源,生产知识产品,传播知识产品;不仅利用分工效应、规模效应生产更多物美价廉的产品,满足顾客的需求,而且通过提供定制化的产品满足顾客个性化的需求;不仅通过资源价值的转移,实现顾客的价值,而且通过知识创新来增加顾客的价值(尹彦,赵涛,2011)。所以,科技创新中心城市是知识型企业的聚集地,是以知识型企业为创新主体的城市。

(三)科技创新中心城市是知识型企业的自主创新

1978年,改革开放政策实施以来,中国通过引进国外先进技术,加以消化和吸收,最终实现再创新。在中国实施模仿创新战略的过程中,技术引进对技术进步的贡献较为显著,技术进步呈现出"强制性技术变迁"的特征(袁江 等,2009)。模仿创新通过技术外溢效应提升创新效率和技术进步水平,促进了技术积累(Grossman et al.,1993;Keller,2002)。然而,过度的模仿创新抑制了中国自主创新的发展,影响中国的创新效率与技术进步(成力为 等,2010;肖兴志 等,2011),致使中国在一些领域的核心技术仍与欧美等发达国家存在显著的差距。伴随着国际贸易保护主义的抬头,例如,2017年以来,中美贸易争端引发的技术争夺进一步升级,迫使中国必须选择自主创新的发展道路。建立科技创新中心城市的目的就是以知识型企业为主体大力开展自主创新,尽快实现基础研究和核心技术的突破。

（四）科技创新中心城市有有利的区位优势

传统区位选择理论认为,全球很多大型城市的发展最初都得益于良好的区位优势,其中,地理区位优势包括交通通信便利、邻近港口等因素,例如,伦敦和东京等城市。完善的基础设施、先进的通信设施以及频繁的贸易往来有利于吸引人才、资金和技术等资源,便于加强与周边国家或地区的知识交流和信息往来,从而扩大科技创新中心城市的对外开放程度和经济发展规模,产生了巨大的市场潜力,使科技创新中心城市形成有利的区位优势。例如,硅谷以其交通便利,连接加利福尼亚和旧金山湾区,市场潜力大,知识型企业众多,斯坦福、加州大学伯克利分校科研力量雄厚,使其成为全球科技创新中心城市。

（五）科技创新中心城市有有力的产业政策

在知识型企业创新过程中,常常会遇到市场失灵和资源错配的问题。其原因是:一方面,技术知识具有正外部性,其市场供给小于最优的供给量;另一方面,知识型企业在进行创新活动中存在技术泄露问题,减少了企业的回报率,降低了企业创新的积极性(Clarysse et al.,2009)。因此,政府通过实施积极的产业政策,刺激知识型企业进行 R&D 投入就显得尤为重要。政府通过在科技创新中心城市实施积极的产业政策,营造良好的政策环境,加大对科技创新中心城市的财政投入力度,既能吸引各种创新人才、金融机构向科技创新中心城市聚集,形成创新资源富集区,又能吸引更多的知识型企业的聚集,降低知识型企业的创新成本,提升知识型企业的自主创新能力。

（六）科技创新中心城市有浓郁的创新文化氛围

文化是一种氛围,是一种价值认同和取向。在科技创新中心城市营造崇尚、激励和保障创造发明,宽容失败的创新理念、创新制度和创新环境,不仅有利于知识型企业之间的认同,还有利于知识型企业之间的联系和合作(Wallner et al.,2010);不仅有利于科学文化与人文文化的交叉、互补和融合,还有助于培育知识型企业的团队精神和创新精神;不仅有助于知识型企业形成勇于冒险,敢于创新的氛围,还有助于形成开放包容、力戒浮躁的创新文化。总之,浓郁的创新文化环境,是一种以人为核心,突出人创新价值实现的一种文化,既包含了对人的充分理解、信任和尊重,又包含了对自我价值实现需要的满足。因此,浓郁的创新文化环境必将吸引更多的创新人才到科技创新中心城市创新创业,吸引各类企业到科技创新中心城市安家落户。

第二节 创新环境与企业区位选择

一、基于创新生态系统视角的科技创新中心城市要素构成

(一)科技创新中心城市的创新生态系统分析

自1912年经济学家Schumpeter(1912)提出"创新"概念以来,关于创新理论的研究经历了由简单到复杂的演变过程,逐渐形成了线性(技术拉动、市场推动等)和非线性(链联系、集成、系统整合与网络等)两种模式(杜勇宏,2015)。20世纪90年代诞生的创新生态系统理论,逐步从研究创新系统中要素的构成转向研究要素之间、系统与环境之间的动态过程(曾国屏 等,2013)。进入21世纪以来,各国学者纷纷利用创新生态系统理论,探索如何营造良好的创新生态系统,提升区域或国家创新能力。如,2006年,欧盟提出了"里斯本战略",欲构建欧洲创新生态系统(赵中建 等,2012)。目前,学术界对创新生态系统的内涵尚未达成共识,各国学者纷纷基于不同的视角对创新生态系统进行界定。如,网络视角的创新生态系统认为,创新生态系统是一个松散和开放的网络系统,该系统由企业与影响企业创新的组织或个人构成(Lansiti et al.,2006);功能视角的创新生态系统理论认为,创新生态系统能够提供额外的创新价值,外部创新者的共同进步,提升单个主体的创新能力和水平(Adner,2006);组织视角的创新生态系统理论认为,创新生态系统是多个创新主体在技术、人才、市场、运作模式、文化等共同的创新要素的基础上,形成稳定的、独立的相互依赖以及共生共赢的组织体系(Hannan et al.,1977);环境视角的创新生态系统理论认为,经济主体、非经济主体以及经济主体与非经济主体在相互联系中,形成的技术、机构、社会关系和文化环境,有助于行动者在一种组织化、合作化的情形下发挥作用,促进创新(董铠军,2018)。Walrave(2018)等人对环境视角的创新生态系统进行了进一步的研究,认为创新生态环境是一个动态的、持续的、进化

的商业环境,在政策、法规以及文化的软性制约下,资本和异类行动者的知识推动了不同创新产品的商业化,提升了不同商业模式的价值创造能力。

我们认为,无论创新生态系统如何界定,创新生态系统都融入了生态学的思想,将研究范围从"主体之间的相互依赖"拓展到"主体与环境的相互作用",以便更深入地探讨创新生态系统的发展规律。那么,创新生态系统是一个区域的概念吗?

赵放和曾国屏(2014)根据已有文献,把创新生态系统分为微观、中观和宏观三个层次。在微观层面,企业为了实现自身价值的最大化,企业与其他组织围绕着产品或服务的生产进行合作与竞争,具有一定的松散性特征(Moore,1993);在中观层面,创新生态系统体现了"集合"的思想,包括产业创新生态系统和区域创新生态系统。产业创新生态系统是指核心创新企业与产业上下游企业通过优势互补,将产业多个相关创新成果整合成一套协调一致、面向用户的解决方案,区域创新生态系统是指将不同创新组织聚集在一起形成的创新系统;在宏观层面,创新生态系统,偏重于创新构成要素及其整体对国家创新能力和经济增长的作用及影响。然而,无论是萨克森宁(1999)对硅谷的研究,还是黄鲁成(2003)的区域技术创新生态论,他们都强调区域创新生态系统。甚至Porter(1990)在1980年提出的产业聚集概念则更明确是一个地理上的产业聚集问题。由此可见,创新生态系统首先是一个成功的创新区域。

如前所述,科技创新中心城市的特征之一,就是以城市为载体。所以,本书认为,科技创新中心城市属于区域创新生态系统的范畴,具有区域创新生态系统的特征,发挥着区域创新生态系统的功能和作用。

(二)科技创新中心城市的构成要素

科技创新中心城市的形成并不是一蹴而就的,其形成是多种因素共同作用的结果。2000年7月,美国《在线》杂志提出了"全球技术创新中心"的概念,认为构成全球技术创新中心的要素主要有:当地高校和研究机构具备培养有技能的工人或开发新技术的能力;能提供专业技术和带来经济稳定的企业和跨国公司;人们有创办风险企业的积极性;能使好点子成功进入市场的风险资本的可获得性。美国费城地区发布的研究报告也提出,一个城市或区域要想成为"世界级创新中心",需要具备的关键要素主要有:一是有强大的科学研究机构,包括大学在内的各类学术和科学研究机构,即有技术源头;二是有产业集聚区,能够为产业集群研发和办公等提供便利的服务、成本可承受的土地和空间;三是集聚企业家和风险资本,这些企业家曾经有过成功的创业经验,有兴趣不断去创业创新;四是有创业文化和氛围;五是有协作领导力,一种能够让产学研紧密合作,让政府、企业、社会组织广泛合作的机制和能力。国内学者胡志坚和苏靖(1999)认为,区域创新系统是由主体要素、功能要素和环境要素构成的。大学、科研院所、企业以及地方机构属于主体要素;制度创新、服务创新以及技术和管理创新属于功能要素;基础设施、体制机制、保障条件以及法律法规等因素属于环境要素。黄鲁成(2003)将区域创新系统分为创新主体、创新基础、创新资源以及创新环境等四个方面。魏江(2003)认为,区域创新体系包含四个方面的内容,即创新主体(企业、政府以及科研院所)、投入资源(人才、资金和技术等)、对象范围(制度创新、管理创新和技术创新)、创新输出(产品创新与产业创新等)。吴金希(2014)认为,创新生态体系主要包括三方面的内容,一是共生基础条件,如人才、市场和文化等,二是相互依赖和共生共赢,三是相对稳定和独立。杜德斌和何舜辉(2016)认为全球科技创新中心本质上是由多种要素组成的区域创新系统,包括三大要素层次(核心要素、主体要素和环境要素)和八种要素(人才、企业、大学、政府、文化、资本、设施及服务)。

由此可见,国内外学者对于科技创新中心城市构成要素还未达成共识,不论是早期的创新系统说,还是目前的创新生态系统理论;不论是全球科技创新中心说,还是区域科技创新中心论;不论是国家创新理论,还是创新中心城市学说,都包含科技创新中心城市构成的诸多要素。本书认为科技创新中心城市由三大类七个方面的要素构成,具体内容如下。

1. 企业是科技创新中心城市的主体

根据创新生态系统理论,区域创新中心建设的核心要素是企业、大学和政府,这是区域创新生态系统构建的主体。社会学家 Etzkowitz 和 Leydesdorff(2000)首次使用三螺旋模型分析企业、大学和政府三者之间在知识经济时代的互动关系。Etzkowitz 和 Leydesdorff 认为,政府、企业和大学在履行传统的政策协调职能、财富生产和知识创造之外,还通过互动将知识转化,推动创新螺旋上升,孕育了以知识为基础的创新型社会。

首先,就创新贡献而言,知识型企业是科技创新中心城市的发动机,是科技创新中心城市创新的组织者和推动者。知识型企业不仅集中了某一行业绝大部分的研发投入和产出,而且还决定某一地区科技创新产业的布局和发展,不仅引领区域产业集群,带动产业链上、下游企业以及相关配套产业的发展,而且还是全球创新行业发展的风向标。所以,本书基于企业视角研究科技创新中心城市的形成问题,并且将知识型企业作为科技创新中心城市创新的主体。

其次,现代大学主要承担知识输出、人才培养和创新实践的功能,集人才培养、科学研究和创新创业于一体,为科技创新中心城市发展提供源源不断的优秀人才和知识。如果把企业比作科技创新中心成长的发动机,那么,大学就是发动机燃料的供给者,(科技创新中心)城市创新氛围的塑造者(杜德斌 等,2015)。另外,本书研究的科技创新中心城市是以中国部分省会城市及地级市作为研究对象,中国高等院校和研究机构的空间分布不均衡,基础研究水平参差不齐,所以,在研究科技创新中心城市形成时,我们仅仅选择了知识型企业作为研究对象。

最后,政府是科技创新中心城市发展不可或缺的组成部分,是创新氛围的塑造者、创新环境的维护者以及各种规章制度和法律法规的制定者,对科技创新中心城市的外部环境、内部要素以及企业研发活动有巨大的影响,在一定程度上决定城市未来的发展方向。可以说,政府在全球科技创新中心的发展中扮演着宏观管理者和利益平衡者的角色。所以,本书将政府这一主要因素归纳到创新环境中的产业政策之中。

2. 创新要素是科技创新中心城市建立的基石

从微观创新生态系统来看,创新型企业(知识型企业)是创新生态系统的焦点,其他组织(高等院校、研究机构、中介组织、消费者、供应者和互补者、金融机构、政府、竞争性企业等)是创新型企业(知识型企业)实现创新的平台,为创新提供了肥沃的土壤,被称为外围组织;从区域创新生态系统来看,创新生态系统是在一定的空间范围内,由一系列异质性的创新主体(产业、科研机构和高等院校)组成的群落,形成的中心组织;从宏观创新生态系统来看,创新生态系统把中心组织与外围组织看作是相互依赖的整体性活动系统,是"一门关于空间、时间、文化、相互关系、基础设施为创新提供养分,以营造外部氛围的科学"(Dvir et al.,2004）。由此可见,对于微观创新生态系统来说,外围组织是高等院校、研究机构、中介组织、消费者、供应者和互补者、金融机构、政府、竞争性企业等;对于宏观创新生态系统来说,外围组织是空间、时间、文化、相互关系、基础设施等等。

无论是微观层面的外围组织,还是宏观层面的外围组织,对知识型企业来说,都是为其提供养分的、提供服务的,也就是说,知识型企业要从外围组织中汲取"养分",开展创新活动。基于此,本书把外围组织分为创新要素和创新环境两大类。创新要素是指直接为知识型企业创新提供服务的部分,即为知识型企业创新提供所需要的资源或养分,主要包括创新人才、金融资本和知识资本;创新环境是指间接为知识型企业创新提供服务的部分,即通过打造优良的地理区位、优惠的产业政策和浓郁的创新文化,吸引创新人才、金融机构或风险投资机构以及产生知识溢出,为知识型企业创新提供所需要的创新要素,满足知识型企业创新的需求。

科技创新,人才是关键。伴随着人才在科技创新中心城市的集聚,为知识型企业提供了丰富的人力资源,知识型企业的人力资本积累水平不断增加,所以,本书用人力资本表示知识型企业拥有的创新人才的多寡。科技创新是一项高投入与高风险并存的事业,知识型企业常常面临着融资约束问题。如果金融机构或风险投资机构给予知识型企业融通资金,表明知识型企业的融资约束得以缓解,可以获得足够的资金支持,开展创新活动。如果金融机构或风险投资机构不给予知识型企业融通资金,表明知识型企业的融资约束未得到缓解,不能获得足够的资金支持,无法开展创新活动,所以,本书用融资约束表示知识型企业获得资金的难易程度及其多寡。科技创新,知识资本是基础。知识资本是知识型企业创新能力的直接反映,也就是说,一个企业拥有的知识资本越多,其创新能力越强。一般来说,企业获取知识资本,通常有三种途径:一是花费巨额的资金购买技术知识,这需要大量的资金投入,通过融资约束来反映;二是通过引进创新人才,解决技术知识匮乏问题,通过人力资本来反映;三是通过知识型企业之间以及创新人才之间的相互交往、接触和学习,产生的知识溢出来增加知识资本。本书用知识溢出表示知识型企业拥有的知识资本水平。

基于以上认识,本书认为创新要素是直接为知识型企业开展创新活动提供养分的、服务的,是形成科技创新中心城市最基本、最关键的要素,是科技创新中心城市形成的前提和基础,体现了一个城市作为科技创新中心的创新能力和竞争实力,主要包括人力资本、融资约束和知识溢出等。

首先,人力资本。对科技创新中心城市而言,人才主要是科技创新人才,是指能带来技术创新和技术变革的专业人才。创新人才不仅受过正规的教育或培训,而且有长期的实践经验。充足的创新人才是科技创新中心城市形成和发展的重要条件和根本保证,创新人才的规模和质量是决定科技创新中心城市创新能力和创新水平的关键。由于科技创新人才拥有较高的人力资本水平,往往会产生知识效应,重复参与生产过程,并不断"复制"其价值基因,知识智慧、技术技能本身的价值通常凝结在产品之中,随着产品的使用和消费实现社会价值分享(Barro et al.,1993)。例如,东京集中了日本约30%的高等院校和40%的大学生,伦敦集中了英国1/3的高等院校和科研机构,每年高校毕业学生约占全国的40%。正因为东京、伦敦拥有大量的科技创新人才,才使其成为全球科技创新中心。所以,一个城市要想成为科技创新中心,必须在吸引科技创新人才上具备显著的竞争优势(袁红英 等,2017)。

其次,融资约束。一座城市的金融集聚与金融发展水平是融资约束的指示器。金融集聚的作用主要表现有:有利于金融机构之间进行广泛并且深入的合作;可以共享基础设施,降低单个金融机构的投入;有助于金融机构间开展信息交流与传播,获得知识溢出效应;金融从业人员大量集中,降低金融企业招募成本和培养人才的成本等。创新环境与融资约束、人力资本、知识溢出的关系与一般创新理论相比,创新生态系统理论更加强调创新主体之间以及创新主体与外部环境之间的互动关系,因为这种互动关系直接影响着整个创新生态系统的良性运行。在创新主体、创新要素与创新环境组成的科技创新中心城市创新生态系统中,诸要素之间的联系更为紧密,内部结构更为复杂。因此,构建科技创新中心城市创新生态系统,不仅需要培育相对齐备、有机联系、依存共生的创新主体,而且还应该围绕创新链的各环节构建开放、多元、共生的体制机制。

最后,知识溢出。创新生态系统实质上反映了创新主体之间的接近和凝聚,这种凝聚不仅表现在文化、经济、产业上,而且表现在人员的互动和交流上。这种文化、经济、产业、人员的互动和交流,反映了创新主体之间是一种超越市场的合作关系(柳卸林 等,2018)。可以说,创新主体之间不是一种单纯的市场买卖关系,而是基于对未来的共同利益期望形成的一种长期信任关系。一方面,在科技创新中心城市,各类企业在长期的交往中,形成了共同的语言、共同的行为模式和相互包容的文化,创新主体为了共同的目标,在正式分工与协作的基础上,依据相互之间非常了解,人际关系信任度较高的优势,通过交流经验、技术和信息,形成长期的协作,进行联合攻关,产生知识的集聚与溢出。另一方面,在科技创新中心城市,由于创新人才拥有较高的人力资本水平,在生产过程中,不仅对组织的生产活动本身产生预期的经济效益,而且对组织之外的人或社会产生一定的知识溢出。脱离生产的学校教育只能使人获得一般性的知识和智慧,从而产生内部效应,而通过"干中学"获得的专业技术则主要产生外部效应(Barro et al.,1993)。此外,知识型企业还通过与竞争者、供应商、顾客等利益相关者的交往和接触,获取知识和信息,产生学习和知识溢出效应。

3. 创新环境是科技创新中心城市形成的沃土

在科技创新中心城市,随着科技水平不断提升和国际经济形势的不断变化,创新环境中的地理区位、产业政策和创新文化环境也处在不断变化之中,创新环境对创新要素以及处于核心层的知识型企业的影响也随之变化,各个构成要素之间相互联系、相互影响更为频繁。无论创新环境如何变化,创新环境对创新要素的吸引力和粘滞力不但不会改变,而且还会与日俱增,吸引着不同国家、不同地区更多的创新人才、研发资金以及知识型企业不断聚集。

传统企业区位理论认为,成本是企业区位选择的重要影响因素,知识型企业也不例外。科技创新中心城市优越的地理区位、优惠的产业政策和浓郁的创新文化环境,不仅能吸引金融机构和风险投资机构介入,弥补知识型企业研发资金不足,有效缓解知识型企业的融资约束,降低知识型企业的运营成本和研发成本,而且对创新人才产生巨大的吸引力,有助于提升科技创新中心城市的人力资本水平。另外,伴随着科技创新中心城市知识型企业内部以及企业之间的交流与资源共享,创新人才的聚集和频繁交往,知识溢出水平也不断提升,为知识型企业创新提供了丰富的创新要素。具体而言,创新环境对创新要素的影响表现在以下几个方面。

(1)创新环境为缓解融资约束营造了良好的金融生态环境

流动性也是金融资源的根本特征。从世界金融发展的历史来看,金融资源的流动在很大程度上是由地理条件决定的。金融机构是金融资源的供给者,金融机构选址的关键在于当地的综合条件是否有利于金融及商贸活动的开展,金融集聚实际上是区位优势竞争的结果。科技创新中心城市,不仅自然条件优越、基础设施完善、交通便利、通信设施发达、经营环境良好,而且经济实力雄厚、产业基础扎实、贸易活动频繁,具备了金融资源聚集和金融业发展的区位优势。

科技创新中心城市先进的通信设施和发达的交通条件有利于金融机构快捷地寻找目标企业开展业务,完善的基础设施和合理的城市规划有利于降低金融机构的经营成本,必然对金融机构产生强烈的吸引力。伴随着金融机构的进入及其业务的开展,科技创新中心城市的融资约束得以缓解,知识型企业融通资金的能力和创新能力得以增强。当今世界很多科技创新中心都与地理位置有着或多或少的联系,例如,伦敦、纽约和东京等城市,正是由于地理区位优越、经济实力雄厚、产业基础扎实,成为全球科技创新中心,这是其一。其二,知识型企业的创新活动具有高投入、高风险并存的特征,企业难以从外部市场融通资金,迫切需要政府利用"有形之手"予以干预,缓解企业的融资约束。在科技创新中心城市,政府通过实施积极的产业政策,采取政府补贴或税收优惠政策,增加知识型企业的研发投入,弥补知识型企业研发投资的不足,激发知识型企业的研发动机。其三,伴随着经济的发展和人民生活水平的提高,一个地区的软环境和软实力是赢得竞争优势的关键因素,也是金融机构布局的重要影响因素。与地理区位和产业政策相比较,浓郁的创新文化环境,为科技创新中心城市营造了良好的氛围,提升了科技创新中心城市的软实力,对金融机构和风险投资机构产生了巨大的吸引力。金融机构和风险投资机构向科技创新中心城市的集聚,有效地缓解了知识型企业的融资约束,丰富了科技创新中心城市的创新要素,提高了科技创新中心城市的创新实力。

(2)创新环境为创新人才流动营造了良好的氛围

流动性是人才重要的特征之一。一般来说,创新人才具有较高的成就动机,当所在组织或地区无法满足其欲望,无法发挥其才能,且获得更高薪水、更好职业发展前景、更多研究资助、能够与杰出研究人员共事以及使用高质量研究基础设施以提升自我价值的预期收益大于流动所需要的心理成本和货币成本时,人才就会发生流动。科技的不断进步以及新科技的广泛应用与推广,不仅推动了社会的进步和发展,而且对创新人才产生了巨大的需求,加速了创新人才流动的频率,扩展了创新人才流动的范围。如前所述,科技创新中心城市的特征就是创新环境优越,地理区位优良,经济发展实力强劲,产业基础扎实,政府对科技创新中心城市制定和实施了一系列优惠政策,尤其是创新人才落户的优惠政策。另外,创新文化浓郁,创新的软硬件设施完善,能够满足创新人才的不同需求,对创新人才形成了巨大的吸引力,驱使创新人才聚集到科技创新中心城市。正如徐倪妮和郭俊华(2019)所说,良好的科研环境有利于人才科研活动的开展和潜能的发挥。创新人才的流动,使得大量同类型或相关的人才在科技创新中心城市或高新技术产业聚集成为可能。当然,创新人才在科技创新中心城市的聚集,还可以有效降低人才的搜寻成本与交易成本,有利于创新人才知识积累,实现自身价值的增值,吸引更多的创新人才聚集,不断提升科技创新中心城市的人力资本水平。

(3)创新环境是知识溢出的"土壤"

知识溢出是人才聚集的根本特征。人才数量的增长是一个由量变到质变的过程,简单的人才聚合不足以产生集聚效应。人才的集聚效应是人才聚集现象从量变到质变转化的结果。伴随着创新人才在科技创新中心城市聚集数量的增加,创新人才交流的广度和深度不断扩展,交往频率不断增加,流动性不断加剧,有利于产生知识溢出和创新诱发效应。在科技创新中心城市,一部分知识本质上是隐性的,通常称之为经验或直觉。隐性知识难以传递,人才集聚在一起,可以在面对面的接触中进行知识的碰撞,学习彼此的经验,使得隐性知识显性化,发生"溢出"并得以传播,从而产生知识溢出效应和创新诱发效应(张樨樨,2010)。在包容、开放的创新文化环境中,伴随着科技创新中心城市创新人才以及各类企业的集聚,彼此之间相互学习、相互交流日益增强,知识溢出水平不断提升。尤其是科技创新中心城市以其优越的地理区位、完善的基础设施、先进的通信设施、发达的信息技术、优惠的政府补贴政策和税收优惠政策以及良好的创新文化氛围,使知识型企业之间、创新人才之间以及知识型企业、创新人才与外界的交流和信息往来更加便捷,愈加频繁,从而降低了知识型企业获取知识的成本,扩大了知识溢出的范围,提升知识溢出的水平,增强科技创新中心城市的综合实力。

由此可见,科技创新中心城市的形成,只有依靠自身的地理区位优势,整合现有的创新资源,通过政府采取各种优惠政策,营造浓郁的创新文化氛围,形成创新要素流动的激励机制,才能不断拓宽投资渠道和产业门类,吸引创新要素流向科技创新中心城市,最终吸引更多的知识型企业在科技创新中心城市安家落户,使科技创新中心城市得以形成并不断发展壮大。

二、融资约束、人力资本、知识溢出与企业区位选择

(一)融资约束与企业区位选择

Schumpeter(1912)首次将金融纳入企业创新的分析框架之中,认为企业创新与金融资本之间存在着密切的关系。然而,科技创新具有高投入和高风险,存在着诸多的不确定性,这又给企业创新与金融资本之间的密切关系蒙上一层阴影,许多金融机构望而却步,企业创新融资约束随之产生。融资约束是指在市场不完备的情况下,企业外源融资成本增高,无法在最优水平下进行投资的情况(Fazzari et al.,1988)。世界银行投资环境调查报告显示,在80个被调查的国家中,中国有75%的企业面临着融资约束问题,融资约束占比最高(世界银行,2007)。吴永钢等(2016)以2001—2009年上海A股上市公司为研究对象,研究发现中国企业普遍面临融资约束问题。尤其是在研发和新产品初期进入市场阶段,需要大量的资金支持,融资约束强的企业在创新过程中面临的不确定性更大,企业创新举步维艰。由于存在融资约束,企业技术创新项目投资倾向明显下降。由此可见,融资约束问题的存在,不仅关系到知识型企业能否持续开展科技创新的问题,而且关系到知识型企业科技创新融资效率的问题。

与普通企业相比,知识型企业以创新为使命,研发活动需要庞大的资金作为支撑。然而,知识型企业的创新过程周期长、风险大、收益具有不确定性,使得知识型企业面临的融资约束更为严重,仅仅依靠企业的自有资金难以维持正常的研发活动,因此,有效的外部融资是知识型企业生产知识、转化知识的根本保证。

虽然知识型企业存在着科技创新与市场开发双重风险,但是,科技创新带

来的科技成果具有更高的生产力、投资价值和增值空间,为金融机构支持科技创新,提供了空间和依据。Dushnitsky 和 Lenox(2005)以上市公司为研究对象,研究发现风险投资给予企业创新的资金支持,缓解企业创新的融资约束,激发企业创新的动机,对关联企业的专利产生正向促进作用。Hsu 等(2014)对欧盟国家风险投资与企业创新之间的关系进行实证分析,研究发现风险资本的存在有效促进了创新产出的增加。

已有研究进一步发现,在金融发展水平较高的地区,聚集大量的金融机构,形成庞大的金融市场,企业面临的融资约束相对较小,企业的外部融资能力较强,企业研发投入较大,研发能力强。所以,知识型企业能否融资以及融资效率的高低与所处地区的金融集聚及其金融发展水平息息相关。由于集聚效应和虹吸效应,资金被吸引到该地区,形成了种类繁多的资本市场、货币市场、外汇市场、离岸金融市场、衍生品交易市场,从而缓解了知识型企业的融资约束,提高了融资效率。因此,越是经济金融发达的地区,知识型企业不仅易于融资,而且融资效率高。知识型企业在进行区位选择时,必然会选择金融市场发达、金融体系完善、融资效率高的地区。

(二)人力资本与企业区位选择

通过知识的积累、传递和共享,人类的智力有了极大的提升,不仅人类的潜力不断被开发出来,而且人类的创新能力也在不断提升。高素质的创新人才作为企业创新的推动者,在企业创新过程中的作用不可磨灭。然而,高素质的创新人才及其强大的创新能力不是天生的,而是通过后天学习获得的,即人力资本投资形成的。人力资本是由劳动力的知识储备、经验、技能和体力构成的资本,是国民经济增长的关键因素(Schultz,1975)。大量的研究表明,新技术的产生并得以推广,不仅与一国人力资本的存量存在着十分显著的关系(Barney,1991),而且人力资本积累对企业创新具有显著的促进作用(Earl,2001),因为人力资本积累增加的结果是企业员工科技水平的提高和专业技能的增强,这些都大大提高了企业的科技创新能力。因此,一旦企业取得了突破性创新,工人现有的知识和技能可能失效,进而引起人力资本积累需求的增加(Chesbrough,2004)。增加知识型企业人力资本的知识存量,提高人力资本积累水平,是提升知识型企业科技创新能力和产出效率的关键。然而,由于人类自身的局限,一个人拥有的知识是有限的,无法掌握所有的知识和技能,迫切需要知识型企业借助于外部的力量,把社会上充裕的人力资本聚集到自己的周围,扩大自身配置人力资源的边界,增强自身的知识存量和创新能力。

由此可见,知识型企业在进行区位选择时,必然选择人力资本或者知识资源相对丰裕的地区。人力资本相对丰裕的地区不仅为知识型企业提供更好的、更多的专业技术人才,而且增加专有劳动力的"竞争性",提高整个劳动力市场的"素质"。另外,伴随着创新人才的集聚,逐步形成了庞大的劳动力市场,而激烈的劳动力市场竞争,又有助于降低劳动力的价格,降低知识型企业人力资本的成本。例如,纽约集聚了全美10%的博士学位获得者、10%的美国国家科学院院士以及近40万名科学家和工程师,每年高校毕业生人数占全国的10%左右(袁红英 等,2017)。

另外,依据知识型企业的定义,知识型企业是以人力资本为核心要素,通过人力资本积累,生产知识和技术产品的经济组织。知识型企业为了获得更多的人力资本,通常会选择创新人才集聚的地区。由于知识型企业以生产知识产品为主,从要素投入、产品生产、产品销售等过程来看,知识产品和技术生产与普通产品生产存在较大的差异。从事知识产品和技术生产的员工与普通企业员工相比较,对员工之间的协作能力和个人素质要求更高。知识型企业只有在特定的创新人才集聚地区,才能招聘到足够多的高素质人才,所以,人才集聚地区为知识型企业从事创新活动提供了智力支持。

(三)知识溢出与企业区位选择

在开放经济条件下,企业对知识和技术投入的需求与日俱增,企业区位选择不仅取决于地区创新资源的丰裕程度,而且取决于企业拥有的信息量以及处理信息效率的高低。

首先,在知识密集区域,企业的外部性更容易显现出来。外部性理论认为同行业的企业在一个区域的集聚,有利于知识在企业之间的扩散,提升行业内的集聚水平和专业化水平(Marshall,1890)。非但如此,不同行业之间也会发生知识溢出(Jacobs,1969)。Cooke(2001)认为知识只会在具有关联关系的部门之间流动,从而达到知识共享,产生知识溢出。Frenken 和 Boschma(2007)认为,学习过程和知识转移具有高度的地方化特征,知识在互补的行业之间流动,不相干的行业之间不会产生知识溢出和共享。知识溢出产生的前提是企业之间发生有效的学习,而有效的学习通常发生在"认知距离"较近而且两个部门的知识又不完全相同的情况下。这样既能保证有效的知识溢出,又能在一定程度上避免"认知锁定",在此基础上,Frenken 等人提出了相关多样性的概念。较高的相关多样性水平,一方面,能够保证产业之间"认知距离"恰当,从而使企业有能力汲取相关产业的新知识;另一方面,能够使企业获得足够的新知识(Nooteboom,2000)。因此,互补的相关多样性有利于将差异化的、多样化的知识重新整合形成新的知识(Boschma,2005),从而有利于推动企业的创新。王俊松(2015)基于 2003—2009 年中国地级市企业统计数据,研究发现,城市创新来源于相关性或互补的多样性部门带来的知识溢出,城市的相关多样性促进了城市创新能力的发展。基于此,创新的一个主要来源是对不同种类知识和技术的融合,成功的企业通过学习,将不同的知识整合在一起,开展创新活动。在创新过程中,知识型企业通过与其他企业的交流与合作,吸收本地外溢的知识,整合新知识与已有知识有机融合,开展创新活动,创造出更多的新知识。所以,知识型企业在进行区位选择时,必然会选择产业集中度高、产业体系完善,且具有很强知识溢出的地区。

其次,在知识密集区域,企业的规模效应更容易实现。同行业的企业在空间上聚集,采用"搭便车"的行为,企业通过知识溢出获得其他企业的创新技术,降低企业的创新成本,提高规模经济效应。知识溢出使企业获得更多的外部信息和资源,企业通过吸收和转化,将外部信息和资源转化为自身的知识,利用自身的知识进行创新,间接地减少了知识要素的投入,降低了研发成本和研发风险,缩短了创新周期。为了获得更多的知识溢出,便于接受知识和信息,企业在进行区位选择时必然希望靠近知识源,提高接受知识的频率。

由于知识型企业在知识溢出高的地区更容易获得企业所需的相关知识和信息,便于企业将外部知识转化为自有知识,进而形成知识产品,提升企业的创新能力。因此,知识型企业在区位选择时,优先考虑知识溢出水平较高的科技创新中心城市。

第三节　创新环境、企业区位选择与科技创新中心城市形成

一、地理区位、企业区位选择与科技创新中心城市形成

传统区位理论认为,区位空间是满足经济活动基本需要的固定场所。当资源性产品体积庞大且难以运输时,就需要就地加工、就地生产,靠近自然资源产区,或者运输便利程度高,会使经济活动异常集中(俄林,2001)。只要不是抽象地假定空间是均质的,那么地理因素一定对区域经济活动产生影响。正如 Marshall(1890)所说,许多不同的原因引起了工业的地区分布;但主要原因是自然条件,如土壤和气候,周边地区的矿山和森林,或者是水陆交通便利。这种将自然地理区位因素用于解释工业革命时期的工业区位集中问题,是非常重要的,且韦伯(1997)、勒施(1995)、艾萨德(1956)以及诸多学者都对此进行了阐述。

Mellinger(1999)等人借鉴 Barro(1988)的理论分析框架,引入地理区位因素分析全球152个国家的经济增长问题,实证结果表明,地理因素是经济发展的条件之一。王旭(2000)对世界几个大城市进行比较研究,梳理了纽约、伯明翰以及波士顿近几十年经济发展轨迹。纽约市经济发展初期依靠地理区位优势建立临海港口,发展航海贸易,而伯明翰市依靠丰富的金属矿产资源发展金属冶炼及加工。作为全球科技创新中心的硅谷坐落于航天业发展迅猛的美国西部地区,而不是美国工业建设更为发达的中西部地区。王旭进一步比较纽约和波士顿发现,纽约相较于波士顿在美国近几十年的经济发展历程中占有重要地位,其主要原因在于纽约建立了伊利铁路和伊利运河,通过铁路和水路将纽约和美国内陆地区紧密地联系在一起,增进了纽约市与美国内陆城市的交流。同为世界知名城市的利物浦,尽管也修建了水路和铁路,加强利物浦和曼彻斯特的联系,然而与美国内部庞大的市场规模相比,曼彻斯特的经济规模偏小,难以通过自身的市场规模带动港口城市的经济发展。通过梳理中外大多数国家的工业与经济发展轨迹可知:决定一个国家或

者地区产业布局的重要因素除了资源禀赋以外,市场潜力对产业布局也有重要的影响。

不同地区的市场与产地路径不同,产生的引力大小也不同。各个地区市场对产地形成的引力之和,通常用市场通达性来反映,一般用市场潜力来表征产地市场通达性的位势。不同产地到各地市场的距离不同,其市场潜力也不相同。

传统区位理论对市场需求的空间相互作用考虑较少,虽然勒施(1995)创立的以市场为中心的工业区位理论,实现了对市场作用认识质的飞跃,但是,传统区位理论主要考虑的是当地市场,较少考虑市场需求的空间相互作用。Harris(1954)不仅提出了市场潜力的概念,而且把市场需求的空间相互作用纳入研究领域。空间经济学认为,市场潜力是引起经济活动空间分布不均衡的因素之一。对此,金煜(2006)等基于中国省级数据实证分析结果表明,经济活动区位不完全由生产成本最小化决定,市场潜力对于经济活动空间和区域经济格局的形成具有至关重要的影响。随着市场潜力的增大和城市规模的扩大,迫切需要大量的科技成果做支撑,需要大量的知识型企业开展科技创新,从而推动科技创新中心城市的形成和发展。市场潜力对科技创新中心城市的影响既来自知识型企业所在地的市场,又来自非本地市场或海外市场,特别是沿海地区大多数产业已经形成主要依托非本地市场的发展格局(石敏俊 等,2006;钟颖杰 等,1998)。为此,我们从国内市场潜力和国际市场潜力两个维度,分析地理区位对科技创新中心城市形成的影响。

(一)地理区位有利于金融资源的聚集

良好的地理区位是金融资源集聚形成的基础。当今世界主要金融中心一般有着优越的地理位置,是一个国家的经济贸易中心和交通枢纽。旺盛的贸易需求和便利的交通条件必然带来巨大的金融需求。对此,Choi(1986)认为金融机构在跨国选址时,主要考虑地区之间的空间距离、贸易规模和当地金融市场规模以及有效性因素。信息对金融机构和金融市场有着重要的影响,金融机构的主要功能之一是降低信息的不对称性。一个中心城市往往就是一个信息腹地,金融机构深入信息腹地,既有利于挖掘有价值的信息,又有利于缩短信息传递的距离。反之,借贷双方距离越远,风险和不确定性就越高。在借款人与贷款人交易中,存在许多非标准化信息,且不是免费的,无论出于牟利还是风控的需要,金融机构都会花费一定的成本进行信息的搜集和处理,减少借贷双方信息的不对称性。虽然搜集和处理信息的成本费用比较大,但是与获得的有效信息相比较,都是无关紧要的(Thrift,1994)。为了降低金融机构的搜寻成本,金融机构深入信息腹地获取有效的信息,进而形成金融集聚。

在科技创新中心城市,知识型企业从事的是一种既能给投资者带来高收益,又会带来高风险的创新活动。这种创新活动存在较大的不确定性和风险,金融机构与企业具有频繁的交流特征(Vernon,1966),使得金融机构只有与知识型企业进行沟通和交流,才能降低融资过程中存在的风险。

(二)地理区位有利于创新人才的聚集

自然环境是人类赖以生存的基础,是影响人口空间分布的重要因素。长期以来,人们把气候、土壤、水和矿藏等看作是影响人类区位选择和迁移的主要因素。尽管创新人才的工作是脑力劳动,对气候、土壤、水和矿藏的依赖性不强,但是,选择气候适宜、生态环境秀美、交通便利的城市工作,应该是每一个创新人才的梦想。

科技创新中心城市是地区政治、经济和文化的中心,大多数是在长期的社会发展过程中形成的。与周边地区相比较,科技创新中心城市是发展较快的地区,地理区位优良,是人们生产和生活首选的场所。科技创新中心城市以较多的就业机会、较高的工资收入、较好的文化环境形成"拉力",就像一个磁场,把创新人才和其他关键要素吸引进来。对此,法国社会学家Dumont(1890)说,"所有的人都有一种想从社会上低的地位向高的地位上升的倾向";人们由低到高不断攀登,与灯油顺着灯芯上升一样,这样的现象就叫作"社会的毛细管现象"。Hick和John Richard(1932)研究发现地区之间经济利益的差异,尤其是工资的差异,是劳动力迁移的重要原因。所以,地方竞争力和生活水平是当代吸引人才的首要前提(Kenney,1994)。

科技创新中心城市以其交通便利、环境秀美吸引那些对公园和娱乐设施、到工作地点便利、宽敞的庭院、高质量学校有偏好的人(Dejong,1977);吸引那些关注"亮光假说"描述的人。与此同时,科技创新中心城市作为知识型企业的聚集地,必将带来一系列相关产业的聚集,形成集聚经济。最初吸引来的是其他业务和工作人员的安家落户,随着人才涌入某一地区带来人力资本积累水平的提升,具有自然禀赋优势的地区与人力资本结合,吸引更多的企业和家庭涌入(Chatterjee,1991)。

(三)地理区位有利于产生知识的溢出效应

知识型企业与一般工业企业不同,除了依赖资源禀赋、水陆交通、气候土壤等因素外,还需要大量的显性知识和隐性知识。显性知识通过学习,易于获取。由于隐性知识或技术包含多年试验或生产经验,具有经验性、认知性和情境性等特点(Polanyi,1966),必须通过人员之间的交流、现场示范以及言传身教等方式,才能得以传播。这种知识的溢出效应受到时间以及空间的限制(Keller,2002)。因此,空间距离是影响一个地区获得其他地区知识、技术外溢的因素。地理邻近性是隐性知识或技术外溢的重要条件(叶静怡 等,2016),地理上越接近,越能加速技术追赶(Rachel,2009)。在科技创新中心城市,知识型企业同处一地,彼此相邻,较近的地理距离,不仅有利于知识型企业科技人员面对面的交流与互动,而且有利于知识型企业之间逐步建立紧密的合作关系,增强彼此信任,提高企业之间信息交换的频率和效率。频繁地接触与交流,不仅易于产生观察、模仿、纠错以及重复等近距离的学习过程,使隐性知识的学习和传播更为便捷,知识的溢出效应更为显著,而且,频繁地交流与合作又促使企业自身的知识结构不断得到完善,有助于开放式创新的产生。因此,地理区位引起的知识溢出必将产生巨大的诱惑力,把知识型企业吸引到科技创新中心城市。

二、产业政策、企业区位选择与科技创新中心城市形成

产业政策最早可以追溯到1791年美国财政部部长汉密尔顿向国会提交的《关于制造业报告》,报告中明确提出政府要采取各种措施保护和扶持本国制造业的发展。无论是幼稚产业保护论、市场失灵论,还是赶超理论、后发优势论,所阐述的产业政策都是在市场失灵时通过政府干预引导资源配置。产业政策是政府对经济的干预政策,是发展本国经济、优化本国产业结构、促进地区和行业生产发展的政策总称。

产业政策分为功能性产业政策和选择性产业政策(Lall,2001)。功能性产业政策具有非专向性和非贸易扭曲性的"普惠式"特征,以加大科技投入、培育

人力资本、加强基础设施建设等间接方式对整个市场予以"普惠式"的扶持,不仅为企业提供良好的创新资源,而且通过营造良好的创新氛围,既有利于企业降低外部环境的不确定性,又有利于企业进行"实质性"创新。选择性产业政策采用倾斜式扶持、强烈干预市场等"特惠式"手段,以缩短产业结构的演进过程,最终实现经济赶超的目标。

在科技创新中心城市,知识型企业的创新活动具有投资周期长、投入成本高、失败率高、创新收益非独占性等特征,由于存在信息不对称、预期收益不确定等问题,知识型企业很难从外部市场融资,严重阻碍了知识型企业的发展,迫切需要政府利用"有形之手"予以干预,以弥补缺陷和不足(Cappelen et al.,2012)。产业政策作为政府优化协调资源的重要手段,在推动地方经济增长、协调区域发展以及促进企业创新等方面起到了巨大的作用(Aghion et al.,2012;宋凌云 等,2013)。产业政策的实施,缓解了知识型企业的融资约束压力,弥补研发费用的不足,降低企业创新过程中的不确定性,激发企业的研发动机,促进企业创新(徐朝阳 等,2010;韩永辉 等,2017)。另外,多维度的产业政策吸引研发人员大量聚集,企业的人力资本积累水平进一步提升,大量的企业蜂拥而至。在这一过程中,行业内企业之间的知识溢出水平不断提高。产业政策的实施促使知识型企业选择在适宜的地区进行研发和生产,并最终形成科技创新中心城市。

(一)产业政策有助于缓解融资约束

与普通投资相比较,知识型企业研发投资存在风险高、孵化周期长、信息不对称等问题,易受外部融资因素的制约,因而更加依赖稳定的、持续的和长期的资金支持(马光荣 等,2014)。特别是与外部企业联合研发时,更需要一定程度的流动性,使流入的外部知识转化为企业的创新产出(Qiu et al.,2015)。Fazzari et al.(1988)研究发现,企业的融资约束增加了企业陷入流动性困境的可能性,企业被迫将大量的资金投入到短期生产项目上,致使创新投资不足(Hall,2002;Piga et al.,2007)。当企业内源融资能力不足时,难以进行持续性的研发投入。也就是说,由于知识型企业创新投资存在收益不确定、信息不对称、道德风险等问题,致使知识型企业的融资约束对其创新产生了抑制作用

(Canepa et al.,2008;Belitz et al.,2016)。因此,知识型企业融资约束越大,研发的概率也随之降低(周开国 等,2017)。

为了鼓励知识型企业积极开展创新活动,政府根据国家经济发展的需要,对科技创新中心城市实施一系列优惠政策,其中就包括产业政策。一方面,政府通过实施产业政策,比如,提供税收优惠或政府补贴,不仅降低知识型企业的筹资成本和经营成本,提高知识型企业的融资效率,IPO 融资金额、股权再融资金额显著提高(陈冬华 等,2018),而且税收优惠政策减少了创新活动的现金流出,提高创新活动的内源融资能力(Duchin et al.,2010),在一定程度上增加了私人收益,使私人收益与社会收益趋于一致,对知识型企业的研发投资产生正向激励作用;另一方面,政府通过实施产业政策,采取直接或间接的手段,改变科技创新中心城市的环境预期和信息环境等,优化企业创新投资的外部融资环境,使企业创新投资融资约束问题得以缓解,吸引更多的知识型企业聚集到科技创新中心城市。

(二)产业政策有助于聚集创新人才

Romer(1986)研究发现人力资本是一个国家或地区科技进步的基础、知识积累的载体和知识溢出的源动力,提出了人力资本理论;Lucas(1988)直接将人力资本作为技术进步的核心,提出了内生经济增长理论,为诸多学者研究人力资本理论和经济增长理论奠定了基础。Wright(1994)通过研究发现,人力资本积累水平越高,学习和创造能力越强。当知识型企业从事知识、技术的创新活动时,人力资本不仅是知识型企业创新的源泉,而且是知识型企业创新的核心和关键。如果知识型企业缺乏人力资本,将无法生产知识和技术,无法进行持续性的创新活动,知识型企业创业也难以为继。

科技创新中心城市作为一种全新的科技创新发展模式,在其形成之初,政府制定了一系列相关的产业政策,比如,实施税收优惠和政府补贴政策。税收优惠和政府补贴政策不仅通过增加企业研发资金,激发创新人才潜心技术研究,增加专利产出等创新成果,而且税收优惠和政府补贴政策使企业有足够的资金引进研发人员,吸引更多的研发人员。与此同时,政府还为科技创新中心城市制定特殊的引进人才政策,提供最大限度激发创新人才积极性的政策环境,吸引更多的创新人才在科技创新中心城市聚集,形成"人才高地",不断提升知识型企业的人力资本积累水平,增强知识型企业的创新实力,吸引知识型企业到科技创新中心城市落户创业。

(三)产业政策有助于产生知识溢出

Krugman(1991)认为,人们借助特定区域内的社会交往与信任,企业更容易获得信息,开展创新活动。当本地区某一企业掌握一项新技术后,其他企业进行模仿和学习,产生知识的溢出;当企业向供应商购买产品时,企业与供应商紧密接触,企业能快速捕捉最新的零件和原料信息,并迅速用于生产,而供应商也通过了解终端制造商的需求,不断改进零件和原料,产生知识的溢出;当用户购买产品时,企业根据用户的偏好和购买行为,了解用户的需求,改进企业产品,产生知识溢出;在企业与大学、科研院所之间的交流与合作中,在政府为企业提供咨询和服务的过程中,也会产生知识溢出。

在科技创新中心城市,知识型企业通过直接或间接合作、员工之间流动以及企业之间非正式交流等途径实现知识的溢出,使知识在科技创新中心城市得到传播和扩散;通过吸收本地知识溢出,企业整合已有知识和新知识,增强创新能力。然而,在技术具有正外部性的同时,企业的创新活动有可能出现技术泄露问题,使企业蒙受损失,有可能降低企业创新回报率,抑制企业创新积极性。与此同时,企业在进行创新活动中,常常会遇到市场失灵以及资源错配等问题(Tassey,2004)。企业创新的外溢效应降低企业研发投入的积极性。因此,政府通过补贴和税收优惠政策刺激企业进行R&D投资是必要的。政府通过对科技创新中心城市实施积极的产业政策,抵消市场开放、知识溢出对知识型企业的冲击,促进科技创新中心城市创新产业的发展,吸引周边更多的企业向科技创新中心城市迁移,不断提升科技创新中心城市的实力。

三、创新文化环境、企业区位选择与科技创新中心城市形成

20世纪80年代中期,西欧区域创新环境研究组织(GREMI)首次提出了"创新环境"(Innovative Milieu)的概念,强调创新存在于某种无形的氛围之中。这里说的无形的氛围就是文化环境。什么是文化环境?学术界尚无统一定论,一般从广义和狭义两个方面解释。从广义上理解,文化环境是指与科技创新系统有物质、能量和信息交换的各种要素的集合,包括教育与培训环境、基础研究

与应用研究环境、制度和政策环境、社会文化环境等等;从狭义上理解,文化环境是一个有利于创新活动的价值观念、人文精神和行为规范的综合体,是激发创新活动的精神家园。因此,创新文化环境可以理解为人类在改造客观世界的过程中形成的精神文化、制度文化及其派生物的综合,既表现为社会中某些有形的环境,也表现为隐藏在社会中某些无形的环境,如价值观念、伦理道德、风俗习惯、信念信仰等等。在企业生产诸要素中,人才、资金和技术都是可以流动的,唯有时间积淀而成的人文环境是固定的,是不可代替的,却是可以改善的。

在影响工业企业区位选址诸多因素中,不仅包括原材料的运输费用,而且还包括市场因素、竞争因素、历史因素和政府作用等"超经济因素"(Losch,1939);制度、精神等软环境对生产实践、交往活动产生一定的影响,科技创新更是如此。Dickson(2006)等对8个国家的456家中小企业进行研究,发现温和的人际关系有助于找到合作伙伴,进行创新活动。成全(2016)等随机选取200余位院士和400位诺贝尔奖获得者和中科院院士进行测试,测试结果表明,影响工程院院士科研的主要环境因素依次为:崇尚创新精神的文化环境、早年学校具有创新理念的教学方式及学习氛围、良好的社会人际关系、交流合作的人文环境、宽容的人文环境和创新团队所属机构的良好社会影响力。

(一)创新文化环境有助于缓解融资约束

融资是企业经营过程中的必要环节,融资不仅能够缓解企业资金的约束,而且增加了企业经营的灵活性,进一步减少企业在生产和研发过程中的不确定性(Modigliani et al.,1959)。Herbg 和 Dunphy(1998)的研究表明公司融资行为除了受到融资成本、制度环境和公司治理等因素的影响以外,(社会)文化环境也起到一定作用。因为文化不仅为企业家精神的产生营造良好的氛围,影响决策者的融资意愿,而且文化影响个人信念、价值观和动机,促进未来企业家的培养。

一方面,在科技创新中心城市文化的熏陶下,人们被相同的价值观、思维方式、行为方式和风俗所吸引,聚合起来形成凝聚力,提升债权人和投资者对知识型企业的信心,使知识型企业能够从外部融通更多的资金;另一方面,创新文化环境中的价值观影响个人的认知、信念、态度、社会规范和行为,进而影响企业决策者的战略选择、影响融资行为。范方志(2015)等采用多层线性回归模型,研究文化环境对公司融资行为的影响,结果表明,公司融资净流入的差异有8.4%是由城市文化环境的差异引起的,文化环境是影响公司融资行为的重要因素之一。在城市文化环境中,创新氛围、创新精神和价值取向是影响企业融资行为的因素,对资产负债率与融资净流入有着正向的调节作用。所以,良好的创新文化环境积淀加上卓越的企业家精神,能激发知识型企业创新热情,提高知识型企业的创新产出效率,增强投资者对知识型企业的投资信心,使知识型企业获得稳定的资金来源。科技创新中心城市创新文化环境的改善,不仅意味着银行信用指数的提升,更提升了商业与社会信用指数。良好的信用环境,既有利于资金在科技创新中心城市内的合理配置和高效使用,又能为科技创新中心城市吸引更多的外部资金;既能保障知识型企业创新活动安全有序地开展,又能解除投资人的后顾之忧。所以,创新文化环境有助于缓解知识型企业的融资约束,吸引知识型企业选择科技创新中心城市。

(二)创新文化环境能激发科技人员的创新潜能,吸引科技人才聚集

心理学研究表明,创新是人的基本潜能,创新思维是人类高级的心理活动,宽松的环境和自由的氛围是激发人创新潜能的前提和保证。因此,良好的创新环境不仅能够影响科技人员的认知,激发其科技创新的意愿和潜能,而且对科技人员的职业发展具有积极的影响。硅谷弘扬了不断探索的进取精神,在硅谷迅速传播,使区域内的企业充分理解和接受,在各公司激烈竞争的同时,保持着良好的合作关系。正是硅谷独特的文化氛围,为苹果、惠普等企业的创新和良性演化提供了不断衍生的土壤和持续的动力(萨克森宁,1999);正是硅谷独特的文化氛围,吸引了世界各地的人才、资金和技术,为苹果等企业提供了大量的生产要素,在高新技术产业领域保持着持续的竞争优势。所以,科技创新根植于特定的文化土壤之中,不仅影响个体或组织的个性和行为,决定组织创新的成败,而且创新环境还影响科技人才的成长与发展、创新能力和水平的提高。创新环境不仅有利于培养科技人员的创新意识和创新精神,而且还能推动创新行为的发生。科技创新中心城市优良的创新文化环境,形成尊重知识、崇尚创新,鼓励创新创业,宽容失败的良好氛围,不仅能激发创新人才脱颖而出,而且能吸引大量外部优秀人才的集聚,带来知识型企业在科技创新中心城市的集

聚。因为人口集聚是产业集聚和城市集聚的基础,只有人口集聚达到一定规模时,产业才能发展。因此,良好的创新文化环境不仅能激发知识型企业科技人员的创新潜能,而且能扩展知识型企业配置资源的边界,提升知识型企业的创新能力。

(三)创新文化环境有助于知识溢出

Romer(1990)指出,知识具有非竞争性和部分排他性的特征。知识的非竞争性表现为一个厂商或个人对知识的使用并不能限制其他人同时使用该知识,知识的复制成本较低。知识的部分排他性表现为没有经过创新者的许可,任何人都不能使用创新者的成果,否则属于侵权行为。虽然知识的非竞争性和部分排他性能够保证创新者从创新中获益,但也意味着其他人或其厂商能够从创新中获益,而且创新者的个人收益率远远小于社会收益率,知识的这一特性被称为知识的溢出。Marshall(1890)最早对产业集群中的知识溢出进行了界定,指出本地产业集群产生了信息和知识溢出、当地专业化的资源供给和训练有素的劳动力。

知识分为显性知识和隐性知识两类。显性知识是指可用正式的、系统的语言来表述,可以用数据、科学公式、说明书和手册等形式来共享,是容易被"处理"、传递和储存的知识,显性知识通过教育、培训就可以获得。隐性知识是一种"此时此地"的知识,与特定情景有着高度关联的个性化知识,只可身教,不可言传(Polanyi,1966)。隐性知识传播的主要途径是个体之间的互动与非正式交流。由于信任的氛围有利于降低创新过程中的不确定性(Lundvall et al.,1997),沟通主体建立一种共同的沟通和理解模式以及信任,从而获得隐性知识,产生知识溢出,开展创新活动。例如,硅谷有600家生物科技企业集中在直径约80千米的范围内,每天他们相互打电话或一起吃顿饭,获得许多同行业的最新信息,使本区域发展与外部技术和市场环境的迅速变化相适应(王缉慈,2001)。

在科技创新中心城市,由于知识型企业同处一地,空间相邻,使得面对面的非正式交流更为便捷,常常借助非正式沟通方式传递经验类的知识,交流工作中的感受和体会,使知识型企业的科技工作者能真正领会这些隐含的知识。在科技创新中心城市,一方面,由于创新文化环境良好,知识型企业之间的关系相对密切,企业之间的信任度较高,企业更愿意将各自拥有的信息予以共享;另一方面,由于地理邻近所带来的交往便利性,知识型企业之间往往会超越正式的经济契约关系,建立彼此的信任,形成密切的社会关系网络,成员之间更愿意将那些敏感的市场或技术信息加以传播和共享。所以说,科技创新中心城市良好的创新文化环境有助于知识的溢出,对知识型企业区位选择产生巨大的诱惑力和吸引力。

第四节　企业区位选择视角下的科技创新中心城市形成数理模型分析

理论模型主要遵循 Barro 和 Sala-I-Matin(1997)南北分析框架的基本范式,在 Romer(1990)、Helpman(1993)、Vandenbussche 和 Aghion(2006)、余泳泽和张先轸(2015)等相关内生增长理论模型的基础上,将后发国家研发部门设定为模仿和自主创新两种形式,并纳入内生增长理论框架,对后发地区的竞争性均衡状态进行分析,寻求后发地区在技术赶超过程中的创新模式。理论模型还将融资约束、人力资本与知识溢出等影响知识型企业产出的内部关键变量纳入经济增长模型之中,将上述三个变量作为传导途径,研究地理区位、产业政策和创新文化环境对科技创新中心城市形成的影响,实现中国科技创新中心城市的合理布局和深入发展。

一、模型设定

第一,存在两个地区,技术领先地区和后发地区,包括三个部门:最终产品生产部门、中间产品生产部门和研发部门。

第二,人力资本(H)作为投入要素影响生产。经济中只有一种最终产品,其产量用 Y 表示,由最终产品生产部门提供。

第三,技术具有非竞争性和部分排他性的特征。技术的非竞争性表现在:一个厂商或个人对某项技术的使用并不能阻止其他人同时使用该项技术,技术的复制成本很低甚至为零。技术的部分排他性保证了创新者可以从技术创新中获益。

第四,将人力资本定义为对正规教育或在职培训的累积效应的测量。为了使分析简化,假设人力资本总量 H 不变。人力资本有两种用途:H_1 和 H_2,H_1 表示自主创新时投入的人力资本,H_2 表示模仿创新时投入的人力资本。沿用 Vandenbussche and Aghion(2006)的假设,一个地区的所有人力资本全部用于研发部门,则 $H_1 + H_2 = H$。

第五,在研发部门进行知识生产过程中,人力资本 H、知识溢出 S、融资约束 c 都属于内部影响因素,随着整个系统的变化而变化。除了上述内部影响因素以外,地理区位(d)、产业政策(m)和创新文化环境(e)也会对研发部门的知识生产产生一定的影响。

第六,研发部门利用人力资本进行新技术研发,并将其研发技术出售给中间产品生产部门;中间产品生产部门利用该技术生产中间产品,然后将中间产品出售给最终产品生产部门;最终产品生产部门则利用中间产品来生产最终产品,同时最终产品的一部分又作为物质资本分别投入到研发部门和中间产品生产部门。

二、模型求解

(一)最终产品部门生产决策分析

Romer(1990)将最终产品部门的总量生产函数写成 D—S 形式,则技术领先地区的生产函数为:

$$Y^* = G^a \int_0^{A^*} X(i)^{1-\alpha} di \qquad (2-1)$$

后发地区的生产函数为:

$$Y^1 = G^a \int_0^{A^1} X(i)^{1-\alpha} di \qquad (2-2)$$

其中,Y^* 为技术领先地区最终产品的产量,Y^1 为后发地区最终产品的产量,$X(i)$ 表示第 i 种中间产品的使用量,A^* 表示技术领先地区中间产品的种类数,A^1 表示后发地区中间产品的种类数。G 表示土地资源,我们简化为1,为了避免整数约束,设 A 是连续而非离散的,A 的大小反映了国内技术水平(或知识存量)的高低,Y^* 和 Y^1 的价格单位化为1。因此,技术领先地区的生产函数简化为：
$$Y^* = A^* X^{1-\alpha} \quad (2-3)$$

同理,后发地区的生产函数简化为：
$$Y^1 = A^1 X^{1-\alpha} \quad (2-4)$$

设定中间产品的价格为 P_X,则技术领先地区最终产品生产部门的最优化决策为：
$$\text{Max}[Y^* - P_X X^*] \quad (2-5)$$

其中, $X^* = A^* \cdot X$。 X^* 表示技术领先地区的中间产品数量。

同理,后发地区的最终产品生产部门的最优化决策为：
$$\text{Max}[Y^1 - P_X X^1] \quad (2-6)$$

其中, $Y^1 = A \cdot X$。 X^1 表示后发地区的中间产品数量。

基于最终产品部门最优化决策,得出技术领先地区和后发地区中间产品的需求函数为：
$$X = [(1-\alpha)/P_x]^{\frac{1}{\alpha}} \quad (2-7)$$
$$X^1 = [(1-\alpha)/P_x^1]^{\frac{1}{\alpha}} \quad (2-8)$$

（二）中间产品部门生产决策分析

无论是技术领先地区,还是后发地区,中间产品生产企业面对的需求曲线向右下方倾斜,意味着中间产品的生产具有垄断的特征,必然为中间产品生产者带来垄断利润,这正是企业持续创新的动力所在。沿用 Romer(1990) 和 Barro 和 Sala－I－Matin(1997) 的做法:设定一单位任何一种类型中间产品的生产,消耗一单位最终产品投入,则生产 X 单位中间产品的可变成本为 $1 \times X$,其中 1 为最终产品 Y 的单位价格,则中间产品生产部门的最优决策为：
$$\text{Max}[P_x X - X] \quad (2-9)$$

由一阶最优条件得到中间产品生产部门的垄断定价为：
$$P_x = \frac{1}{1-\alpha} \quad (2-10)$$

则中间产品生产部门的垄断利润为：
$$\pi = \alpha(1-\alpha)^{\frac{(2-\alpha)}{\alpha}} \quad (2-11)$$

(三)研发部门研发决策分析

科技创新中心城市作为技术领先地区,与后发地区的区别在于研发部门的研发决策不同,后发地区在选择未来的发展方向时,存在两种选择,即选择科技创新中心城市或者一般城市。如前所述,科技创新中心城市是知识型企业在空间的集聚,知识型企业主要从事自主创新,一般的城市主要进行模仿创新。结合Romer(1990)、Helpman(1993)和余泳泽和张先轸(2015)的基本模型假定,我们假定科技创新中心城市的知识生产函数为:

$$\dot{A}^* = \delta A^* \qquad (2-12)$$

此时,科技创新中心城市的技术进步率为恒定值,遵循Vandenbussche和Aghion(2006)等内生增长理论文献,将后发地区的未来的发展方向设定为自主创新和模仿的线性函数,为:

$$\dot{A} = \dot{A}_1 + \dot{A}_2 \qquad (2-13)$$

其中,$\dot{A}_1$指从事自主创新的知识增量,$\dot{A}_2$指从事模仿创新的知识增量。自主创新和模仿创新的生产函数分别为:

$$\dot{A}_1 = mdeA(cH_1)^\beta(cY_1)^{1-\beta}S \qquad (2-14)$$

$$\dot{A}_2 = (1-m)d(1-e)(\dot{A}^* - A)(1-c)H_2^\gamma Y_2^{1-\gamma} \qquad (2-15)$$

其中,H_1表示自主创新时投入的人力资本,H_2表示模仿创新时投入的人力资本,$H = H_1 + H_2$;Y为最终产品部门生产的产品,$tY = Y_1 + Y_2$,t为物质资本投入中用于研发的比重;融资约束为c,融资约束影响企业投入的物质资本Y和人力资本H;知识溢出S也是影响知识产出的重要因素,从事一般模仿创新时,知识溢出微弱,为了简化模型,从事一般模仿时的知识溢出假定为0。

除上述因素以外,外部因素也对研发部门决策产生影响,将产业政策标准化为$m(0<m<1)$,从事模仿创新的地区创新文化环境为$1-m$;地理区位为d,刻画所在地区相较于其他地区的经济地理因素,将其标准化为$d(0<d<1)$,如果该地区从事自主研发,则地理区位影响显著,如果从事模仿创新,则地理区位影响微弱,为了简化模型,这里假定影响为0;创新文化环境因素为e,将创新文化环境因素标准化为$e(0<e<1)$,从事模仿创新时,地区的创新文化环境因素

为 $1-e$。由于现实中自主创新投入的人力资本往往更多,属于人力资本密集型创新,而模仿创新投入的物质资本往往更多(其中技术引进费用占比很大),因此我们可以合理设定 $\beta > \gamma$。

假设研发部门是完全竞争市场,假设研发部门在开发出一种新产品时,出售的价格等于中间产品生产部门利用该项专利赚取利润的贴现值总和,为了方便讨论,设定贴现率 ρ 不随时间的变化而变化:

$$P_A(t) = \int_0^\infty \pi e^{-\rho t} dt = \frac{1}{\rho} \alpha (1-\alpha)^{(2-\alpha)/\alpha} \qquad (2-16)$$

则研发部门的总收益函数为:

$$P_A(t) [\text{mde} A c H_1^\beta Y_1^{1-\beta} S + (1-m)(1-e)(\dot{A}^* - A)(1-c)] H_2^\gamma Y_2^{1-\gamma} \qquad (2-17)$$

设定人力资本 H 的报酬为 w_H,则研发部门的总成本为:

$$w_H H + tY \qquad (2-18)$$

则研发部门的最优化决策为:

$$\begin{cases} Y_1 = \dfrac{H - \overline{\omega}\gamma(1-\beta)tY}{\overline{\omega}(\beta-\gamma)} \\ H_1 = \dfrac{\beta(1-\gamma)[H - \overline{\omega}\gamma(1-\beta)tY]}{\beta-\gamma} \end{cases} \qquad (2-19)$$

其中,$\overline{\omega} = \left[\dfrac{M_2 \gamma^\gamma (1-\eta)^{1-\beta}}{M_1 \beta^\beta (1-\beta)^{1-\gamma}}\right]^{1/(\beta-\gamma)}$ $M_1 = \text{mdec}AS$,

$M_2 = (1-m)(1-e)(\dot{A}^* - A)(1-c)$

三、模型比较静态分析

通过前文分析,我们认为一个城市能否成为科技创新中心城市不是由人们的主观意愿决定的,而是由知识型企业空间集聚决定的。由于知识型企业开展创新活动时面临融资约束、人力资本和知识溢出的制约,知识型企业选择科技创新中心城市的目的就是为了获得众多的创新资源、享受政府的优惠政策和良好的创新文化环境,从而提升自身的创新能力,减少创新的不确定性。因此,科技创新中心城市的建立存在一定的条件。只有当一个城市达到某一基本的门槛时,知识型企业才会选择科技创新中心城市,在科技创新中心城市形成空间集聚。

控制人力资本 H 和知识溢出 S 时,地区融资约束需要满足一个基本的门槛,依据研发部门的最优决策下的一阶条件(2-19)有:

$$c^0 \geq \frac{1}{\dfrac{\text{mde}SAM_3}{(1-m)(1-e)(\dot{A}^*-A)}+1} \quad (2-20)$$

其中,$M_3 = \left[\dfrac{H}{\beta(1-\gamma)t\gamma}\right]^{\beta-\gamma} \dfrac{\beta^\beta(1-\beta)^{1-\gamma}}{\gamma^\gamma(1-\gamma)^{1-\beta}}$

当一个城市建立科技创新中心时,各个驱动因素都存在一定的门槛,此时,外部因素是外生的,控制内部因素融资约束 c 和知识溢出 S。基于此,依据研发部门的最优决策下的一阶条件(2-19)有:

$$H^0 \geq \beta(1-\gamma)\overline{\omega}tY \quad (2-21)$$

(2-21)式表示知识型企业区位选择时对地区的人力资本水平的最低"门槛",只有超过这一门槛时,知识型企业才会选择落户。(2-21)式的条件也是科技创新中心城市建立的基本条件之一。

控制人力资本 H 和融资约束 c 时,地区知识溢出需要满足一个基本的门槛,依据研发部门的最优决策下的一阶条件(2-19)有:

$$S^0 \geq \frac{1}{M_3} \cdot \frac{(1-m)(1-e)(\dot{A}^*-A)(1-c)}{mdecA} \quad (2-22)$$

其中,$M_3 = \left[\dfrac{H}{\beta(1-\gamma)t\gamma}\right]^{\beta-\gamma} \dfrac{\beta^\beta(1-\beta)^{1-\gamma}}{\gamma^\gamma(1-\gamma)^{1-\beta}}$

为了解决科技创新中心城市发展的"门槛"障碍,实现科技创新中心城市的快速发展,需要外部因素的冲击,降低科技创新中心城市的"门槛",基于此,分别分析地理区位、产业政策,以及创新文化环境对科技创新中心城市内部因素的影响。

首先,分析地理区位对科技创新中心城市的影响。由于科技创新中心城市内部驱动因素包括融资约束、人力资本以及知识溢出等三个方面,因此,地理区位对科技创新中心城市的影响也分别基于上述三个方面进行分析。

地理区位—融资约束,在控制人力资本 H 和知识溢出 S 时,基于(2-20)式,令 $\dfrac{1}{\dfrac{mdeSAM_3}{(1-m)(1-e)(\dot{A}^*-A)}+1}$ 为 ψ_1,有:

$$\frac{\partial \psi_1}{d} = -\frac{1}{\left[\dfrac{m}{1-m} \cdot \dfrac{desSM_3}{(1-e)(\dot{A}^*-A)}+1\right]^2} \cdot \frac{mesSM_3}{(1-m)(1-e)(\dot{A}^*-A)}$$

(2-23)

基于(2-23)式,当地理区位改善时,即 d 增加时,$\dfrac{\partial \psi_1}{d}<0$,地理区位降低了融资约束门槛,是影响科技创新中心城市形成的重要因素。

地理区位—人力资本,在控制融资约束 c 和知识溢出 S 时,基于(2-21)式,令 $\beta(1-\gamma)\varpi tY$ 为 ψ_2,有

$$\frac{\partial \psi_2}{d} = -\beta(1-\gamma)tY\left[\frac{(1-m)(1-3)(\dot{A}^*-A)(1-e)}{mdecAS} \cdot \frac{\gamma^\gamma(1-\gamma)^{1-\beta}}{\beta^\beta(1-\beta)^{1-\gamma}}\right]^{1-\beta+\gamma(\beta-\gamma)}$$

$$\frac{(1-e)(\dot{A}^*-A)(1-m)(1-c)\gamma^\gamma(1-\gamma)^{1-\beta}}{demcAS\beta^\beta(1-\beta)^{1-\gamma}} \cdot \frac{1}{d^2} \quad (2-24)$$

基于(2-24)式,当地理区位改善时,即 d 增加时,$\dfrac{\partial \psi_1}{d}<0$,地理区位降低了人力资本门槛,是影响科技创新中心城市形成的重要因素。

地理区位—知识溢出,在控制融资约束 c 和人力资本 H 时,基于(2-22)式,令 $\dfrac{1}{M_3} \cdot \dfrac{(1-m)(1-e)(\dot{A}^*-A)(1-c)}{mdecA}$ 为 ψ_3,有:

$$\frac{\partial \psi_3}{d} = -\frac{1}{M_3} \cdot \frac{(1-m)(1-e)(\dot{A}^*-A)(1-c)}{mdecA} \cdot \frac{1}{d^2} \quad (2-25)$$

基于(2-25)式,当地理区位改善时,即 d 增加时,$\dfrac{\partial \psi_3}{d}<0$,地理区位降低了知识溢出的门槛,是影响科技创新中心城市形成的重要因素。

因此,提升地理区位优势,通过降低融资约束、人力资本以及知识溢出的门

槛,促进了科技创新中心城市的形成。

其次,分析产业政策对科技创新中心城市形成的影响。由于科技创新中心城市内部驱动因素包括融资约束、人力资本以及知识溢出等三个方面,因此,产业政策对科技创新中心城市形成的影响也分别基于上述三个方面进行分析。

产业政策—融资约束,在控制人力资本 H 和知识溢出 S 时,基于(2-20)式,令 $\dfrac{1}{\dfrac{mdeSAM_3}{(1-m)(1-e)(\dot{A}^*-A)}+1}$ 为 ψ_1,有:

$$\frac{\partial \psi_1}{m} = -\frac{1}{\left[\dfrac{m}{1-m} \cdot \dfrac{desSM_3}{(1-e)(\dot{A}^*-A)}+1\right]^2} \cdot \frac{desSM_3}{(1-e)(\dot{A}^*-A)} \frac{1}{(1-m)^2}$$

(2-26)

基于(2-26)式,当科技创新中心城市实施产业政策时,即 m 增加时,$\dfrac{\partial \psi_1}{m}<0$,表明产业政策的实施降低了融资约束门槛,是影响科技创新中心城市形成的重要因素。

产业政策—人力资本,在控制融资约束 c 和知识溢出 S 时,基于(2-21)式,令 $\beta(1-\gamma)\overline{\omega}tY$ 为 ψ_2,有:

$$\frac{\partial \psi_2}{m} = -\beta(1-\gamma)tY\left[\frac{(1-m)(1-e)(\dot{A}^*-A)(1-e)(1-c)}{mdecAS} \cdot \frac{\gamma^\gamma(1-\gamma)^{1-\beta}}{\beta^\beta(1-\beta)^{1-\gamma}}\right]^{1-\beta+\gamma(\beta-\gamma)}$$

$$\frac{(1-e)(\dot{A}^*-A)(1-c)\gamma^\gamma(1-\gamma)^{1-\beta}}{decAS\beta^\beta(1-\beta)^{1-\gamma}} \cdot \frac{1}{m^2}$$

(2-27)

基于(2-27)式,当科技创新中心城市实施产业政策时,即 m 增加时,$\dfrac{\partial \psi_2}{m}<0$,表明产业政策的实施降低了人力资本门槛,是影响科技创新中心城市形成的重要因素。

产业政策—知识溢出,在控制融资约束 c 和人力资本 H 时,基于(2-22)式,令 $\dfrac{1}{M_3} \cdot \dfrac{(1-m)(1-e)(\dot{A}^*-A)(1-c)}{mdecA}$ 为 ψ_3,有:

$$\frac{\partial \psi_3}{m} = -\frac{1}{M_3} \cdot \frac{(1-e)(\dot{A}^* - A)(1-c)}{decA} \cdot \frac{1}{m_2} \qquad (2-28)$$

基于(2-28)式,当科技创新中心城市实施产业政策时,即 m 增加时,$\frac{\partial \psi_3}{m} < 0$,表明产业政策的实施降低了知识溢出的门槛,是影响科技创新中心城市形成的重要因素。

因此,实施产业政策,通过降低融资约束、人力资本以及知识溢出的门槛,促进了科技创新中心城市的形成。

最后,分析创新文化环境对科技创新中心城市的影响。由于科技创新中心城市内部驱动因素包括融资约束、人力资本以及知识溢出等三个方面,因此,创新文化环境对科技创新中心城市的影响也分别基于上述三个方面进行分析。

创新文化环境—融资约束,在控制人力资本 H 和知识溢出 S 时,基于(2-20)式,令 $\dfrac{1}{\dfrac{mdeSAM_3}{(1-m)(1-e)(\dot{A}^*-A)}+1}$ 为 ψ_1,有:

$$\frac{\partial \psi_1}{e} = -\frac{1}{\left[\dfrac{m}{1-m} \cdot \dfrac{desSM_3}{(1-e)(\dot{A}^*-A)}+1\right]^2} \cdot \frac{dmsSM_3}{(1-m)(\dot{A}^*-A)} \frac{1}{(1-e)^2}$$

$$(2-29)$$

基于(2-29)式,当科技创新中心城市创新文化环境改善时,即 e 增加时,$\dfrac{\partial \psi_1}{e}<0$,表明创新文化环境的改善降低了融资约束门槛,是影响科技创新中心城市形成的重要因素。

创新文化环境—人力资本,在控制融资约束 c 和知识溢出 S 时,基于(2-21)式,令 $\beta(1-\gamma)\overline{\omega}tY$ 为 ψ_2,有

$$\frac{\partial \psi_2}{e} = -\beta(1-\gamma)tY\left[\frac{(1-m)(1-e)(\dot{A}^*-\dot{\ast})(1-c)}{mdecAS} \cdot \frac{\gamma^\gamma(1-\gamma)^{1-\beta}}{\beta^\beta(1-\beta)^{1-\gamma}}\right]^{1-\beta+\gamma(\beta-\gamma)}$$

$$\frac{(1-m)(\dot{A}^*-A)(1-c)\gamma^\gamma(1-\gamma)^{1-\beta}}{dmcAS\beta^\beta(1-\beta)^{1-\gamma}} \cdot \frac{1}{e^2} \qquad (2-30)$$

基于(2-30)式,当科技创新中心城市创新文化环境改善时,即 e 增加时,$\frac{\partial \psi_2}{e}<0$,表明创新文化环境的改善降低了人力资本门槛,是影响科技创新中心城市形成的重要因素。

创新文化环境—知识溢出,在控制融资约束 c 和人力资本 H 时,基于(2-22)式,令 $\frac{1}{M_3} \cdot \frac{(1-m)(1-e)(\dot{A}^* - A)(1-c)}{mdecA}$ 为 ψ_3,有:

$$\frac{\partial \psi_3}{e} = -\frac{1}{M_3} \cdot \frac{(1-m)(\dot{A}^* - A)(1-c)}{dmcA} \cdot \frac{1}{e^2} \qquad (2-31)$$

基于(2-31)式,当科技创新中心城市创新文化环境改善时,即 e 增加时,$\frac{\partial \psi_3}{e}<0$,表明创新文化环境的改善降低了知识溢出门槛,是影响科技创新中心城市形成的重要因素。

因此,改善创新文化环境,通过降低融资约束、人力资本以及知识溢出的门槛,促进了科技创新中心城市的形成。

综上所述,依据理论分析和数理模型推导,发现科技创新中心城市形成的实质是知识型企业在空间的区位选择,理论证明了地理区位、产业政策以及创新文化环境等因素对知识型企业选择科技创新中心城市的影响及作用机理。

第五节 本章小结

本章在梳理科技创新中心城市相关文献及其理论的基础上,对科技创新中心城市的内涵进行了界定。基于创新生态系统理论、新经济地理理论以及内生增长理论构建了企业区位选择视角下科技创新中心城市形成理论分析框架。分析了地理区位、产业政策以及创新文化环境等因素对知识型企业选择科技创新中心城市的影响及作用机理,并运用数理分析方法对科技创新中心城市形成机理进行推导,使科技创新中心城市形成机理建立在科学的基础之上。研究发现:融资约束、人力资本和知识溢出影响知识型企业对科技创新中心城市的选择;地理区位、产业政策和创新文化环境等因素通过改变知识型企业融资约束、人力资本以及知识溢出,对知识型企业选择科技创新中心城市产生了显著的影响;当地理区位、产业政策以及创新文化环境等因素不断改善且累积到一定程度时,知识型企业的融资约束逐渐缓解,人力资本和知识溢出水平也随之提升,知识型企业自发地向科技创新中心城市集中,科技创新中心城市得以形成。

第三章 地理区位、企业区位选择与科技创新中心城市形成实证分析

通过对已有文献的梳理和相关理论模型的推导,科技创新中心城市形成的实质是知识型企业在科技创新中心城市的空间集聚。基于此,本章依据第二章企业区位选择视角下科技创新中心城市形成机理分析结论,借鉴已有的研究成果,进一步分析地理区位通过改变企业融资约束、人力资本和知识溢出,对知识型企业选择科技创新中心城市的影响,并依据2004—2018年中国A股649家上市公司的知识型企业数据,验证了地理区位对知识型企业选择科技创新中心城市的一般作用机制和影响途径。

第一节 研究假设的提出

一、地理区位、企业融资约束与科技创新中心城市形成

早在18世纪亚当·斯密(2007)就指出,一国的地理条件影响其对外贸易活动,继而影响世界各地文明的兴衰。然而在其后的贸易理论发展中,地理区位因素却受到了普遍的忽视,无论是大卫·李嘉图的比较优势理论,还是赫克歇尔—俄林的要素禀赋理论,在他们的理论框架中,国家成为一个没有地理特征的抽象点。随着新贸易理论的发展,内部地理位置及其产生的贸易成本对贸易距离的影响越来越大(施炳展 等,2012)。逯建和施炳展(2014)研究表明,改革开放以来,内陆地区地理区位产生的国内贸易成本不降反升,中国内陆地区的贸易增长面临着更大的困境。一方面,内陆地区的企业为了降低运输成本,在建厂选址时,首先选择有前后向关联的企业所在地,如果是生产企业,原来与之配套的企业在某一地区布局,它们就会选择该地区作为建厂的厂址;如果是

配套企业,原来给予供货的生产企业在某一地区布局,它们就选择该地区作为建厂的厂址,通过降低运输成本,节约运输时间,实现生产成本的降低,加速资金的周转;另一方面,内陆地区的企业为了降低交易成本,在建厂选址时,首先选择有前后向关联企业所在地的附近地区。这些有前后向关联的企业,如果就近布局,同处一地,彼此相邻,不仅能够快捷地开展信息搜寻、谈判、签约等与交易有关的交易洽商活动,而且还节约了不必要的费用开支,缓解了融资压力。

对于沿海地区,距离港口近的企业更容易降低企业的运输成本和贸易成本,企业的出口行为得到激励,既可以打开国际市场,又能获得外汇收入,为其在国际金融市场融资提供有力的保障。随着企业出口规模的扩大,获得的现金流越来越多,企业的融资约束得到了进一步的缓解。在国内外市场需求的推动下,大量的金融及其中介机构落户规模较大的城市,形成金融的高度集聚。为了获得大量且稳定的资金支持,规避研发风险,大量的知识型企业在"本地市场效应"的影响下,选择大城市安家落户,积极开展研发活动。

伴随着知识型企业的聚集,风险投资部门也纷纷落户规模较大的城市,对科技创新中心城市的形成起到了推波助澜的作用。周边地区知识型企业为了缓解自身的融资约束,向科技创新中心城市集中,形成了知识型企业空间集聚的现象。由此可见,地理区位缓解了知识型企业的融资约束,知识型企业的生产成本和研发成本大大降低,创新能力和绩效水平得以提升,进一步推动了知识型企业选择科技创新中心城市。知识型企业的空间集聚,促进了各行各业的产业化和商业化,科技创新中心城市的资源集聚和辐射功能得到增强。基于此,提出假设3a。

假设3a:地理区位能有效缓解知识型企业的融资约束,驱使知识型企业选择科技创新中心城市。

二、地理区位、企业人力资本与科技创新中心城市形成

Schultz(1975)是最早对人力资本的形成进行归纳和论述的经济学家之一。他在《人力资本投资》一书中指出,人力资本的形成主要体现为体能、技能和智能的改善,这一形成过程主要包括保健投资、教育投资、职业培训、人力迁移投资等方面。在知识型企业向某个地区(科技创新中心城市)集中的过程中,逐步

形成了巨大的市场潜力,进而产生劳动力需求,必然引起优秀人才向这个地区迁移或流动。正如地理经济学所说的,资本和劳动力(人力资本)会向市场潜力高的地区流动,因为市场潜力会引起工资水平的普遍上升。对此,Hanson(2005)采用美国3075个县的数据,通过建立关于工资水平、市场潜力以及空间距离之间关系的经济地理计量模型,发现各个县工资水平与市场潜力存在着显著的正相关。Head和Mayer(2006)对57个欧洲地区13个制造业分行业的数据研究结果发现,市场潜力对于工资收入和就业率存在着显著的正向影响。刘修岩(2007)等基于中国地级市面板数据对影响工资水平的新经济地理因素进行实证分析,结果表明市场潜力导致了地区工资差异。Hering和Poncet(2010)依据中国56个城市的微观调查数据,研究发现在控制了反映工人个人特征的因素后,市场潜力对工资水平的弹性系数为正。

伴随着知识型企业聚集地工资水平的上升,必将吸引大量的优秀人才迁入该地区,形成规模较大的劳动力供给市场,进而又会吸引需要优秀人才的知识型企业迁入。Crozet(2004)通过对五个欧洲国家工人在区域间转移的数据进行估计,认为市场潜力较高的地区,既具有满足企业市场需求的优势,吸引知识型企业到该地区落户,又通过较低的价格指数吸引劳动力的进入。随着新企业的迁入,知识型企业集聚程度越来越高,劳动力的工资会不断上升,而工资的上涨又将对区外优秀人才产生吸引力,促使区外优秀人才迁入,从而增加区内优秀人才供给,又进一步吸引其他企业迁入,形成良性循环。正如Marshall(1890)所说,雇主们往往到能找到所需要的优秀的专门的技术工人的地方去;同时,寻找职业的人自然也会到有许多雇主的地方去,因而在那里技能就会有良好的市场。基于此,提出研究假设3b。

假说3b:地理区位能有效增加知识型企业的人力资本,驱使知识型企业选择科技创新中心城市。

三、地理区位、企业知识溢出与科技创新中心城市形成

如前所述,知识溢出具有空间的局限性,技术的扩散受到空间的约束,具有时滞性,因而知识型企业往往选择企业集聚的科技创新中心城市。当知识型企业集聚出现时,技术外溢与技术扩散随着创新知识的转移和资本的流动而强

化,促进产业集聚向更大规模、更高层次发展。知识型企业在科技创新中心城市布局,密切关注每一个知识型企业的技术创新,借助地理邻近的优势,通过互相学习、模仿以及改良的技术创新,提高自身技术创新能力和水平。在科技创新中心城市,巨大的市场潜力有助于促进国际企业与本土企业的技术交流与合作,促进本土企业利用知识外溢,提高创新能力,进而实现企业技术创新的内生化(徐康宁 等,2010)。袁冬梅和魏后凯(2011)进一步提出,在扩大出口的同时,各地区加大吸引国内外资本流入,促进资本积累和技术溢出,从而刺激优势产业集聚,优化出口商品结构,带动地区经济发展。所以,对外贸易能够促进技术进步和技术溢出(Romer,1986)。

非但如此,出口还能促进外商直接投资向出口地区集聚,而外商直接投资通过产生技术溢出效应,促进本地区企业技术进步,形成工资溢价,吸引更多的优秀人才向该地区转移(冼国明 等,2003)。随着科技创新中心城市人力资本水平的提升,一方面,较高的人力资本水平使得知识型企业能够比较容易寻找合适的人才,降低其搜寻成本,从而吸引更多的知识型企业进入该地区,产生聚集效应;另一方面,较高的人力资本水平必然引起工资水平的上升,吸引其他地区劳动力迁入,随着区域人口密度的增加,进一步促进了知识溢出,不断提升知识型企业的创新能力。基于此,提出研究假设3c。

假说3c:地理区位能有效增加知识型企业的知识溢出,促使知识型企业选择科技创新中心城市。

第二节 模型设定与变量说明

一、变量选择

(一)被解释变量

对科技创新中心城市研究对象进行确立,本文参考中国政府制定的"建设创新型省份指标体系"和"创新型城市建设监测评价指标",在考虑省会城市、地级市客观差别的基础上,根据科技创新中心城市的内涵及其特征,借鉴国内外有关科技创新中心评价的研究成果,构建科技创新中心城市评价指标体系。

首先,创新资源是科技创新中心城市进行创新的基本条件和基础,科技创新中心城市聚集能力越强,聚集的创新资源就越多,必然形成大量的人才集聚和资本集聚,我们用集聚力表示创新资源的丰富程度,用普通高等学校在校学生人数表示人才集聚,用金融机构年末贷款余额表示资本集聚。

其次,高技术产业为主导是科技创新中心城市存在的基础和价值所在。科技创新中心城市以高技术产业为主导主要体现在创新产业支撑力上,我们用第三产业增加值占地区生产总值比重和金融机构存贷款占地区生产总值比重表示知识密集服务业,用战略性新兴产业规模和万元 GDP 水消耗量(立方米)表示生产高技术制成品产业。

再次,科技创新中心城市创新能力越强,其创新产出效率就越高,科技创新中心城市的创新能力,又通过其产出结果——专利成果和产业成果来反映,我们用万名就业人员发明专利授权量(件)表示专利成果,用高新技术产业产值占地区生产总值比重、战略性新兴产业产值占地区生产总值比重表示产业成果。

第四,由于科技创新中心城市聚集着大量的知识型企业,必将对周边地区产生巨大辐射力,通常通过创新辐射力和经济影响力反映出来。我们用高新技术产业规模表示创新辐射力。经济影响力必然对高新技术产业、对外贸易、就业和社会产生巨大的影响,我们用就业人数、客运总量、货运总量、普通中小学数、千人拥有的床位数、建成区绿化覆盖率和批发零售贸易业商品销售总额表示。

第五,浓郁的创新文化环境,是一种以人为核心,既包含了对人的充分理解、信任和尊重,又包含了对人自我实现需要的满足,通过公民科学素养和知识共享设施表示出来,用地区公民科学素养达标率、人均公共图书馆藏书拥有量和人均教育事业经费支出来表示公民科学素养,用电信业务费和互联网用户数来表示知识共享设施。

最后,良好的政策环境,意味着政府对科技创新中心城市采取更加优惠的政策,不仅投入力度大,而且建立各项公共服务设施,为科技创新中心城市建设提供物质支持,通过政府政策、公民科学素养和知识共享设施表示出来,用地方财政科技投入表示政府政策,用地区公民科学素养达标率、人均公共图书馆藏书拥有量和人均教育事业经费支出来表示公民科学素养,用电信业务费和互联网用户数来表示知识共享设施。

本文提出的科技创新中心评价指标体系主要有五个一级指标,即:吸引力、集聚力、创新能力、创新产业支撑力和辐射力。其中,吸引力包括政府政策、公民科学素质和知识共享设施三个二级指标;集聚力包括人才集聚和资本集聚两个二级指标;创新能力包括专利成果和产业成果两个二级指标;创新产业支撑力包括知识密集服务业和生产高技术制成品产业两个二级指标;辐射力包括创新辐射力和经济影响力两个二级指标。各个二级指标下分别包含不同的三级指标,共计24个指标。

运用科技创新中心城市评价指标体系,使用因子分析法对2018年中国286个城市进行评价和排序。然而,因子分析法仅能评价一个科技创新中心城市的好与坏,或者发展程度,或者排序,并不能判定一个城市是否为名副其实的科技创新中心城市,无法遴选出科技创新中心城市。因此,本文依据帕累托提出的"二八法则",建立科技创新中心城市判定标准。"二八法则"反映了一种不平衡性。"二八法则"告诉人们,一个国家或者地区的资源是有限的,要学会配置资源,将最重要的资源分配给最重要的事情,集中精力做好最重要的事情,避免把珍贵的资源浪费在无关紧要的事情上,要学会抓主要矛盾。同样,一个国家或地区的创新资源是有限的,每一个地区建立"科技创新中心城市"是不现实的,需要合理配置创新资源。寻找"20%的关键少数",将有限的创新资源投放在"20%的关键少数"上,而不是在所有地区建立科技创新中心城市。所以,在政府和企业财力有限的情况下,建立科技创新中心城市与其面面俱到,不如重点突破,把创新资源投向能产出巨大科技创新成果的20%城市,不仅能迅速实现中国由制造大国向创新强国转变,推动中国经济飞速发展,而且发挥20%科技创新中心城市的带动和引领作用,带动其余80%地区的发展。因此,我们选择中国286个城市中综合因子得分在前20%的城市作为研究科技创新中心城市形成机理的样本。

当知识型企业选择科技创新中心城市时,取值为1,知识型企业不选择科技创新中心城市时,取值为0。知识型企业选择科技创新中心城市记作Cxzxcity。

(二)解释变量

本文借鉴Harris(1954)、叶素云和叶振宇(2012)以及邵挺(2010)的研究成果,将市场潜力分为国内市场潜力和国际市场潜力,分解记作 $Scql$ 和 Ck。国内市场潜力计算如下: $Scql = \dfrac{GDP_l}{d_i} + \sum_{j \neq i} \dfrac{GDP_j}{d_{ij}}$,其中,$d_i = \dfrac{2}{3}\sqrt{\dfrac{S_i}{\pi}}$,$d_i$ 为城市内部距离,S_i 为城市面积,d_{ij} 为两个城市之间的距离。国际市场潜力的计算过程与国内市场潜力类似,只是将地区 GDP 改为各城市的出口额计算即可。

(三)中介变量

1. 融资约束

借鉴已有文献,使用 SA 指数(Hadlock et al.,2010)和 WW 指数(Whited et al.,2006)衡量知识型企业的融资约束程度。由于 SA 指数没有包含内生性特征的融资变量且指数相对稳健,本章使用 SA 指数衡量企业的融资约束程度,为了实证检验结果的稳健性,使用 WW 指数做了稳健性测试。Hadlock 和 Pierce(2010)依据企业财务报告划分了企业融资约束类型,使用企业规模($Size$)和企业年龄(Age)两个变量构建了 SA 指数。需要说明的是 SA 指数是一个反向指标,数值越大,融资约束越小,反之亦然。SA 指数计算公式为: $SA = -0.737 Size + 0.043 Size^2 - 0.04 Age$。

借鉴 Whited 和 Wu(2006)的研究成果,使用现金流(Tld)、股利支付哑变量($Divpos$)、负债率($Tltd$)、公司规模($Lnta$)、行业销售收入增长率(Isg)及公司销售收入增长率(Sg)等六个因素构建 WW 指数,WW 指数越大,企业面临的融资约束越大,WW 指数计算公式如下:

$$WW = -0.091 Tltd - 0.062 Divpos - 0.021 Tld - 0.044 Lnta + 0.102 Isg - 0.035 Sg$$

2. 人力资本

人力资本指标使用教育年限法,借鉴岳书敬和刘朝明(2006)以及陈关聚(2012)的研究成果,以劳动力平均教育年限和劳动力数量的乘积对数来表示。根据《中国西部青年发展报告》,换算出大专、本科、硕士、博士在高校的折算年限分别为 7.5 年、12 年、23 年和 41 年,再加上 12 年义务教育和高中教育,大专及大专以上人员总受教育年限分别为 19.5 年、24 年、35 年和 53 年。人力资本(Hi)计算公式如下:

$Hi = 12 Gz + 19.5 Zz + 24 Xs + 35 Ss + 53 Bs$,其中,$Hi$ 是 i 年度的人力资本存量,Gz 表示高中以下员工数量,Zz 表示大专学历员工数量,Xs 表示本科学历员工数量,Ss代表硕士学历员工数量,Bs表示博士学历员工数量。为了对实证结果进行稳健性检验,借鉴赵领娣(2014)等人的研究成果,使用本科以上知识型企业员工数对数作为企业人力资本的稳健性检验指标,记作 Hin。

3. 知识溢出

企业知识溢出借鉴王文翌和安同良(2014)研究,计算同行业上市公司之间的专业化知识溢出,不考虑多样化知识溢出。其中,公司知识溢出的来源是当年 R&D 支出流量,且以省作为知识溢出的边界,仅仅考虑同一省上市公司之间的知识溢出。

由于知识溢出随距离衰减,借鉴 Aiello 和 Cardamone(2009)的研究成果,企业间距离衰减系数为:$g_{k,ij} = 1 - \dfrac{d_{k,ij}}{\max(d_{k,ij})}$,其中,$d_{k,ij}$ 是 k 区域内 i 公司和 j 公司之间的最短距离;$\max(d_{k,ij})$ 指同一区域内上市公司所在城市之间的最大距离。因此,i 公司接受同一区域内同行业其他公司的知识溢出为:$Yc_{it} = \sum_{j}^{i \neq j} g_{k,ij} \times Rmdzc_{k,it}$,其中,$Rmdzc_{k,jt}$ 是 t 时间在 k 区域内 j 公司的 R&D 支出流量,知识溢出记作 Yc。

为了对实证结果进行稳健性检验,借鉴符淼(2009)对企业间距离衰减系数的调整,重新定义企业间距离衰减公式为:$g_{k,ij} = \exp\left(-\dfrac{d_{k,ij}}{\min(d_{k,ij})}\right)$,其中,$\min(d_{k,ij})$ 指同一区域内上市公司所在城市之间的最小距离。在此基础上计算 $Ycn_{i}t = \sum_{j}^{i \neq j} g_{k,ij} \times Rmdzc_{k,jt}$,稳健性检验知识溢出记作 Ycn。

(四)控制变量

1. 企业特征变量

企业规模($Size$)。企业规模是公司价值的重要度量标准,为了度量企业的相对价值,必须对企业规模进行控制。较小规模的公司可能存在较大的不确定性,对风险的抵抗能力较差,因此,企业规模不同,其创新能力也不相同,同样会影响到企业价值。故借鉴 Hansen 和 Hill(1991)等学者的做法,采用公司总资产的对数值衡量企业规模,表示为 $Size$;

企业年龄(Age)。企业存在的时间越长,其适应政策环境和区域环境的能力可能越强,从而带来更高的生产率(Balasubramanian et al.,2008;董晓芳 等, 2014),企业年龄的计算方法为统计年份减去开业时间,记为 Age。

2. 企业财务变量

企业财务状态反映了企业对资源的利用效率,必然会影响企业的区位选择,因此,企业选择现有资源利用效率高的地区进行研发和生产。财务资源利用效率和企业区位选择之间的相互作用,表明财务资源状态是影响企业区位选择的重要因素。为了控制企业财务资源状态和利用效率,选择以下指标反映企业的财务状态:偿债能力方面,使用资产负债率和速动比率,分别记作 $Zcfz$ 和 Sdr;经营能力方面,使用应收账款与收入比、固定资产周转率和营运资金周转率,分别记作 $Yszksub$、$Gdzczz$ 和 $Yyzjb$;盈利能力方面,使用资产报酬率,记作 $Zcbcl$;成长性方面,使用主营业务收入增长率,记作 $Zyywsr$;资本结构方面,使用流动资产比率(朱宗元 等,2018),记作 $Ldzcb$。

3. 行业控制变量

为了控制行业差异对企业价值的影响,本文借鉴 David(2008)等、温军和冯根福(2012)的做法,用行业财务杠杆和行业资产报酬率反映企业的行业特征,分别记做 $Indzcfzl$ 和 $Indzcbcl$。各个变量具体情况见表 3-1。

表 3-1 变量基本情况

变量名称	变量标记	变量定义
被解释变量		
知识型企业区位选择	Cxzxcity	依据因子分析法选取中国 286 个城市中的前 20% 作为科技创新中心城市,知识型企业选择科技创新中心城市,记为 1。反之,记为 0。
解释变量		
国内市场潜力	Scql	参照 Harris(1954)
国际市场潜力	Ck	参照叶素云和叶振宇(2012)
中介变量		
融资约束	SA	参照 Hadlock 和 Pierce(2010)计算
人力资本	Hi	参照岳书敬和刘朝明(2006)计算

续表

变量名称	变量标记	变量定义
知识溢出	Yc	参照王文翌和安同良(2014)计算
控制变量		
企业特征变量		
企业规模	$Size$	公司年末总资产的对数
企业年龄	Age	当年年份－企业成立年份
流动资产比率	$Ldzcb$	流动资产/总资产
速动比率	Sdr	(流动资产－存货)/流动负债
营运资金周转率	$Yyzjb$	营业收入/营运资金
应收账款与收入比	$Yszksub$	应收账款/营业收入
固定资产周转率	$Gdzczz$	营业收入/固定资产期末净额
资产负债率	$Zcfz$	企业负债总额/资产总额
资产报酬率	$Zcbcl$	税前净利/平均资产总额
主营业务收入增长率	$Zyywsr$	(本期营业务收入－上期营业务收入)/上期营业务收入
行业特征变量		
行业财务杠杆	$Indzcfzl$	按照证监会行业分类分年度、分行业计算的平均资产负债率
行业资产报酬率	$Indzcbcl$	按照证监会行业分类分年度、分行业计算的平均 ROA

二、数据来源

本章主要从微观企业层面对科技创新中心城市的形成进行实证分析,数据来源和样本选择过程如下:

被解释变量,知识型企业区位选择,通过《中国城市统计年鉴》和国泰安(CSMAR)数据库获得;解释变量,市场潜力指标通过2004—2018年《中国城市统计年鉴》数据计算获得;控制变量主要通过国泰安(CSMAR)数据库获得。

首先,通过寻找2004—2018年中国A股上市公司数据,剔除ST、*ST、**ST公司以及金融类上市公司。其次,通过Wind数据库获取上市公司的企业特征变量和行业特征变量,并进一步计算企业融资约束、人力资本和知识溢出。再次,知识型企业选择参照中国证券监督管理委员会《上市公司行业分类指引》(2001)和国家统计局《高技术产业统计分类目录》(2002),选取证监会行业分类中的电子业、医药生物制品业和信息技术业等三大类公司代表知识型企业,依据知识型企业的定义,按照行业代码筛选并匹配出企业层面的数据。

三、描述性统计

表3-2表示相关变量的统计性描述。在表3-2中,国内市场潜力和国际市场潜力均值分别为16.715和15.232,标准差为0.601和1.841,表明国内市场潜力变化较小,国际市场潜力变化较大;知识型企业融资约束的均值为-2.154,标准差为0.451,从整体上看,知识型企业普遍存在着融资约束;知识型企业人力资本的均值为10.682,标准差为1.026,从整体上看,知识型企业的人力资本水平波动较大;知识型企业知识溢出的均值为19.843,标准差为4.931,从整体上看,知识型企业知识溢出水平波动较大。

表3-2 描述性统计分析

Variable	Obs	Mean	Std. Dev	Min	Max
Cxzxcity	9,735	0.794	0.405	0.000	1.000
Scql	9,735	16.715	0.601	14.661	16.981
Ck	9,051	15.232	1.841	8.504	17.236
SA	6,951	-2.154	0.451	-3.829	-1.890
Hi	2,667	10.682	1.026	6.263	12.503
Yc	6,482	19.843	4.931	0.000	25.135
Size	6,951	10.750	1.208	8.779	15.066
Age	9,135	12.071	6.126	1.000	57.000
Ldzcb	5,063	0.619	0.202	0.135	0.971

续表

Variable	Obs	Mean	Std. Dev	Min	Max
Cxzxcity	9,735	0.794	0.405	0.000	1.000
Sdr	5,063	3.001	4.351	0.218	27.296
Yyzjb	5,063	0.311	0.272	-0.333	0.881
Yszksub	5,063	0.212	0.261	0.001	1.628
Gdzczz	5,063	9.212	20.032	0.321	145.195
Zcfz	4,975	0.372	0.201	0.033	0.827
Zcbcl	4,975	0.053	0.052	-0.168	0.209
Zyywsr	4,480	0.221	0.402	-0.540	2.573
Indzcfzl	4,975	0.472	0.222	0.258	1.741
Indzcbcl	4,975	0.052	0.112	-0.331	0.532

四、模型设定

由于知识型企业的区位选择结果是离散型的变量,因此,模型的设定主要使用 Logit 模型进行分析。Logit 模型的设定不同于一般的计量模型,因变量是包含 0 或者 1 的离散型变量。Logit 模型能够预测企业区位选择的概率。设企业区位选择变量为 Cxzxcity:

$$Cxzxcity = \begin{cases} 1 & \text{企业选择科技创新中心城市} \\ 0 & \text{企业未选择科技创新中心城市} \end{cases} \quad (3-1)$$

地理区位(DL)包括国内市场潜力($Scql$)和国际市场潜力(Ck),建立知识型企业区位选择的 $Logit$ 模型:

$$Cxzxcity_{it} = \beta_0 DL_{it} + x_{it}\beta + \varepsilon_i \quad (3-2)$$

$x_{it} = (Size_{it}, Age_{it}, Ldzcb_{it}, Sdr, Yyzjb_{it}, Yszksub_{it}, Gdzczz_{it}, Lxbx_{it}, Zcfz_{it}, Zcbcl_{it}, Zyywsr_{it}, Indzcfzl_{it}, Indzcbcl_{it})$,$\beta$ 为解释变量和控制变量的系数(去掉一个变量), $\beta = (\beta_1, \beta_2, \beta_3, \beta_4, \beta_5, \beta_6, \beta_7, \beta_8, \beta_9, \beta_{10}, \beta_{11}, \beta_{12}, \beta_{13})$。

本章借鉴 Baron 和 Kenny(1986)以及温忠麟和叶宝娟(2014)中介效应研究成果,验证融资约束(SA)、人力资本(Hi)和知识溢出(Yc)机制下地理区位对知识型企业区位选择的影响。假定中介变量为 M，建立如下模型：

$$Cxzxcity_{it} = c_0 DL_{it} + x_{it}\beta + \varepsilon_i \tag{3-3}$$

$$M_{it} = a DL_{it} + x_{it}\beta + \varepsilon_i \tag{3-4}$$

$$Cxzxcity_{it} = bM_{it} + c_0' DL_{it} + x_{it}\beta + \varepsilon_i \tag{3-5}$$

(3-3)式的系数 c_0 为自变量对因变量的总效应；(3-4)式的系数 a 为自变量对中介变量的效应；(3-5)式的系数 b 是在控制了自变量的影响后，中介变量 M 对因变量 Y 的效应，c_0' 为在控制了中介变量的影响后，自变量对因变量的直接效应。当(3-3)式中的系数 c_0 显著时，进一步看(3-4)式和(3-5)式中的系数 a 和 c_0'，上述 c_0、a 和 c_0' 均显著时，则中介效应成立；如果系数 c_0 显著，而系数 a 和 c_0' 中有一个系数不显著，还需进行 Sobel 统计量检定，Sobel 统计量显著时，中介效应存在。

第三节 实证分析

一、地理区位、企业区位选择与科技创新中心城市形成分析

根据表 3-1 变量的基本定义，地理区位包括两个方面，国内市场潜力和国际市场潜力。表 3-3 反映了国内市场潜力对知识型企业区位选择的影响。模型(1)—(3)分别表示市场潜力在企业融资约束、人力资本以及知识溢出机制下对知识型企业区位选择的影响。从整体上看，在 1% 的显著水平上，国内市场潜力对知识型企业选择科技创新中心城市的影响是显著的，且随着国内市场潜力的增加，知识型企业选择科技创新中心城市的几率比明显增加。根据中介效应逐步法，在模型(1)中，尽管在第三步回归中，融资约束对知识型企业选择科技创新中心城市的影响不显著，但是，Sobel 统计量为 4.621，在 1% 的水平上显著，假设 3a 成立。进一步分析模型(1)中各解释变量系数，随着国内市场潜力增加，企业的 SA 指数增加，企业融资约束下降；随着企业融资约束的下降，知识型企业选择科技创新中心城市的几率比显著增加。在模型(2)中，尽管在第二步回归中，市场潜力对人力资本影响在 10% 的水平上不显著，但是，Sobel 统计量为 1.831，在 10% 的水平上显著，假设 3b 成立。进一步分析模型(2)中各解

释变量系数,随着国内市场潜力增加,人力资本水平上升,知识型企业选择科技创新中心城市的几率比显著增加。在模型(3)逐步回归中,国内市场潜力和知识溢出对各被解释变量的影响均显著,假设3c成立。进一步分析模型(3)中各解释变量系数,随着国内市场潜力的增加,知识溢出水平上升,知识型企业选择科技创新中心城市的几率比显著增加。

表3-3 国内市场潜力对知识型企业区位选择的影响

	融资约束机制			人力资本机制			知识溢出机制		
	(1)			(2)			(3)		
	Cxzxcity	SA	Cxzxcity	Cxzxcity	Hi	Cxzxcity	Cxzxcity	Yc	Cxzxcity
Scql	1.184***	0.077***	1.187***	2.407***	0.073	2.468***	1.869***	5.735***	1.718***
	(17.94)	(14.27)	(17.61)	(15.23)	(1.33)	(15.43)	(18.39)	(46.15)	(14.23)
SA			0.037						
			(0.20)						
Hi						0.354***			
						(6.17)			
Yc									0.025**
									(2.28)
Size	0.000	0.000***	0.000	0.000*	0.000***	0.000	0.000***	0.000	0.000
	(0.92)	(78.71)	(0.73)	(1.66)	(22.75)	(0.21)	(3.37)	(0.10)	(0.21)
Age	-0.064***	-0.036***	-0.065***	-0.068***	0.008*	-0.063***	0.037***	-0.065***	-0.063***
	(-8.05)	(-54.01)	(-6.20)	(-5.62)	(1.81)	(-6.97)	(3.22)	(-7.13)	(-6.97)
Ldzcbl	2.195***	-0.344***	2.182***	0.868	0.850***	1.244**	0.624	1.227**	1.244**
	(4.47)	(-7.97)	(4.40)	(1.05)	(2.71)	(2.18)	(0.81)	(2.15)	(2.18)
Sdrl	0.196	-0.184***	0.189	-1.144*	2.028***	-0.100	2.249***	-0.157	-0.100
	(0.49)	(-6.24)	(0.47)	(-1.65)	(8.68)	(-0.22)	(4.33)	(-0.34)	(-0.22)
Yyzjbl	0.310	0.267***	0.321	1.852**	-1.399***	1.225**	0.279	1.212**	1.225**
	(0.61)	(5.98)	(0.62)	(2.13)	(-4.31)	(2.06)	(0.35)	(2.04)	(2.06)

续表

	融资约束机制 (1)			人力资本机制 (2)			知识溢出机制 (3)		
	Cxzxcity	SA	Cxzxcity	Cxzxcity	Hi	Cxzxcity	Cxzxcity	Yc	Cxzxcity
Yszksub	-0.028	-0.003**	-0.028	1.217***	-0.467***	-0.022	0.002	-0.022	-0.022
	(-1.10)	(-2.39)	(-1.10)	(3.58)	(-4.93)	(-1.15)	(0.11)	(-1.15)	(-1.15)
Gdzczzl	-0.001*	-0.000	-0.001*	-0.001*	-0.000	-0.001*	-0.000	-0.001*	-0.001*
	(-1.87)	(-1.18)	(-1.88)	(-1.81)	(-1.35)	(-1.94)	(-0.35)	(-1.93)	(-1.94)
Zcfzl	0.661	0.713***	0.686	1.622**	0.049	1.165**	-1.213*	1.188**	1.165**
	(1.43)	(17.67)	(1.43)	(2.16)	(0.17)	(2.19)	(-1.71)	(2.23)	(2.19)
Zcbcl	-1.050*	0.575***	-1.027*	-0.371	2.436***	-0.514	0.602	-0.566	-0.514
	(-1.75)	(13.18)	(-1.68)	(-0.32)	(6.02)	(-0.82)	(0.79)	(-0.88)	(-0.82)
Zyywsrl	-0.001	0.001*	-0.001	0.209	-0.164***	0.002	0.001	0.002	0.002
	(-0.17)	(1.71)	(-0.16)	(1.63)	(-7.47)	(0.35)	(0.06)	(0.35)	(0.35)
Indzcfzl	0.084	-0.007	0.083	-1.042	-3.255***	0.386**	-0.578***	0.423**	0.386**
	(1.13)	(-1.39)	(1.13)	(-1.59)	(-13.26)	(2.37)	(-4.72)	(2.51)	(2.37)
Indzcbcl	0.032	0.000	0.032	0.743	-0.617***	0.000	0.004***	-0.000	0.000
	(0.98)	(0.50)	(0.98)	(1.39)	(-3.73)	(0.00)	(4.03)	(-0.05)	(0.00)
Cons	-18.486***	-4.051***	-18.633***	-38.477***	11.526***	-29.692***	-73.832***	-27.725***	-29.692***
	(-18.16)	(-48.36)	(-14.78)	(-14.86)	(12.65)	(-18.14)	(-36.96)	(-15.05)	(-18.14)
Sobel		4.621***			1.831*			5.672***	
N	4480	4480	4480	2408	2408	2408	3727	3727	3727

注：***、**和*分别表示在1%、5%和10%水平上显著；括号中为参数估计的t值。

表3-4反映了国际市场潜力对知识型企业区位选择的影响。模型（1）—（3）分别表示国际市场潜力在企业融资约束、人力资本以及知识溢出机制下对知识型企业区位选择的影响。从整体上看，在1%的显著水平上，国际市场潜力对知识型企业选择科技创新中心城市的影响是显著的，且随着国际市场潜力的增加，知识型企业选择科技创新中心城市的几率比明显增加。根据中介效应逐步法，模型（1）表示国际市场潜力在企业融资约束机制下对知识型企业区位选择的影响，在逐步回归中，国际市场潜力和企业融资约束对各被解释变量的影响均显著，假设3a成立。进一步分析模型（1）中的各解释变量系数，随着国际

市场潜力增加,企业融资约束水平下降,知识型企业选择科技创新中心城市的几率比显著增加。模型(2)表示国际市场潜力在企业人力资本机制下对知识型企业区位选择的影响,在逐步回归中,国际市场潜力和企业人力资本对各被解释变量的影响均显著,假设3b成立。进一步分析模型(2)中的各解释变量系数,随着国际市场潜力的增加,企业人力资本水平提升,知识型企业选择科技创新中心城市的几率比显著增加。模型(3)表示国际市场潜力在企业知识溢出机制下对知识型企业区位选择的影响,在逐步回归中,国际市场潜力和企业知识溢出对各被解释变量的影响均显著,假设3c成立。进一步分析模型(3)中的各解释变量系数,随着国际市场潜力的增加,企业知识溢出水平提升,知识型企业选择科技创新中心城市的几率比显著增加。

表3-4 国际市场潜力对知识型企业区位选择的影响

	融资约束机制 (1)			人力资本机制 (2)			知识溢出机制 (3)		
	$Cxzxcity$	SA	$Cxzxcity$	$Cxzxcity$	Hi	$Cxzxcity$	$Cxzxcity$	Yc	$Cxzxcity$
Ck	0.953***	0.015***	0.970***	1.071***	0.029**	1.114***	0.988***	1.250***	1.112***
	(27.14)	(8.77)	(27.14)	(16.63)	(2.03)	(16.55)	(23.46)	(34.21)	(22.58)
SA			1.471***						
			(3.60)						
Hi						0.537***			
						(6.16)			
Yc									0.080***
									(5.66)
$Size$	0.000	0.000***	0.000***	0.000	0.000***	-0.000**	0.000	0.000***	0.000
	(0.89)	(71.66)	(3.08)	(0.43)	(21.29)	(-2.12)	(0.72)	(4.95)	(1.20)
Age	-0.103***	-0.034***	-0.157***	-0.096***	0.010**	-0.096***	-0.089***	0.114***	-0.076***
	(-9.35)	(-50.89)	(-8.19)	(-5.31)	(2.17)	(-5.34)	(-6.69)	(8.74)	(-5.60)
$Ldzcbl$	2.332***	-0.349***	1.991***	0.236	1.409***	-0.018	0.730	-1.305	0.736
	(3.25)	(-7.60)	(2.75)	(0.17)	(4.17)	(-0.01)	(0.86)	(-1.48)	(0.86)
$Sdrl$	-1.964***	-0.181***	-2.051***	-2.149**	1.737***	-3.424***	-1.950***	4.033***	-1.570**
	(-3.38)	(-5.71)	(-3.53)	(-2.03)	(6.79)	(-3.15)	(-3.02)	(6.79)	(-2.38)

续表

	融资约束机制 (1)			人力资本机制 (2)			知识溢出机制 (3)		
	Cxzxcity	SA	Cxzxcity	Cxzxcity	Hi	Cxzxcity	Cxzxcity	Yc	Cxzxcity
Yyzjbl	0.887	0.268***	1.209	2.668*	−1.860***	2.984**	2.292***	1.942**	2.501***
	(1.21)	(5.69)	(1.64)	(1.92)	(−5.34)	(2.16)	(2.64)	(2.15)	(2.85)
Yszksub	0.001	−0.002**	−0.002	0.582	−0.503***	0.961**	−0.003	0.032*	0.000
	(0.04)	(−2.02)	(−0.11)	(1.25)	(−4.99)	(1.99)	(−0.10)	(1.66)	(0.01)
Gdzczzl	−0.000	0.000*	−0.000	0.001	0.000	0.002	0.000	0.002*	0.001
	(−0.13)	(1.70)	(−0.37)	(0.86)	(0.79)	(1.44)	(0.21)	(1.92)	(0.54)
Zcfzl	1.357**	0.651***	1.925***	2.957**	−0.338	2.657**	2.318***	−1.482*	2.217***
	(2.00)	(15.17)	(2.75)	(2.43)	(−1.10)	(2.19)	(2.93)	(−1.83)	(2.77)
Zcbcl	−0.489	0.560***	0.180	2.114	2.717***	1.415	0.626	0.392	0.732
	(−0.56)	(12.25)	(0.21)	(1.14)	(6.13)	(0.74)	(0.77)	(0.46)	(0.97)
Zyywsrl	0.007	0.001	0.006	0.015	−0.199***	0.113	0.010	0.001	0.010
	(0.44)	(1.21)	(0.46)	(0.10)	(−7.89)	(0.74)	(0.45)	(0.10)	(0.45)
Indzcfzl	−0.040	−0.012**	−0.054	−0.947	−3.769***	0.970	0.062	−1.251***	−0.077
	(−0.62)	(−2.47)	(−0.83)	(−0.81)	(−13.27)	(0.78)	(0.44)	(−9.42)	(−0.65)
Indzcbcl	0.002	0.000	0.002	0.266	−0.553***	0.659	0.001	0.006***	0.002
	(0.15)	(0.88)	(0.22)	(0.35)	(−3.25)	(0.86)	(0.17)	(6.17)	(0.30)
Cons	−12.104***	−3.045***	−16.501***	−13.838***	10.913***	−20.038***	−12.844***	0.534	−13.289***
	(−24.17)	(−111.15)	(−12.35)	(−12.53)	(41.53)	(−12.61)	(−19.88)	(0.88)	(−19.86)
Sobel		1.621*			1.832*			4.932***	
N	3984	3984	3984	2056	2056	2056	3253	3253	3253

注:***、**和*分别表示在1%、5%和10%水平上显著;括号中为参数估计的t值。

对上述机制进行稳健性检验,融资约束使用WW指数表示,人力资本使用知识型企业本科以上职工数自然对数表示,企业知识溢出使用符淼(2009)的企业间距离衰减系数测算。将企业融资约束指数、人力资本变量和知识溢出变量按照升序排列,寻找上四分位(处在75%位置上的数值)和下四分位(处在25%位置上的数值),以此作为衡量标准,分别选取高于上四分位和低于下四分位的企业作为研究样本,测算不同的融资约束、人力资本和知识溢出条件下地理区位对知识型企业区位选择的影响。

表3-5反映了国内市场潜力对知识型企业区位选择的影响,模型(1)—(6)分别表示国内市场潜力通过改变企业融资约束、提升人力资本和知识溢出水平,影响知识型企业区位的选择。从整体上看,国内市场潜力对知识型企业区位选择的影响在1%的水平上显著,且随着国内市场潜力的增加,知识型企业选择科技创新中心城市的概率比随之增加。模型(1)-(2)表示在融资约束机制下国内市场潜力对知识型企业区位选择的影响。高融资约束条件和低融资约束条件下,国内市场潜力对知识型企业区位选择均产生正向影响且在1%的水平上显著。相较于低融资约束样本,在高融资约束样本中,国内市场潜力对知识型企业选取科技创新中心城市概率的作用效果更强,假设3a得到验证。模型(3)—(4)表示在人力资本机制下国内市场潜力对知识型企业区位选择的影响。高人力资本条件和低人力资本条件下国内市场潜力对知识型企业区位选择均产生正向影响且在1%的水平上显著,相较于低人力资本样本,在高人力资本样本中,国内市场潜力对知识型企业选取科技创新中心城市概率的作用效果更强,假设3b得到验证。模型(5)—(6)表示在知识溢出机制下国内市场潜力对知识型企业区位选择的影响。高知识溢出条件和低知识溢出条件下国内市场潜力对知识型企业区位选择均产生正向影响且在1%的水平上显著,相较于低知识溢出样本,在高知识溢出样本中,国内市场潜力对知识型企业选取科技创新中心城市概率的作用效果更强,假设3c得到验证。

表3-5 国内市场潜力对知识型企业区位选择影响的稳健性检验

	融资约束机制		人力资本机制		知识溢出机制	
	Cxzxcity		*Cxzxcity*		*Cxzxcity*	
	(1)	(2)	(3)	(4)	(5)	(6)
	P75	*P25*	*P75*	*P25*	*P75*	*P25*
Scql	0.279***	2.366***	2.864***	2.360***	1.620***	0.980***
	(3.51)	(7.26)	(12.11)	(5.81)	(7.61)	(5.70)
Size	0.000***	0.000	0.000**	-0.000	0.000*	-0.000
	(2.81)	(1.55)	(2.03)	(-0.44)	(1.91)	(-0.92)
Age	-0.047***	-0.063***	-0.033***	-0.065***	-0.072***	-0.046**
	(-2.51)	(-7.95)	(-3.18)	(-2.91)	(-4.92)	(-2.51)

续表

	融资约束机制		人力资本机制		知识溢出机制	
	Cxzxcity		*Cxzxcity*		*Cxzxcity*	
	(1)	(2)	(3)	(4)	(5)	(6)
	P75	P25	P75	P25	P75	P25
Ldzcb	2.628	2.151***	2.719***	-1.434	2.730***	4.542***
	(1.16)	(4.11)	(4.35)	(-0.93)	(2.72)	(4.71)
Sdr	0.294	-0.284	-0.031	-2.468*	-1.415	-3.402***
	(0.16)	(-0.58)	(-0.05)	(-1.71)	(-1.53)	(-3.01)
Yyzjb	-0.411	0.110	0.288	2.512*	-0.440	-2.818***
	(-0.15)	(0.21)	(0.44)	(1.65)	(-0.44)	(-2.83)
Yszksub	-0.168	0.431**	-0.029	1.301**	0.207	0.421
	(-0.41)	(2.39)	(-0.13)	(2.13)	(0.73)	(0.97)
Gdzczz	-0.006	0.009**	0.014	0.001	0.082***	-0.018*
	(-0.81)	(2.46)	(0.90)	(0.19)	(3.81)	(-1.72)
Zcfz	-0.218	0.450	0.871	1.613	1.180	-1.166
	(-0.11)	(0.94)	(1.46)	(1.27)	(1.29)	(-1.33)
Zcbcl	-3.855**	-0.811	-0.421	5.014**	-0.230	2.115*
	(-2.44)	(-1.03)	(-0.43)	(1.97)	(-0.17)	(1.67)
Zyywsr	0.487	0.016	-0.191	0.000	-0.328**	0.014
	(1.38)	(0.46)	(-1.55)	(0.00)	(-1.96)	(0.44)
Indzcfz	-0.117	0.019	0.021	2.212	-0.112	0.511**
	(-0.19)	(1.09)	(0.41)	(1.58)	(-0.40)	(2.07)
Indzcbc	0.002	0.031	0.020	1.444	-0.021	0.012
	(0.43)	(0.97)	(0.66)	(1.51)	(-0.21)	(0.31)
Cons	-20.014***	-18.121***	-15.731***	-54.716***	-20.119***	-12.104***
	(-8.66)	(-17.45)	(-11.94)	(-8.83)	(-12.52)	(-3.81)
N	1143	4476	2698	573	1946	767

注：***、**和*分别表示在1%、5%和10%水平上显著；括号中为参数估计的t值。在融资约束机制中，P25表示高融资约束样本，P75表示低融资约束样本。在人力资本机制中，P25表示低人力资本样本，P75表示高人力资本样本。在知识溢出机制中，P25表示低知识溢出样本；P75表示高知识溢出样本。

表3-6反映了国际市场潜力对知识型企业区位选择的影响,模型(1)—(6)分别表示国际市场潜力通过改变企业融资约束、提升人力资本和知识溢出水平,影响知识型企业区位的选择。从整体上看,国际市场潜力对知识型企业区位选择的影响在1%的水平上显著,且随着国际市场潜力的增加,知识型企业选择科技创新中心城市的几率比随之增加。模型(1)—(2)表示在融资约束机制下国际市场潜力对知识型企业区位选择的影响。高融资约束条件和低融资约束条件下,国际市场潜力对知识型企业区位选择均产生正向影响且在1%的水平上显著。相较于低融资约束样本,在高融资约束样本中,国际市场潜力对知识型企业选取科技创新中心城市概率的作用效果更强,假设3a得到验证。模型(3)—(4)表示在人力资本机制下国际市场潜力对知识型企业区位选择的影响。高人力资本条件和低人力资本条件下国际市场潜力对知识型企业区位选择均产生正向影响且在1%的水平上显著,相较于低人力资本样本,在高人力资本样本中,国际市场潜力对知识型企业选取科技创新中心城市概率的作用效果更强,假设3b得到验证。模型(5)—(6)表示在知识溢出机制下国际市场潜力对知识型企业区位选择的影响。高知识溢出条件和低知识溢出条件下国际市场潜力对知识型企业区位选择均产生正向影响且在1%的水平上显著。相较于低知识溢出样本,在高知识溢出样本中,国际市场潜力对知识型企业选取科技创新中心城市概率的作用效果更强,假设3c得到验证。

表3-6 国际市场潜力对知识型企业区位选择影响的稳健性检验

	融资约束机制		人力资本机制		知识溢出机制	
	$Cxzxcity$		$Cxzxcity$		$Cxzxcity$	
	(1)	(2)	(3)	(4)	(5)	(6)
	$P75$	$P25$	$P75$	$P25$	$P75$	$P25$
Ck	0.016***	0.896***	1.924***	1.363***	1.382***	1.254***
	(11.98)	(16.28)	(21.63)	(8.80)	(17.98)	(11.33)
$Size$	0.000	0.000	0.000	-0.000***	0.000	0.000
	(1.38)	(0.68)	(1.34)	(-2.98)	(0.74)	(1.64)
Age	-0.101***	-0.103***	-0.090***	-0.097***	-0.169***	-0.089***
	(-3.77)	(-9.23)	(-6.32)	(-3.00)	(-9.19)	(-2.85)
$Ldzcb$	1.035	2.753***	3.164***	2.962	5.541***	4.206***
	(0.49)	(3.61)	(3.64)	(1.17)	(3.86)	(2.88)

续表

	融资约束机制		人力资本机制		知识溢出机制	
	Cxzxcity		Cxzxcity		Cxzxcity	
	(1)	(2)	(3)	(4)	(5)	(6)
	P75	P25	P75	P25	P75	P25
Sdr	-2.839*	-3.248***	-3.001***	-6.486***	-4.324***	-5.064***
	(-1.67)	(-4.61)	(-3.32)	(-2.95)	(-3.67)	(-2.71)
Yyzjb	1.002	0.265	0.756	-0.636	-2.667*	-1.401
	(0.32)	(0.35)	(0.84)	(-0.27)	(-1.99)	(-0.90)
Yszksub	0.442	0.927***	0.773**	1.168	1.312***	1.161
	(0.72)	(3.82)	(2.52)	(1.44)	(3.42)	(1.60)
Gdzczz	0.007	0.009*	0.003	0.015	0.028	-0.001
	(0.52)	(1.90)	(0.61)	(1.31)	(1.54)	(-0.16)
Zcfz	2.228	0.978	1.242	0.938	0.260	-1.691
	(0.92)	(1.41)	(1.49)	(0.45)	(0.21)	(-1.25)
Zcbcl	-4.147*	1.298	0.452	8.709**	0.651	2.852
	(-1.69)	(1.09)	(0.37)	(2.45)	(0.37)	(1.13)
Zyywsr	0.561	-0.134	-0.158	0.037	-0.369*	0.206
	(1.01)	(-0.96)	(-0.88)	(0.09)	(-1.69)	(0.64)
Indzcfz	-0.308*	-0.045	-0.068	3.680	0.241	-0.054
	(-1.74)	(-0.69)	(-0.91)	(1.42)	(0.63)	(-0.32)
Indzcbc	0.002	0.002	0.002	0.600	0.132	0.051
	(0.45)	(0.19)	(0.29)	(0.49)	(0.70)	(0.51)
Cons	-13.075***	-12.299***	-12.227***	-20.009***	-15.168***	-15.456***
	(-11.21)	(-23.78)	(-19.70)	(-7.55)	(-15.88)	(-9.86)
N	1024	3980	2462	499	1924	576

注：***、**和*分别表示在1%、5%和10%水平上显著；括号中为参数估计的t值。在融资约束机制中，P25表示高融资约束样本，P75表示低融资约束样本。在人力资本机制中，P25表示低人力资本样本，P75表示高人力资本样本。在知识溢出机制中，P25表示低知识溢出样本；P75表示高知识溢出样本。

二、企业异质性条件下地理区位、企业区位选择与科技创新中心城市形成分析

表3-7反映了在企业异质性条件下国内市场潜力对知识型企业区位选择

表 3-7 企业异质性条件下国内市场潜力对知识型企业区位选择的影响

	融资约束机制						人力资本机制						知识溢出机制					
	(1)回归		(2)民营		(3)回归		(3)回归		(4)民营		(5)回归		(5)回归		(6)民营			
	Cxzxcity	SA	Cxzxcity	SA	Cxzxcity	Hi	Cxzxcity	Hi	Cxzxcity	Hi	Cxzxcity	Yc	Cxzxcity	Yc	Cxzxcity	Yc	Cxzxcity	
Scql	0.850***	0.112	0.773***	0.083***	1.634***	1.736***	1.215***	0.013	1.254***	3.195***	0.043	3.186***	1.237***	6.074***	0.900***	5.554***	2.525***	2.574***
	(7.75)	(11.62)	(6.81)	(11.58)	(15.74)	(16.04)	(4.39)	(0.12)	(4.48)	(13.69)	(0.64)	(13.60)	(7.40)	(21.91)	(4.70)	(39.62)	(16.31)	(13.46)
SA			0.739***	1.542***														
			(2.75)	(3.53)														
Hi									0.258**	0.366***								
									(2.36)	(4.36)								
Yc															0.056***			0.008
															(3.57)			(0.44)
Size	0.000	0.000***	-0.000*	0.000	0.000***	0.000***	0.000	0.000***	0.000	0.000	0.000***	-0.000	0.000	0.000**	0.000	0.000	0.000	0.000
	(0.78)	(51.86)	(-1.69)	(0.69)	(2.91)	(52.33)	(1.20)	(12.77)	(0.05)	(1.72)	(17.23)	(-0.08)	(0.45)	(1.98)	(0.27)	(1.45)	(0.55)	(0.56)
Age	-0.008	-0.039***	0.022	0.000***	-0.103***	-0.162***	0.011	-0.001	0.008	-0.126***	0.007	-0.127***	0.009	0.106***	0.000	0.007	-0.115***	-0.115***
	(-0.62)	(-34.84)	(1.29)	(-8.70)	(-41.12)	(-7.72)	(0.46)	(-0.06)	(0.35)	(-7.42)	(1.43)	(-7.47)	(0.57)	(4.28)	(0.01)	(0.55)	(-8.76)	(-8.75)
Ldzcbl	3.107***	-0.326***	3.429***	-0.400***	1.767*	2.021**	-2.130	0.437	-1.960	0.563	3.108***	0.419	2.944***	2.841**	1.084	-1.822*	1.636	1.063
	(4.35)	(-4.95)	(4.71)	(-5.99)	(1.91)	(2.21)	(-1.58)	(0.89)	(-1.45)	(0.40)	(3.76)	(0.29)	(3.52)	(1.96)	(1.02)	(-1.73)	(1.58)	(1.00)
Sdrl	-1.127**	-0.121**	-1.099	-0.174**	0.426	0.249	-1.157	2.682***	-1.611	-1.909***	-2.605***	-2.691***	-2.663***	2.608*	0.136	2.445***	0.136	0.159
	(-1.44)	(-2.12)	(-1.40)	(-4.79)	(0.69)	(0.40)	(-0.85)	(5.87)	(-1.17)	(-1.97)	(-2.75)	(-2.77)	(-2.82)	(1.80)	(0.22)	(4.43)	(0.22)	(0.25)
Yyzjbl	-1.512**	0.365***	-1.870***	0.254***	1.112	0.993	1.150	-0.454	0.927	-1.111**	2.497*	2.986**	-1.315	0.190	1.362	1.884*	1.901*	1.901*
	(-2.02)	(5.20)	(-2.45)	(3.87)	(1.23)	(1.11)	(0.82)	(-0.86)	(0.66)	(-2.51)	(1.76)	(2.09)	(-1.49)	(0.12)	(-1.53)	(1.81)	(1.82)	(1.82)
Ysrksub	2.012***	-0.024	2.148***	-0.090***	3.833***	-0.115	-0.488***	3.773***	-0.298***	1.647***	3.328***	1.553***	3.414***	1.636	0.003	-0.024	-0.024	-0.024
	(4.83)	(-1.60)	(5.06)	(-1.88)	(4.15)	(-0.91)	(-1.73)	(4.09)	(-2.97)	(3.38)	(4.80)	(-1.67)	(4.89)	(1.58)	(0.18)	(-0.96)	(-0.96)	(-0.96)

续表

	融资约束机制						人力资本机制						知识溢出机制				
	(1)国有		(2)民营				(3)国有			(4)民营			(5)国有		(6)民营		
	Cxzxcity	SA	Cxzxcity	SA	Cxzxcity		Hi	Cxzxcity		Hi	Cxzxcity		Ye	Cxzxcity	Ye	Cxzxcity	
Gdxczxl	0.015**	0.000**	-0.001*	-0.000	-0.001**	0.216***	-0.009***	0.206***	-0.001*	-0.000	-0.001	0.011*	-0.004	0.010*	-0.000	-0.001**	
	(2.41)	(2.02)	(-1.93)	(-1.25)	(-2.14)	(4.92)	(-5.70)	(4.77)	(-1.81)	(-0.44)	(-1.49)	(1.79)	(-0.72)	(1.78)	(-0.07)	(-2.15)	
Zcfzl	-1.694***	0.664***	0.509	0.670***	0.968	-0.562	0.715	-0.938	1.489	0.041	1.723	-1.892**	-2.070	-1.851**	0.225	1.254	
	(-2.46)	(10.20)	(0.64)	(11.52)	(1.19)	(-0.45)	(1.50)	(-0.74)	(1.25)	(0.11)	(1.44)	(-2.36)	(-1.47)	(-2.29)	(0.25)	(1.38)	
Zcbcl	-0.132	0.794***	-0.654	-3.290***	1.036	-2.567***	2.654***	0.554	-1.622	2.482***	-2.248	-0.359	-0.284	-0.479	0.621	-1.489	
	(-0.11)	(7.30)	(-0.55)	(-3.46)	(0.45)	(-2.67)	(3.05)	(0.24)	(-1.02)	(5.39)	(-1.37)	(-0.24)	(-0.11)	(-0.32)	(0.85)	(-1.44)	
Zyywsrl	0.253*	-0.007	0.270*	0.001*	0.002	0.670	-0.229***	0.704	0.241	-0.146***	0.291	0.363*	-0.257	0.418**	-0.000	0.006	
	(1.65)	(-0.58)	(1.74)	(2.10)	(0.27)	(1.34)	(-2.84)	(1.41)	(1.46)	(-5.98)	(1.82)	(1.80)	(-1.01)	(2.01)	(-0.03)	(0.75)	
Indzxfzl	0.541*	-0.003	0.585**	-0.011	0.049	-1.884*	-3.283***	-1.293	-1.483***	-3.335***	-0.387	0.885**	-0.138	1.017***	-0.712***	0.161	
	(1.87)	(-0.53)	(1.98)	(-1.34)	(0.38)	(-1.66)	(-7.96)	(-1.11)	(-1.50)	(-10.56)	(-0.38)	(2.29)	(-0.51)	(2.57)	(-5.67)	(1.06)	
Indzxcbcl	0.258*	0.000	0.277**	0.000	0.001	0.935	-0.261	1.067	0.457	-0.685***	0.772	0.047	0.002	0.032	0.004***	0.001	
	(1.89)	(1.32)	(1.99)	(0.17)	(0.31)	(0.90)	(-0.76)	(1.01)	(0.63)	(-3.59)	(1.03)	(0.20)	(0.97)	(0.13)	(4.53)	(0.23)	
Cons	-13.652***	-4.540***	-10.451***	-4.123***	-18.840***	10.671***	-21.988***	-50.271***	9.741***	-53.938***	-20.332***	-81.521***	-15.800***	-39.672***	-69.628***	-40.307***	
	(-8.06)	(-31.17)	(-5.09)	(-36.45)	(-4.11)	(6.37)	(-4.56)	(-13.23)	(8.70)	(-13.63)	(-7.55)	(-18.63)	(-5.31)	(-15.95)	(-30.59)	(-14.02)	
Sobel	2.158*		-1.96**			2.63***			2.16**			4.624***		1.06			
N	1635	1635	2509	2509	2509	627	627	1605	1605	1605	1191	1191	2260	2260			

注：***、**和*分别表示在1%、5%和10%水平上显著；括号中为参数估计的t值。

的影响。模型(1)—(6)分别表示国内市场潜力在企业融资约束、人力资本以及知识溢出机制下对国有知识型企业和民营知识型企业区位选择的影响。从整体上看,在1%的显著水平上,国内市场潜力对知识型企业选择落户科技创新中心城市的影响是显著的,然而,不同属性的企业在上述机制的作用过程中存在一定的差异。根据中介效应逐步法,模型(1)反映国内市场潜力在融资约束机制下对国有知识型企业区位选择的影响。在逐步回归中,国内市场潜力和融资约束对各被解释变量的影响均显著,进一步分析模型(1)中的各解释变量系数,随着国内市场潜力的增加,企业的SA指数提升,融资约束水平下降,国有知识型企业选择科技创新中心城市的几率比显著增加。模型(2)反映国内市场潜力在融资约束机制下对民营知识型企业区位选择的影响,同国有知识型企业一样,随着国内市场潜力的增加,民营知识型企业融资约束水平下降,民营知识型企业选择科技创新中心城市的几率比显著增加。引入企业异质性因素后,国有和民营知识型企业假设3a依然成立。模型(3)和(4)分别反映国内市场潜力在人力资本机制下对国有和民营知识型企业区位选择的影响。在逐步回归中,国内市场潜力对人力资本的影响不显著,但是Sobel检验的统计量结果分别为2.63和2.16,在5%的水平上显著。进一步研究发现,国内市场潜力对国有和民营知识型企业区位选择的影响存在差异。国内市场潜力的增加,提升了国有知识型企业的人力资本水平,驱使国有知识型企业选择科技创新中心城市。国内市场潜力的增加,降低了民营知识企业的人力资本水平,驱使民营知识型企业远离科技创新中心城市,国有知识型企业假设3b成立。引起这一差异的原因在于,国内市场潜力对国有企业和民营企业人力资本影响并不一致。在本地市场效应和生活成本效应的影响下,国内市场潜力的增加,吸引了大量科技人才到本地集聚,企业人力资本随之增加。然而,随着科技创新中心城市知识型企业不断集聚,本地企业之间的竞争日趋激烈,民营知识型企业由于受融资约束等因素的制约,发展前景令人担忧,一些科技人员离开民营知识型企业,选择相对安逸的国有企业,减少本地竞争效应引发的不确定性。模型(5)和(6)反映国内市场潜力在知识溢出机制下对国有和民营知识型企业区位选择的影响,在模型(5)中,国内市场潜力对知识溢出和国有知识型企业区位选择的影响均显著,国有知识型企业假设3c成立。在模型(6)中,在知识溢出机制下国内市场潜力对民营知识型企业区位选择的影响不显著,Sobel检验的统计量结果为1.06,民营知识型企业假设3c不成立。

表3-8 企业异质性条件下国际市场潜力对知识型企业区位选择的影响

	(1)国有			(2)民营			(3)国有			(4)民营			(5)国有			(6)民营		
	\multicolumn{6}{c}{融资约束机制}	\multicolumn{6}{c}{人力资本机制}	\multicolumn{6}{c}{知识溢出机制}
	SA	Cxzxcity	Cxzxcity	SA	Cxzxcity	Cxzxcity	Hi	Cxzxcity	Cxzxcity	Hi	Cxzxcity	Cxzxcity	Yc	Cxzxcity	Cxzxcity	Yc	Cxzxcity	Cxzxcity
Ck	1.423*** (14.96)	0.022*** (7.43)	1.502*** (14.68)	1.054*** (19.56)	0.016*** (6.85)	1.087*** (19.60)	1.507*** (7.51)	-0.021 (-0.78)	1.563*** (7.45)	1.316*** (13.21)	0.016 (0.94)	1.317*** (13.02)	1.357*** (12.07)	-0.000 (-1.31)	1.346*** (17.04)	1.382*** (11.91)	-0.000 (-1.21)	1.169*** (17.48)
SA		2.188*** (2.78)			2.166*** (3.44)													
Hi								0.661** (2.55)			0.386*** (3.24)							
Yc													-0.018 (-0.92)			0.221*** (7.07)		
Size	-0.000*** (-1.16)	0.000*** (45.80)	0.000 (0.25)	0.000*** (48.81)	0.000*** (2.70)	-0.000** (-2.51)	0.000*** (11.04)	-0.000** (-1.62)	0.000 (0.72)	0.000*** (16.31)	-0.000*** (-0.39)	-0.000*** (-1.31)	0.000 (0.23)	0.000 (0.95)
Age	-0.035*** (-0.79)	-0.101*** (-4.85)	-0.176*** (1.28)	-0.033*** (-4.41)	-0.114*** (1.94)	-0.193*** (-2.20)	-0.098* (-1.68)	-0.002 (-0.20)	-0.109* (-1.81)	0.014** (2.60)	-0.127*** (-5.25)	-0.130*** (-5.45)	-0.067** (-2.10)	0.177*** (6.31)	-0.115*** (-6.26)	-0.059* (-1.78)	0.079*** (5.43)	-0.096*** (-4.96)
Ldzcbl	5.986*** (4.60)	3.282*** (4.03)	5.365*** (4.07)	-0.358*** (-5.08)	0.953 (0.68)	0.429 (0.30)	-5.711* (-1.67)	0.764 (1.37)	-5.057 (-1.50)	0.646 (1.39)	-0.235 (-0.11)	3.263** (2.07)	0.063 (0.04)	3.258** (2.07)	-1.553** (-0.95)	-4.389** (-3.66)	3.594** (-2.12)
Sdrl	-7.393*** (-4.27)	3.580*** (4.49)	-7.524*** (-1.00)	-0.061 (-4.24)	-1.168* (-1.50)	-0.164 (-4.19)	-4.408 (-1.60)	2.808*** (5.25)	-1.243 (-1.42)	1.480*** (5.15)	-6.420*** (-1.94)	-2.679*** (-1.86)	-6.351*** (-2.32)	2.678 (1.53)	-3.338** (-3.82)	-8.292*** (-3.77)	-0.914 (-1.09)	4.017*** (6.54)
Yyyjbl	-1.038***	-0.068 (-0.05)	2.615** (1.94)	0.358***	3.001*** (2.20)	0.311* (4.41)	5.760* (1.67)	-0.637 (-1.08)	3.371 (0.99)	-1.327*** (-2.86)	3.236 (1.49)	3.587 (1.64)	1.171 (0.70)	3.348* (1.86)	1.305 (0.78)	4.837*** (3.05)	3.186*** (2.72)	0.430 (0.48)
Yszksub	-0.043*** (-2.86)	-0.002 (-1.48)	5.404*** (2.37)	-0.000 (-0.01)	-0.003 (-0.12)	-0.992*** (-3.08)	5.615*** (2.65)	1.017 (1.64)	-0.326*** (-3.13)	6.667*** (-4.03)	1.175*** (1.88)	5.393*** (3.45)	-0.016 (-0.01)	1.175*** (1.88)	-0.326*** (-3.13)	6.667*** (-4.03)	0.027* (1.70)	0.012 (0.33)

续表

	融资约束机制						人力资本机制						知识溢出机制			
	(1)回归		(2)民营		(3)回归			(4)民营					(5)回归		(6)民营	
	Cxzxcity	SA	Cxzxcity	SA	Cxzxcity	Hi	Cxzxcity	Cxzxcity	Hi	Cxzxcity			Ye	Cxzxcity	Cxzxcity	Ye	Cxzxcity
Gdzczzl	0.015	0.001**	0.000	0.000	0.269***	−0.010***	0.312***	0.002	0.001***	0.002			0.000	0.041	0.001	0.002**	0.002
	(0.70)	(2.55)	(0.11)	(1.53)	(2.60)	(−6.25)	(2.78)	(0.86)	(2.69)	(1.06)			(0.05)	(1.39)	(0.50)	(2.43)	(0.98)
Zcfzl	−2.579**	0.567***	−1.364	1.680***	2.257	0.693	−0.775	1.900	−0.168	2.055			−0.896	−1.486	2.892**	0.345	3.658***
	(−2.07)	(8.15)	(−1.05)	(10.87)	(0.74)	(1.29)	(−0.24)	(1.04)	(−0.42)	(1.11)			(−0.54)	(−0.98)	(2.06)	(0.34)	(2.50)
Zcbcl	3.309	0.892***	4.743**	0.498***	0.807	4.018***	−0.046	3.245	2.499***	2.956			0.120	2.843	−1.648	0.505	−0.324
	(1.43)	(7.37)	(1.97)	(−3.01)	(0.15)	(3.58)	(−0.01)	(1.40)	(5.18)	(1.23)			(0.04)	(0.93)	(−1.01)	(0.63)	(−0.21)
Zyywsl	0.117	−0.014	0.025	0.001	0.014	−0.255***	0.227	0.109	−0.194***	0.167			−0.305	0.223	0.031	−0.002	0.020
	(0.41)	(−1.17)	(0.09)	(1.56)	(0.52)	(−3.11)	(0.27)	(0.49)	(−6.59)	(0.75)			(−1.08)	(0.66)	(0.42)	(−0.21)	(0.35)
Indzzfzl	−0.244	−0.008	−0.279	−0.022**	0.064	4.327***	−3.148	−0.918	−3.722***	0.029			1.057***	−0.237	0.053	−1.259***	−0.221
	(−1.19)	(−1.40)	(−1.52)	(−2.46)	(0.37)	(−1.65)	(−1.00)	(−0.51)	(−10.23)	(0.02)			(−3.62)	(−1.05)	(0.33)	(−9.35)	(−1.59)
Indzcbcl	0.082	0.000	0.070	0.000	0.001	−0.101	0.058	0.294	−0.694***	0.630			0.006**	0.115	0.001	0.006***	0.002
	(0.58)	(1.49)	(0.55)	(0.79)	(0.14)	(−0.28)	(0.04)	(0.27)	(−3.59)	(0.58)			(2.55)	(0.70)	(0.20)	(6.00)	(0.54)
Cons	−17.271***	−3.087***	−24.448***	−3.056***	−15.604***	11.154***	−22.134***	−16.876***	10.273***	−20.861***			−3.731***	−16.899***	−14.925***	4.523***	−15.775***
	(−14.09)	(−69.98)	(−8.59)	(−78.64)	(−5.12)	(23.91)	(−5.13)	(−10.06)	(32.52)	(−9.71)			(−3.02)	(−10.68)	(−14.61)	(6.39)	(−14.00)
Sobel	−2.553**	−1.988*			−0.628		−1.925*						−1.652*			−1.725*	
N	1438	1438	2226	2226	490	490	490	1400	1400	1400			1006	1006	1985	1985	1985

注: ***、**和*分别表示在1%、5%和10%水平上显著;括号中为参数估计的t值。

表 3-8 反映了在企业异质性条件下国际市场潜力对知识型企业区位选择的影响。模型(1)—(6)分别表示国际市场潜力在企业融资约束、人力资本以及知识溢出机制下对国有和民营知识型企业区位选择的影响。从整体上看,在 1% 的显著水平上,国际市场潜力对知识型企业选择科技创新中心城市的影响显著,然而,不同属性的企业在上述机制的作用过程中存在一定的差异。根据中介效应逐步法,模型(1)和(2)分别表示国际市场潜力在融资约束机制下对国有和民营知识型企业区位选择的影响。在逐步回归中,国际市场潜力和融资约束对各被解释变量的影响均显著,在引入企业异质性因素后,假设 3a 依然成立。进一步分析模型(1)和(2)中的各解释变量系数,随着国际市场潜力的增加,企业的 SA 指数提升,融资约束水平下降,知识型企业选择科技创新中心城市的几率比显著增加。模型(3)和(4)分别表示国际市场潜力在人力资本机制下对国有和民营知识型企业区位选择的影响。在逐步回归中,国际市场潜力对人力资本的影响不显著,中介效应 Sobel 检验的统计量结果分别为 -0.628 和 -1.925,在 10% 的显著水平上,民营知识型企业人力资本机制存在,民营知识型企业假设 3b 成立。进一步研究发现,国际市场潜力的增加,提升企业的人力资本水平,会提高民营知识型企业选择科技创新中心城市的几率比。国际市场潜力对国有和民营知识型企业人力资本的影响并不一致。民营企业在本地市场竞争机制的影响下很难与国有企业相抗衡。为了生存,民营企业对国际市场的需求的意愿更为强烈,当一个地区的国际市场潜力增加时,民营企业针对国际市场需求进行研发活动,并通过与最接近国际市场需求地区的企业进行交流,进一步掌握最新的市场需求和先进技术,增强自身的竞争实力。模型(5)和(6)分别表示国际市场潜力在知识溢出机制下对国有和民营知识型企业区位选择的影响,在模型(5)逐步回归的第三步中,国际市场潜力对国有知识型企业知识溢出的影响不显著,中介效应 Sobel 检验的统计量结果为 -1.652,在 10% 的显著水平上,国有知识型企业知识溢出机制存在。在模型(6)中,国际市场潜力对知识溢出和民营知识型企业区位选择的影响均显著,民营知识型企业知识溢出影响机制存在,引入企业异质性后,假设 3c 成立。

三、地区异质性条件下地理区位、企业区位选择与科技创新中心城市形成分析

表 3-9 表示东、中和西部地区国内市场潜力在融资约束机制下对知识型企业区位选择的影响。模型(1)—(3)分别表示东、中和西部地区国内市场潜力在企业融资约束机制下对知识型企业区位选择的影响。从整体上看,在1%的显著水平上,国内市场潜力对知识型企业选择科技创新中心城市的影响显著。根据中介效应逐步法,在模型(1)和(2)中,国内市场潜力对企业融资约束和知识型企业区位选择的影响均显著,中、东部地区知识型企业假设 3a 成立。在模型(3)中,根据中介效应逐步法,西部地区国内市场潜力对知识型企业区位选择的影响不显著,西部地区知识型企业假设 3a 不成立。在融资约束机制下,中、东部地区与西部地区知识型企业区位选择差异的原因可能在于长期的地区经济发展不均衡。中、东部地区较好的经济发展环境,放大了国内市场潜力带来的本地市场效应和生活成本效应,知识型企业必然优先选择中、东部地区。

表 3-9 不同地区国内市场潜力通过融资约束影响知识型企业区位的选择

	东部地区 (1)			中部地区 (2)			西部地区 (3)		
	Cxzxcity	SA	Cxzxcity	Cxzxcity	SA	Cxzxcity	Cxzxcity	SA	Cxzxcity
Scql	1.267***	0.077***	1.328***	0.812***	0.108***	0.583***	-0.194	0.120***	-0.100
	(12.20)	(10.23)	(12.64)	(4.70)	(8.21)	(3.25)	(-0.74)	(6.22)	(-0.36)
SA			-1.416***			2.802***			-1.352
			(-3.82)			(4.11)			(-1.35)
Size	0.000	0.000***	0.000***	-0.000	0.000***	-0.000***	0.000	0.000***	0.000*
	(1.49)	(65.67)	(3.49)	(-1.32)	(30.89)	(-3.01)	(1.62)	(27.06)	(1.81)
Age	-0.073***	-0.036***	-0.127***	-0.105***	-0.035***	-0.009	0.032	-0.041***	-0.024
	(-7.08)	(-47.22)	(-7.18)	(-4.70)	(-19.21)	(-0.29)	(1.06)	(-17.96)	(-0.47)
Ldzcbl	0.514	-0.342***	0.061	1.673	-0.449***	2.374*	0.409	-0.398***	0.115
	(0.65)	(-6.07)	(0.08)	(1.45)	(-4.98)	(1.96)	(0.29)	(-4.02)	(0.08)

续表

	东部地区 (1)			中部地区 (2)			西部地区 (3)		
	Cxzxcity	Cxzxcity	SA	Cxzxcity	Cxzxcity	SA	Cxzxcity	Cxzxcity	SA
Sdrl	-0.722	-0.089**	-0.725	0.450	-0.240***	1.206	-5.187***	-0.108	-5.025***
	(-1.10)	(-2.28)	(-1.11)	(0.38)	(-2.78)	(0.96)	(-3.50)	(-1.10)	(-3.38)
Yyzjbl	1.414*	0.236***	1.783**	-0.124	0.280***	-0.695	3.697**	0.487***	4.001***
	(1.78)	(4.13)	(2.21)	(-0.10)	(2.89)	(-0.53)	(2.54)	(4.64)	(2.71)
Yszksub	1.126***	-0.055***	1.043***	-0.602**	-0.002	-0.655**	3.708***	-0.066**	3.528***
	(3.80)	(-4.54)	(3.55)	(-1.98)	(-1.52)	(-2.06)	(4.98)	(-2.44)	(4.72)
Gdzczzl	0.022***	0.000***	0.023***	-0.006	-0.000***	-0.004	0.135***	0.000	0.135***
	(3.05)	(3.09)	(3.18)	(-1.06)	(-3.49)	(-0.71)	(2.71)	(0.12)	(2.65)
Zcfzl	1.788**	0.689***	2.461***	-0.378	0.715***	-2.079*	2.759**	0.831***	3.223**
	(2.48)	(13.38)	(3.27)	(-0.34)	(8.42)	(-1.70)	(1.99)	(8.60)	(2.25)
Zcbcl	-2.141**	0.486***	-1.522	0.753	0.684***	-1.048	5.086***	0.546***	5.353***
	(-2.27)	(9.65)	(-1.61)	(0.45)	(5.59)	(-0.63)	(2.60)	(3.93)	(2.73)
Zyywsrl	-0.012	0.002	-0.013	-0.074	-0.002	-0.078	0.001	0.001	0.002
	(-0.67)	(1.41)	(-0.70)	(-0.51)	(-0.70)	(-0.46)	(0.01)	(0.94)	(0.01)
Indzcfzl	0.507**	0.001	0.486**	-0.185	-0.033**	-0.100	0.972	-0.077	0.867
	(2.06)	(0.09)	(1.97)	(-0.89)	(-2.07)	(-0.51)	(1.16)	(-1.52)	(1.05)
Indzcbcl	-0.001	-0.000	-0.001	-0.059	-0.014*	-0.022	0.015	0.009	0.019
	(-0.34)	(-0.18)	(-0.32)	(-0.49)	(-1.87)	(-0.19)	(0.03)	(0.90)	(0.04)
Cons	-19.525***	-4.035***	-24.461***	-12.339***	-4.489***	-0.660	-0.561	-4.642***	-5.709
	(-11.84)	(-33.74)	(-11.66)	(-4.76)	(-22.98)	(-0.18)	(-0.14)	(-16.04)	(-1.04)
Sobel		2.163**			1.984**			1.036	
N	3309	3309	3309	666	666	666	505	505	505

注：***、**和*分别表示在1%、5%和10%水平上显著；括号中为参数估计的t值。

表3-10表示东、中和西部地区国内市场潜力在人力资本机制下对知识型企业区位选择的影响。从整体上看，在10%的显著水平上，国内市场潜力对知识型企业选择科技创新中心城市的影响显著。根据中介效应逐步法，在模型（1）中，东部地区国内市场潜力对知识型企业区位选择的影响显著，然而在

10%的显著水平上,东部地区国内市场潜力对知识型企业人力资本的影响不显著,中介效应的 Sobel 统计量值为 -1.762,在 10%的显著水平上,东部知识型企业假设 3b 成立。进一步研究发现,国内市场潜力的增加,提升了东部地区知识型企业的人力资本水平,增加了知识型企业选择科技创新中心城市的几率比。在模型(2)中,在 10%的显著水平上,国内市场潜力对知识型企业区位选择的影响不显著,中部地区知识型企业假设 3b 不成立。在模型(3)中,在 10%的显著水平上,西部地区国内市场潜力对知识型企业选择科技创新中心城市存在影响;然而,在逐步回归的第二步和第三步中,在 10%的显著水平上,西部地区国内市场潜力对知识型企业人力资本以及知识型企业人力资本对知识型企业区位选择的影响均不显著,根据中介效应逐步法判定标准,西部地区知识型企业假设 3b 不成立。在人力资本机制下国内市场潜力影响地区知识型企业区位选择的差异表明,东部地区在市场潜力的作用下,本地市场效应明显,中、西部地区与东部地区相比,缺乏就业机会,难以吸引更多的人才留在中、西部地区,在东部地区更强劲的市场潜力影响下,知识型企业优先选择东部地区而放弃中部、西部地区。

表3-10 不同地区国内市场潜力通过人力资本影响知识型企业区位选择分析

	东部地区 (1)			中部地区 (2)			西部地区 (3)		
	Cxzxcity	Hi	Cxzxcity	Cxzxcity	Hi	Cxzxcity	Cxzxcity	Hi	Cxzxcity
Scql	3.318***	0.015	3.323***	0.400	0.024	0.267	1.616*	0.034	1.624*
	(11.72)	(0.18)	(11.68)	(1.00)	(0.15)	(0.62)	(1.87)	(0.13)	(1.87)
Hi			0.243***			1.250***			0.086
			(3.21)			(5.75)			(0.34)
Size	0.000	0.000***	-0.000	-0.000	0.000***	-0.000**	0.000	0.000***	0.000
	(0.69)	(20.22)	(-0.69)	(-0.12)	(8.21)	(-2.01)	(1.32)	(7.20)	(0.89)
Age	-0.084***	0.012**	-0.087***	-0.203***	-0.019	-0.217***	-0.002	0.015	0.000
	(-5.50)	(2.58)	(-5.69)	(-4.97)	(-1.27)	(-4.81)	(-0.05)	(1.03)	(0.01)
Ldzcbl	-2.522*	1.013***	-2.580**	1.702	-1.011	2.482	-1.062	2.908***	-1.236
	(-1.94)	(2.61)	(-2.00)	(0.89)	(-1.30)	(1.17)	(-0.44)	(4.09)	(-0.50)

续表

	东部地区 (1)			中部地区 (2)			西部地区 (3)		
	Cxzxcity	Hi	Cxzxcity	Cxzxcity	Hi	Cxzxcity	Cxzxcity	Hi	Cxzxcity
Sdrl	-1.508	2.031***	-1.919*	1.271	3.877***	-2.849	-7.079***	1.661**	-7.419***
	(-1.51)	(7.26)	(-1.93)	(0.72)	(5.59)	(-1.31)	(-2.96)	(2.56)	(-2.85)
Yyzjbl	3.044**	-1.451***	3.197**	-1.285	-0.243	-0.979	6.827***	-3.258***	7.111***
	(2.37)	(-3.68)	(2.51)	(-0.59)	(-0.28)	(-0.40)	(2.87)	(-4.48)	(2.84)
Yszksub	1.193**	-0.721***	1.304***	1.599**	0.216	1.696**	2.818**	-0.384**	2.880**
	(2.42)	(-5.79)	(2.65)	(2.13)	(0.81)	(2.11)	(2.54)	(-2.25)	(2.55)
Gdzczzl	0.123***	0.001*	0.113***	-0.001	-0.000***	-0.000	0.284***	-0.004	0.277***
	(5.41)	(1.89)	(5.07)	(-0.60)	(-2.74)	(-0.20)	(2.92)	(-0.63)	(2.80)
Zcfzl	2.137*	-0.006	1.999*	-0.585	0.802	-1.598	5.767***	-1.318**	5.966***
	(1.89)	(-0.02)	(1.78)	(-0.32)	(1.10)	(-0.75)	(2.62)	(-2.05)	(2.64)
Zcbcl	-2.972*	3.155***	-3.728**	2.907	0.605	2.183	5.272	-3.331**	5.891
	(-1.86)	(6.97)	(-2.26)	(0.86)	(0.49)	(0.57)	(1.35)	(-2.57)	(1.37)
Zyywsrl	0.145	-0.167***	0.177	0.179	-0.172	0.358	0.553	0.053	0.530
	(1.10)	(-7.46)	(1.31)	(0.53)	(-1.25)	(0.86)	(1.01)	(0.39)	(1.00)
Indzcfzl	-1.229	-4.151***	-0.302	-0.336	-1.725***	2.360	-9.044***	-2.087***	-8.777***
	(-1.23)	(-13.98)	(-0.29)	(-0.22)	(-3.03)	(1.36)	(-2.96)	(-2.80)	(-2.80)
Indzcbcl	0.910	-0.614***	1.087*	1.565	-0.552	3.212	-1.626	0.334	-1.626
	(1.42)	(-3.45)	(1.67)	(0.88)	(-0.94)	(1.42)	(-1.05)	(0.56)	(-1.05)
Cons	-51.943***	10.781***	-54.489***	-4.532	9.875***	-14.813**	-25.745*	9.428**	-26.831*
	(-11.17)	(7.86)	(-11.44)	(-0.69)	(3.76)	(-2.01)	(-1.85)	(2.22)	(-1.88)
Sobel		-1.762*			0.695			0.097	
N	1870	1870	1870	302	302	302	236	236	236

注：***、**和*分别表示在1%、5%和10%水平上显著；括号中为参数估计的P值。

表3-11表示东、中和西部地区国内市场潜力在知识溢出机制下对知识型企业区位选择的影响。从整体上看，在1%的显著水平上，国内市场潜力对知识型企业选择科技创新中心城市的影响显著。根据中介效应逐步法，在模型（1）中，逐步回归的结果表明，国内市场潜力和知识型企业的知识溢出对各被解释

变量的影响均显著,在1%的显著水平上,东部地区知识型企业假设 3c 成立。进一步分析发现,随着东部地区国内市场潜力的增加,企业知识溢出进一步提升,知识型企业选择科技创新中心城市的几率比增加。在模型(2)中,知识溢出对知识型企业区位选择的影响在10%的显著水平上不显著,中介效应 Sobel 统计量为0.823,中部地区知识型企业假设 3c 不成立。在模型(3)中,国内市场潜力对知识型企业区位选择的影响在10%的显著水平上不显著。依据逐步回归判定标准,西部地区知识型企业假设 3c 不成立。依据新经济地理理论,地区经济发展不平衡是造成东部地区知识溢出机制与中、西部地区存在差异的主要原因。东部地区,经济发达,国内市场潜力大,科技创新中心城市聚集企业数量和类型多,相互接触、交流频繁,易于产生知识溢出,而中、西部地区,经济相对不发达,国内市场潜力相对小,科技创新中心城市聚集企业相对少,企业之间的接触和交流相对少,不易于产生知识溢出。在国内市场潜力带来的本地市场效应的影响下,知识型企业向东部地区科技创新中心城市聚集。

表3-11 不同地区国内市场潜力通过知识溢出影响知识型企业区位选择分析

	东部地区 (1)			中部地区 (2)			西部地区 (3)		
	Cxzxcity	Yc	Cxzxcity	Cxzxcity	Yc	Cxzxcity	Cxzxcity	Yc	Cxzxcity
Scql	2.345***	4.912***	2.752***	0.872***	5.704***	0.782***	-0.334	9.031***	-1.240**
	(13.29)	(37.31)	(13.01)	(3.68)	(11.86)	(2.92)	(-0.66)	(10.26)	(-2.17)
Yc			0.074***			0.015			0.103***
			(3.53)			(0.70)			(3.63)
Size	0.000	0.000***	0.000	-0.000	0.000	-0.000	0.000	-0.000	0.000
	(0.76)	(3.21)	(0.92)	(-1.26)	(1.30)	(-1.29)	(1.55)	(-0.76)	(1.31)
Age	-0.077***	-0.016*	-0.078***	-0.134***	0.413***	-0.140***	0.059	0.069	0.058
	(-6.68)	(-1.72)	(-6.75)	(-5.10)	(7.90)	(-5.06)	(1.61)	(1.03)	(1.57)
Ldzcbl	-0.673	-2.776***	-1.046	1.724	8.147***	1.618	1.667	2.688	1.780
	(-0.74)	(-3.87)	(-1.13)	(1.33)	(3.09)	(1.23)	(1.01)	(0.95)	(1.07)
Sdrl	-0.988	3.280***	-0.629	0.448	3.634	0.413	-7.012***	-2.080	-7.282***
	(-1.36)	(6.04)	(-0.86)	(0.36)	(1.39)	(0.33)	(-3.86)	(-0.71)	(-3.84)

续表

	东部地区 (1)			中部地区 (2)			西部地区 (3)		
	Cxzxcity	Yc	Cxzxcity	Cxzxcity	Yc	Cxzxcity	Cxzxcity	Yc	Cxzxcity
$Yyzjbl$	2.360**	2.573***	2.714***	-0.412	-4.037	-0.395	3.603**	1.240	3.722**
	(2.57)	(3.54)	(2.91)	(-0.29)	(-1.39)	(-0.27)	(2.20)	(0.42)	(2.19)
$Yszksub$	0.856**	-0.236	0.794**	-0.027	0.007	-0.028	4.332***	0.255	4.391***
	(2.26)	(-0.93)	(2.09)	(-0.43)	(0.29)	(-0.42)	(4.53)	(0.31)	(4.42)
$Gdzczzl$	0.016**	0.000	0.016**	-0.004	-0.001	-0.004	0.100*	0.030	0.070
	(2.38)	(0.78)	(2.43)	(-0.87)	(-0.77)	(-0.83)	(1.84)	(0.96)	(1.37)
$Zcfzl$	2.265***	0.903	2.468***	-0.461	-3.441	-0.452	2.822*	0.910	3.126**
	(2.74)	(1.41)	(2.95)	(-0.36)	(-1.37)	(-0.36)	(1.84)	(0.34)	(1.98)
$Zcbcl$	-1.261	-0.210	-1.194	1.335	0.417	1.353	4.544*	17.037***	3.396
	(-1.19)	(-0.34)	(-1.13)	(0.78)	(0.13)	(0.78)	(1.92)	(3.82)	(1.37)
$Zyywsrl$	-0.004	-0.033**	-0.007	-0.038	0.046	-0.040	0.194	-0.002	0.254
	(-0.21)	(-2.04)	(-0.38)	(-0.39)	(0.85)	(-0.41)	(0.70)	(-0.12)	(0.89)
$Indzcfzl$	0.911***	-0.336***	0.854***	-0.388	-2.085***	-0.361	0.551	-1.012	1.003
	(2.81)	(-3.23)	(2.63)	(-1.21)	(-4.15)	(-1.12)	(0.53)	(-0.63)	(0.82)
$Indzcbcl$	-0.003	0.002***	-0.003	-1.133	-1.225	-1.125	0.063	0.407	-0.030
	(-0.82)	(2.75)	(-0.73)	(-1.38)	(-0.97)	(-1.38)	(0.14)	(1.36)	(-0.06)
$Cons$	-36.994***	-58.846***	-42.039***	-12.800***	-81.794***	-11.503***	1.007	-127.848***	13.275
	(-12.89)	(-27.56)	(-13.03)	(-3.44)	(-10.88)	(-2.78)	(0.13)	(-9.27)	(1.50)
$Sobel$		-3.613*			0.823			0.806	
N	2824	2824	2824	519	519	519	384	384	384

注: ***、** 和 * 分别表示在1%、5%和10%水平上显著;括号中为参数估计的 t 值。

表3-12表示东、中和西部地区国际市场潜力在融资约束机制下对知识型企业区位选择的影响。模型(1)—(3)分别表示东、中和西部地区国际市场潜力在企业融资约束机制下对知识型企业区位选择的影响。从整体上看,在10%的显著水平上,在融资约束机制下,国际市场潜力对知识型企业选择科技创新中心城市的影响显著。根据中介效应逐步法,在模型(1)中,国际市场潜力对企业融资约束和知识型企业选择科技创新中心城市的影响均显著,东部地区知识

型企业假设3a成立。进一步研究发现,随着东部地区国际市场潜力的增加,知识型企业融资约束进一步缓解,知识型企业选择科技创新中心城市的几率比增加。在模型(2)中,根据中介效应逐步法,第三步回归时,中部地区融资约束对知识型企业选择科技创新中心城市的影响不显著,中介效应检验Sobel统计量为6.884,中部地区知识型企业假设3a成立。进一步研究发现,随着中部地区国际市场潜力的增加,企业融资约束进一步缓解,知识型企业区位选择科技创新中心城市的几率比也随之减少。在模型(3)中,根据中介效应逐步法,西部地区国际市场潜力对企业融资约束以及知识型企业选择科技创新中心城市的影响均不显著,西部地区知识型企业假设3a不成立。上述融资约束机制下,知识型企业区位选择差异的原因可能在于中、东部地区开放度较高,国际市场潜力较大,国际市场潜力引发的本地市场效应较强,而西部地区地处内陆,与国外贸易往来没有东南沿海地区便利,使其国际市场潜力对本地融资约束影响有限,对知识型企业吸引力不足。

表3-12 不同地区国际市场潜力通过融资约束影响知识型企业区位选择分析

	东部地区 (1)			中部地区 (2)			西部地区 (3)		
	$Cxzxcity$	SA	$Cxzxcity$	$Cxzxcity$	SA	$Cxzxcity$	$Cxzxcity$	SA	$Cxzxcity$
Ck	1.206***	0.014***	1.216***	1.934***	0.027***	2.023***	4.819***	0.002	4.902***
	(20.30)	(4.87)	(20.28)	(9.38)	(7.00)	(8.89)	(5.91)	(0.64)	(5.62)
SA			1.979***			-2.074			0.891
			(3.91)			(-1.34)			(0.33)
$Size$	0.000	0.000***	0.000***	-0.000	0.000***	0.000	0.000	0.000***	0.000
	(0.30)	(63.99)	(2.71)	(-0.52)	(31.69)	(0.84)	(1.13)	(37.05)	(0.32)
Age	-0.099***	-0.034***	-0.170***	-0.089**	-0.037***	-0.163**	-0.875***	-0.036***	-0.853***
	(-7.49)	(-45.28)	(-7.28)	(-2.52)	(-25.97)	(-2.46)	(-5.02)	(-23.86)	(-4.61)
$Ldzcbl$	-0.252	-0.382***	-1.004	7.207***	-0.073	7.058***	26.230***	-0.191**	27.169***
	(-0.22)	(-6.52)	(-0.84)	(3.71)	(-1.12)	(3.58)	(3.85)	(-2.48)	(3.61)
$Sdrl$	-3.232***	-0.073*	-3.318***	0.326	-0.206***	0.152	-23.414***	0.004	-24.516***
	(-3.58)	(-1.76)	(-3.64)	(0.15)	(-2.83)	(0.06)	(-3.23)	(0.05)	(-3.03)

续表

	东部地区 (1)			中部地区 (2)			西部地区 (3)		
	Cxzxcity	SA	Cxzxcity	Cxzxcity	SA	Cxzxcity	Cxzxcity	SA	Cxzxcity
Yyzjbl	1.520	0.274***	2.059*	-5.335**	0.060	-5.038**	-8.846	0.199**	-9.536
	(1.36)	(4.62)	(1.80)	(-2.57)	(0.86)	(-2.39)	(-1.61)	(2.41)	(-1.60)
Yszksub	1.778***	-0.057***	1.675***	-0.019	-0.001*	-0.214	5.986**	-0.055**	6.598*
	(4.50)	(-4.60)	(4.24)	(-0.06)	(-1.73)	(-0.27)	(1.98)	(-2.57)	(1.83)
Gdzczzl	0.085***	0.000***	0.095***	-0.010	-0.000***	-0.010	0.073	-0.002**	0.085
	(4.65)	(3.32)	(5.00)	(-0.71)	(-2.63)	(-0.76)	(0.47)	(-2.36)	(0.51)
Zcfzl	1.957*	0.672***	2.910***	-6.167***	0.332***	-5.302**	-7.630	0.300***	-8.250
	(1.90)	(12.50)	(2.72)	(-3.16)	(5.22)	(-2.57)	(-1.54)	(3.74)	(-1.54)
Zcbcl	-1.733	0.482***	-0.823	-1.776	0.519***	-1.028	7.667*	0.288***	7.477*
	(-1.34)	(9.14)	(-0.62)	(-0.83)	(5.68)	(-0.43)	(1.83)	(2.62)	(1.78)
Zyywsrl	-0.008	-0.002	-0.015	0.160	-0.007	0.151	-0.010	0.000	-0.010
	(-0.09)	(-0.40)	(-0.15)	(0.81)	(-1.63)	(0.80)	(-0.07)	(0.80)	(-0.06)
Indzcfzl	0.511	-0.012	0.418	-0.300	-0.026**	-0.356*	-3.928	-0.127***	-3.936
	(1.61)	(-1.39)	(1.39)	(-1.43)	(-2.38)	(-1.65)	(-1.26)	(-3.42)	(-1.24)
Indzcbcl	-0.002	0.000	-0.001	-0.079	-0.010**	-0.100	0.369	0.019***	0.364
	(-0.43)	(0.75)	(-0.32)	(-0.68)	(-2.03)	(-0.84)	(0.66)	(2.63)	(0.64)
Cons	-16.051***	-2.998***	-21.678***	-21.713***	-3.195***	-28.800***	-50.445***	-2.799***	-48.916***
	(-18.30)	(-67.82)	(-12.69)	(-8.57)	(-62.02)	(-4.78)	(-6.02)	(-51.46)	(-5.20)
Sobel		5.773***			6.884***			0.861	
N	3117	3117	3117	431	431	431	436	436	436

注：***、**和*分别表示在1%、5%和10%水平上显著；括号中为参数估计的t值。

表3-13表示东、中和西部地区国际市场潜力在企业人力资本机制下对知识型企业区位选择的影响。从整体上看，在10%的显著水平上，国际市场潜力对知识型企业选择科技创新中心城市的影响显著。根据中介效应逐步法，在模型(1)中，在10%的显著水平上，国际市场潜力对企业人力资本的影响不显著，中介效应Sobel检验统计量为-1.807，东部地区知识型企业假设3b成立。进一步分析发现，随着东部地区国际市场潜力的增加，东部地区企业的人力资本

随之增加,知识型企业选择科技创新中心城市的几率比增加。模型(2)表示中部地区国际市场潜力对知识型企业区位选择的影响,在10%的显著水平上,国际市场潜力的增加并未显著提升企业的人力资本水平,在模型(2)中,国际市场潜力和企业人力资本对各被解释变量的影响均显著,中部地区知识型企业假设3b成立。进一步研究发现,随着中部地区国际市场潜力的增加,企业的人力资本提升,知识型企业选择科技创新中心城市的几率比增加。在模型(3)中,根据中介效应逐步法,西部地区国际市场潜力对知识型企业区位选择的影响不显著,西部地区知识型企业假设3b不成立。进一步分析发现,在人力资本机制下国际市场潜力对中、东部地区和西部地区知识型企业区位选择的影响存在一定的差异,随着国际市场潜力的增加,提升了中、东部地区企业的人力资本水平,促使中、东部地区知识型企业选择科技创新中心城市。西部地区国际市场潜力的增加,抑制了知识型企业人力资本的增加,降低了西部地区知识型企业选择科技创新中心城市的几率比。

表3-13 不同地区国际市场潜力通过人力资本影响知识型企业区位选择分析

	东部地区 (1)			中部地区 (2)			西部地区 (3)		
	Cxzxcity	Hi	Cxzxcity	Cxzxcity	Hi	Cxzxcity	Cxzxcity	Hi	Cxzxcity
Ck	1.366***	0.020	1.394***	1.763***	0.134*	1.740***	4.819***	-0.003	0.172***
	(14.01)	(1.04)	(13.94)	(3.44)	(1.68)	(3.37)	(5.91)	(-0.08)	(18.22)
Hi			0.399***			0.820*			0.058***
			(3.89)			(1.87)			(3.20)
Size	0.000	0.000***	-0.000	-0.000	0.000***	-0.000	0.000	0.000***	-0.000**
	(0.31)	(20.05)	(-1.32)	(-0.79)	(3.33)	(-1.00)	(1.13)	(9.26)	(-2.40)
Age	-0.075***	0.010**	-0.080***	-0.126	0.007	-0.136	-0.875***	0.034**	-0.008**
	(-3.78)	(2.03)	(-4.00)	(-1.31)	(0.30)	(-1.26)	(-5.02)	(2.36)	(-2.42)
Ldzcbl	-2.406	1.142***	-2.011	6.830	-0.375	6.313	26.230***	4.649***	-0.127
	(-1.30)	(2.85)	(-1.09)	(1.52)	(-0.40)	(1.41)	(3.85)	(6.62)	(-0.68)
Sdrl	-2.472*	2.039***	-3.129**	-9.064	4.885***	-9.528	-23.414***	0.801	-0.322**
	(-1.86)	(6.95)	(-2.36)	(-1.15)	(4.37)	(-1.24)	(-3.23)	(1.19)	(-2.00)

续表

	东部地区			中部地区			西部地区		
	(1)			(2)			(3)		
	Cxzxcity	Hi	Cxzxcity	Cxzxcity	Hi	Cxzxcity	Cxzxcity	Hi	Cxzxcity
Yyzjbl	3.137*	-1.573***	2.899	-2.636	-0.066	-2.301	-8.846	-5.023***	0.553***
	(1.75)	(-3.86)	(1.62)	(-0.55)	(-0.06)	(-0.46)	(-1.61)	(-6.81)	(2.79)
Yszksub	1.292**	-0.782***	1.567***	8.900	-0.225	6.415	5.986**	-0.306*	-0.003
	(2.22)	(-6.15)	(2.66)	(1.47)	(-0.63)	(1.14)	(1.98)	(-1.85)	(-0.09)
Gdzczzl	0.116***	0.001**	0.097***	-0.003	-0.001**	-0.001	0.073	-0.013**	-0.002
	(4.44)	(2.06)	(3.87)	(-0.70)	(-2.03)	(-0.26)	(0.47)	(-2.01)	(-1.13)
Zcfzl	2.837*	-0.121	2.228	-2.699	0.642	-4.851	-7.630	-3.648***	0.384**
	(1.78)	(-0.34)	(1.39)	(-0.64)	(0.67)	(-1.01)	(-1.54)	(-5.31)	(2.17)
Zcbcl	0.498	3.055***	-0.435	-5.003	0.927	-9.478	7.667*	-4.183***	0.875**
	(0.23)	(6.48)	(-0.20)	(-0.54)	(0.45)	(-0.90)	(1.83)	(-3.01)	(2.56)
Zyywsrl	0.046	-0.199***	0.111	0.396	-0.480	0.339	-0.010	-0.073	0.018
	(0.24)	(-7.77)	(0.58)	(0.20)	(-1.60)	(0.16)	(-0.07)	(-0.55)	(0.55)
Indzcfzl	-1.382	-4.274***	0.173	-4.236	-2.319***	-2.931	-3.928	-3.207***	-0.348*
	(-0.93)	(-13.42)	(0.11)	(-0.91)	(-2.63)	(-0.57)	(-1.26)	(-4.07)	(-1.76)
Indzcbcl	0.351	-0.635***	0.640	2.640	-0.123	3.722	0.369	0.136	-0.048
	(0.44)	(-3.52)	(0.78)	(0.51)	(-0.21)	(0.65)	(0.66)	(0.22)	(-0.33)
Cons	-18.056***	10.964***	-22.593***	-19.102**	8.009***	-25.398***	-50.445***	10.402***	-2.066***
	(-10.95)	(32.06)	(-10.73)	(-2.56)	(5.97)	(-3.02)	(-6.02)	(15.30)	(-8.28)
Sobel		1.807*			1.897*			0.861	
N	1733	1733	1733	133	133	133	190	190	190

注：***、**和*分别表示在1%、5%和10%水平上显著；括号中为参数估计的t值。

表3-14表示东、中和西部地区国际市场潜力在知识溢出机制下对知识型企业区位选择的影响。从整体上看，在1%的显著水平上，国际市场潜力对知识型企业选择科技创新中心城市的影响显著。根据中介效应逐步法，在模型（1）中，国际市场潜力和企业知识溢出对各被解释变量的影响均显著，东部地区知识型企业假设3c成立。进一步研究发现，随着中部地区国际市场潜力的增加，知识型企业的知识溢出增强，知识型企业选择科技创新中心城市的几率比增

加。在模型(2)和(3)中,10%的显著水平上,在第三步回归中,知识溢出对知识型企业选择科技创新中心城市的影响均不显著,中介效应 Sobel 检验统计量分别为 0.530 和 -0.765,因此,中、西部地区知识型企业假设 3c 不成立。东部与中、西部地区存在差异的原因可能是,东部地区开发程度高,聚集的企业数量和种类较多,易于产生知识溢出,这是知识型企业选择东部地区科技创新中心城市的根本原因。中、西部地区地处内陆,企业数量和种类相对不足,产生的知识溢出相对较少,因而就知识溢出而言,对知识型企业的吸引力相对不足。

表 3-14 不同地区国际市场潜力通过知识溢出影响知识型企业区位选择分析

	东部地区 (1)			中部地区 (2)			西部地区 (3)		
	Cxzxcity	Yc	Cxzxcity	Cxzxcity	Yc	Cxzxcity	Cxzxcity	Yc	Cxzxcity
Ck	1.286***	0.931***	1.545***	1.752***	1.700***	1.732***	8.222***	0.878***	11.008***
	(18.03)	(23.26)	(17.77)	(7.52)	(6.28)	(7.25)	(3.38)	(5.21)	(2.77)
Yc			0.190***			0.037			0.375
			(6.64)			(1.25)			(1.58)
Size	-0.000	0.000***	0.000	-0.000	0.000	-0.000	0.000	0.000***	0.000
	(-0.12)	(4.62)	(0.37)	(-0.13)	(0.92)	(-0.20)	(1.42)	(2.70)	(0.89)
Age	-0.079***	0.056***	-0.064***	-0.082*	0.737***	-0.116**	-1.350***	0.282***	-1.878**
	(-5.16)	(5.49)	(-4.06)	(-1.67)	(7.65)	(-2.05)	(-2.77)	(3.97)	(-2.42)
Ldzcbl	-3.001**	-3.941***	-4.673***	5.958***	6.281	5.976***	36.251**	1.992	54.432**
	(-2.11)	(-4.99)	(-3.02)	(2.80)	(1.57)	(2.77)	(2.06)	(0.63)	(2.25)
Sdrl	-2.887***	3.892***	-1.665	1.575	-0.082	1.643	-42.759**	-1.568	-66.286**
	(-2.85)	(6.41)	(-1.59)	(0.51)	(-0.02)	(0.53)	(-1.96)	(-0.46)	(-2.17)
Yyzjbl	3.870***	3.549***	5.507***	-3.460	5.744	-3.892	-15.119	-0.217	-18.491
	(2.83)	(4.44)	(3.72)	(-1.42)	(1.28)	(-1.56)	(-1.01)	(-0.06)	(-1.17)
Yszksub	1.470***	0.657**	1.353***	-0.553	0.036	-0.615	12.635	0.698	16.731
	(3.06)	(2.35)	(2.76)	(-0.48)	(1.10)	(-0.52)	(1.23)	(0.74)	(1.47)
Gdzczzl	0.094***	0.001*	0.099***	-0.006	0.001	-0.008	0.301	0.013	0.450
	(4.93)	(1.65)	(5.22)	(-0.43)	(0.19)	(-0.51)	(0.83)	(0.38)	(1.20)
Zcfzl	3.612***	0.755	4.552***	-5.083**	4.249	-5.579**	-18.674	-6.838**	-24.434
	(2.91)	(1.07)	(3.39)	(-2.27)	(1.05)	(-2.42)	(-1.40)	(-2.11)	(-1.63)

续表

	东部地区 (1)			中部地区 (2)			西部地区 (3)		
	Cxzxcity	Yc	Cxzxcity	Cxzxcity	Yc	Cxzxcity	Cxzxcity	Yc	Cxzxcity
Zcbcl	0.260	0.167	0.797	-1.527	1.185	-1.805	-1.829	7.998	-1.660
	(0.20)	(0.24)	(0.71)	(-0.64)	(0.24)	(-0.73)	(-0.23)	(1.57)	(-0.18)
Zyywsrl	0.004	-0.133**	-0.051	0.119	0.127	0.131	1.972	0.002	0.679
	(0.04)	(-2.44)	(-0.43)	(0.58)	(0.56)	(0.64)	(0.84)	(0.11)	(0.16)
Indzcfzl	0.231	-0.979***	-0.005	-0.642	-3.285***	-0.509	-7.157	-5.576***	-1.489
	(0.98)	(-8.94)	(-0.03)	(-1.41)	(-4.64)	(-1.11)	(-1.35)	(-3.45)	(-0.20)
Indzcbcl	0.000	0.005***	0.001	-1.557	-2.594	-1.415	0.809	0.982***	-0.302
	(0.01)	(5.74)	(0.27)	(-1.35)	(-1.50)	(-1.25)	(0.77)	(3.16)	(-0.17)
Cons	-17.313***	6.751***	-17.302***	-19.715***	-20.908***	-19.305***	-83.072***	4.671*	-121.281***
	(-16.12)	(10.33)	(-14.96)	(-6.26)	(-5.11)	(-6.02)	(-3.50)	(1.83)	(-2.79)
Sobel		-7.817***			0.530			-0.765	
N	2634	2634	2634	290	290	290	329	329	329

注：***、**和*分别表示在1%、5%和10%水平上显著；括号中为参数估计的t值。

第四节 本章小结

通过第二章企业区位选择视角下科技创新中心城市形成机理分析,本章研究了地理区位、企业区位选择与科技创新中心城市形成的作用机理,从国内市场潜力和国际市场潜力两个维度研究了地理区位对知识型企业选择科技创新中心城市的一般作用机制和影响途径。依据2004—2018年中国A股649家上市公司的知识型企业数据,采用Logit模型和中介效应逐步法(Causal Steps Approach)对定性分析的结果进行了实证检验。研究发现：

首先,国内和国际市场潜力均可以缓解知识型企业面临的融资约束,提升企业人力资本以及知识溢出水平,驱使知识型企业选择科技创新中心城市。

其次,国内市场潜力对知识型企业选择科技创新中心城市的融资约束机制不因企业属性的变化而变化,但人力资本和知识溢出机制却因企业属性的不同而不同,国内市场潜力对知识型企业选择科技创新中心城市的融资约束、人力资本和知识溢出机制因地区差异而不同。

最后,国际市场潜力对知识型企业选择科技创新中心城市的融资约束机制不因企业属性差异而改变,但人力资本机制却因企业属性差别而迥异,对知识溢出机制不因企业属性变动而变动。国际市场潜力对知识型企业选择科技创新中心城市的融资约束、人力资本和知识溢出机制因地区差别而变化。

第四章 产业政策、企业区位选择与科技创新中心城市形成实证分析

通过对已有文献的梳理和相关理论模型的推导发现,产业政策的实施不仅能缓解企业的融资约束压力,减少企业创新过程中的不确定性,而且能够提高企业的人力资本和知识溢出水平,激发企业研发动机,促进企业创新。基于此,本章依据第三章企业区位选择视角下科技创新中心城市形成机理分析结论,借鉴已有的研究成果,进一步分析产业政策通过改变企业融资约束、人力资本和知识溢出,对知识型企业选择科技创新中心城市的影响,并依据 2004—2018 年中国 A 股 649 家上市公司的知识型企业数据,验证产业政策对知识型企业选择科技创新中心城市的一般作用机制和影响途径。

第一节 研究假设的提出

一、产业政策、企业融资约束与科技创新中心城市形成

知识型企业在从事研发活动的过程中,需要数额巨大的研发资金。一方面,由于知识型企业研发周期长,且存在着很大的不确定性,仅仅依靠自有资金很难支撑研发活动;另一方面,由于技术创新具有外部性,存在创新被模仿而使企业受损的风险,企业研发投资的意愿不高,迫切需要政府制定各项支持政策,激励企业开展研发活动(Rao et al.,2016)。产业政策的认证效应,帮助创新企业传递真实的信息,提高银行的认可度,克服信息不对称问题,缓解创新企业的融资约束,从而有效地帮助创新企业获取外部融资(李莉 等,2015)。为此,中国各级政府出台一系列产业政策,其中,税收优惠和政府补贴是常用的产业政策。通过实施税收减免、对创新投入设备的加速折旧、研发费用的加计扣除等

优惠政策,不仅能直接降低企业研发活动成本,而且能减少研发过程中的现金流出量,促使企业不断积累内部资金,提高研发活动的内源融资能力。在产业起步阶段,政府补贴能够增加企业发展初期的资产,使其具有更大的盈利能力,提高创新投资回报率,增加知识型企业内源融资能力。不但如此,政府补贴能够降低企业自身研发活动的成本,分散企业研发活动的风险,在一定程度上降低了企业研发投资的融资约束。伴随着政府补贴政策的实施,知识型企业的创新能力和绩效水平不断提升,从而形成激励机制,吸引更多的知识型企业选择实施产业政策的科技创新中心城市。在产业政策实施过程中,周边地区的知识型企业为了缓解自身的融资约束,争相向实施产业政策的科技创新中心城市集聚,形成知识型企业在科技创新中心城市的空间集聚。知识型企业的空间集聚又促使产业政策向相关行业延伸,科技创新中心城市的集聚和辐射能力进一步得到增强。基于此,提出研究假设4a。

假设4a:产业政策的实施有效地缓解了知识型企业的融资约束,促使知识型企业选择科技创新中心城市。

二、产业政策、企业人力资本与科技创新中心城市形成

科技创新产业一直是政府扶持的重点领域,伴随着政府各项扶持政策的颁布和实施,各种税收优惠与政府补贴政策对知识型企业具有较强的吸引力,知识型企业纷纷向科技创新中心城市聚集,促使区域内劳动力市场迅速发展,增加了人才搜寻就业岗位的密度和广度,降低了搜寻成本;与此同时,劳动力市场迅猛发展意味着有更多的就业机会,存在较低的流动风险,人才为此付出的交易成本也大幅降低,从而吸引各类人才的集聚。当科技创新中心城市发展到一定阶段时,人才需求剧增,在产业政策的激励下,必然会吸引大量的高素质劳动力向该区域流动、集聚。各类人才在区域内的集聚,便于人才之间的频繁接触、互相学习、交流经验和分享信息,通过"干中学"积累更多的人力资本。

在扶持知识型企业研发的过程中,政府通过实施个人所得税优惠政策和人才补贴政策,给予高层次专门人才各种优惠和奖励,减少科技工作者流失,激发科技工作者的工作热情,吸引更多的创新人才流向企业开展研发活动

(储德银 等,2016)。除此以外,税收优惠和政府补贴政策还增加了知识型企业对人力资本的投入。随着企业人力资本水平的提升,企业内部员工的知识利用效率得到提升,企业内部员工的创新潜力被极大的挖掘(安同良 等,2009),促进了科技创新中心城市的形成。基于此,提出研究假设4b。

假设4b:产业政策的实施有效地增加了知识型企业的人力资本,驱使知识型企业选择科技创新中心城市。

三、产业政策、企业知识溢出与科技创新中心城市形成

创新知识就其本质而言具有"非排他性"。一个厂商使用了某一创新性的知识,并不能阻碍其他厂商也使用这一知识,而且一旦该知识被发现可以提高产品质量或降低生产成本以及增加新品种等,该知识将被迅速扩散,但是拥有该知识的厂商却没有从中获得全部收益,这种知识的外部性表现称之为"知识溢出效应"。科技创新中心城市是产业的集聚区,知识溢出有正反两个方面的效应,一方面,地理临近性使得知识溢出更加容易、迅速,促使企业间知识共享,提高了集聚区的创新优势;另一方面,滋生了"免费搭便车"的行为,削弱了企业的创新动力,有可能最终会抑制科学技术的进步,所以,知识溢出对集群内部成员企业创新行为的激励是有条件的。为了补偿外部性给科技创新企业带来的外溢损失,保护科技创新企业的创新利益,实施政府补贴就成为激励企业进行科技创新最适宜的措施之一。为此,政府通过颁布和实施产业政策,引导资源流向战略领域(即科技创新领域),特别在经济发展初期,政府更应该提供设备、引进技术、发展科研,并协调大规模创新投入(Aghion et al.,2012),以促进知识溢出。当然,政府的作用并非挑选与辨别赢家,而是基于一定范围,制定政策、鼓励创新,促进知识社会的快速成长(林毅夫 等,2018),促进科技创新中心城市的形成。基于此,提出研究假设4c。

假设4c:产业政策的实施有效地增加了知识型企业的知识溢出,驱使知识型企业选择科技创新中心城市。

第二节 模型设定与变量说明

一、变量选择

（一）被解释变量

本文把知识型企业选择科技创新中心城市记为1，知识型企业不选择科技创新中心城市记为0。具体计算过程见第三章被解释变量部分。

（二）解释变量

政府补贴：上市公司获得地方政府的财政补贴收入的总值反映在利润表中的"补贴收入"项目中。补贴收入的明细科目来自会计报表附注中关于补贴收入的信息披露。这些明细包括增值税返还、财政补贴、财政综合、新产品和创新奖励、所得税返还等。其中，增值税返还政策大部分由中央制定，本文借鉴已有文献，将增值税返还从总补贴收入中剔除（唐清泉 等，2007）。以公司所获得的补贴收入与总资产的比值来定义政府补贴，记作 $Zfbt$。

税收优惠：借鉴 Aghion（2012）的做法，通过所得税费用减去递延所得税费用的差值，与息税前利润的比值计算获得，记作 $Shyh$。

（三）中介变量

由于中介变量的选取和解释与第三章中介变量的选取和解释相同，这里不再一一赘述，只作简要说明。

1. 融资约束

借鉴已有文献，使用 SA 指数（Hadlock et al.,2010）和 WW 指数（Whited et al.,2006）衡量知识型企业的融资约束程度。

2. 人力资本

人力资本指标使用教育年限法，借鉴岳书敬和刘朝明（2006）以及陈关聚（2012）的研究成果，记作 Hi。为了对实证结果进行稳健性检验，借鉴赵领娣（2014）等人的研究成果，人力资本稳健性指标记做 Hin。

3. 知识溢出

企业知识溢出借鉴王文翌和安同良（2014）的研究成果，知识溢出记作 Yc。

第四章 产业政策、企业区位选择与科技创新中心城市形成实证分析

为了对实证结果进行稳健性检验,借鉴符淼(2009)的研究成果,稳健性检验知识溢出记作 Ycn。

（四）控制变量

由于控制变量的选取和解释与第三章控制变量的选取和解释相同,这里不再一一赘述,只作简要说明。

1. 企业的特征变量:采用企业规模($Size$)和企业年龄(Age)。

2. 企业的财务变量:选择资产负债率($Zcfz$)和速动比率(Sdr)反映企业偿债能力;使用应收账款与收入比($Yszksub$)、固定资产周转率($Gdzczz$)和营运资金周转率($Yyzjb$)反映企业资产的利用效率;使用资产报酬率($Zcbcl$)反映盈利能力;使用主营业务收入增长率($Zyywsr$)反映成长性;使用流动资产比率($Ldzcb$)反映资本结构。

3. 行业控制变量:行业财务杠杆和行业资产报酬率分别记作 $Indzcfzl$ 和 $Indzcbcl$。

各个变量具体情况见表 4 – 1。

表 4 – 1 变量基本情况

变量名称	变量标记	变量定义
被解释变量		
知识型企业区位选择	$Cxzxcity$	同第三章被解释变量定义
解释变量		
政府补贴	$Zfbt$	参照唐清泉和罗党论(2007)
税收优惠	$Shyh$	参照 Aghion 等(2012)
中介变量		
融资约束	SA	同第三章中介变量定义
人力资本	Hi	
知识溢出	Yc	
控制变量		
企业特征变量		
企业规模	$Size$	

续表

变量名称	变量标记	变量定义
企业年龄	Age	
动资产比率	Ldzcb	
动比率	Sdr	
营运资金周转率	Yyzjb	
应收账款与收入比	Yszksub	
固定资产周转率	Gdzczz	同第三章控制变量定义
资产负债率	Zcfz	
资产报酬率	Zcbcl	
主营业务收入增长率	Zyywsr	
行业特征变量		
行业财务杠杆	Indzcfzl	
行业资产报酬率	Indzcbcl	

二、数据来源

本章主要从微观企业层面对产业政策、企业区位选择与科技创新中心城市的形成进行实证分析,数据来源和样本选择过程如下:

被解释变量,知识型企业区位选择,通过《中国城市统计年鉴》和国泰安(CSMAR)数据库获得;解释变量,政府补贴和税收优惠通过2004—2018年A股上市公司年报数据计算获得;控制变量主要通过国泰安(CSMAR)数据库获得。

首先,通过寻找2004—2018年中国A股上市公司数据,剔除ST、*ST、**ST公司以及金融类上市公司。其次,通过Wind数据库获取上市公司政府补贴和税收优惠的相关数据,再次,依据上市公司年报获取企业特征变量和行业特征变量,进一步计算企业融资约束、人力资本和知识溢出。最后,知识型企业选择参照中国证券监督管理委员会《上市公司行业分类指引》(2001)和国家统计局

《高技术产业统计分类目录》(2002),选取证监会行业分类中的电子业、医药生物制品业和信息技术业等三大类公司代表知识型企业,依据知识型企业的定义,按照行业代码筛选并匹配出企业层面的数据。

三、描述性统计

表4-2表示相关变量的统计性描述。在表4-2中,政府补贴和税收优惠均值分别为0.007和0.190,标准差为0.010和1.332,表明政府补贴的变化较小,税收优惠的波动较大。

表4-2 描述性统计分析

Variable	Obs	Mean	Std. Dev.	Min	Max
Cxzxcity	9,735	0.794	0.405	0.000	1.000
Zfbt	4,149	0.007	0.010	0.000	0.225
Shyh	4,471	0.190	1.332	-52.161	25.103
SA	6,951	-2.154	0.451	-3.829	-1.890
Hi	2,667	10.682	1.026	6.263	12.503
Yc	6,482	19.843	4.931	0.000	25.135
Size	6,951	10.750	1.208	8.779	15.066
Age	9,135	12.071	6.126	1.000	57.000
Ldzcb	5,063	0.619	0.202	0.135	0.971
Sdr	5,063	3.001	4.351	0.218	27.296
Yyzjb	5,063	0.311	0.272	-0.333	0.881
Yszksub	5,063	0.212	0.261	0.001	1.628
Gdzczz	5,063	9.212	20.032	0.321	145.195
Zcfz	4,975	0.372	0.201	0.033	0.827
Zcbcl	4,975	0.053	0.052	-0.168	0.209
Zyywsr	4,480	0.221	0.402	-0.540	2.573
Indzcfzl	4,975	0.472	0.222	0.258	1.741
Indzcbcl	4,975	0.052	0.112	-0.331	0.532

四、模型设定

由于知识型企业区位选择结果是离散型的变量,因此,模型的设定主要使用 Logit 模型进行分析。Logit 模型的设定不同于一般的计量模型,因变量是包含 0 或者 1 的离散型变量。Logit 模型能够预测企业区位选择的概率。设企业的区位选择变量为 Cxzxcity:

$$Cxzxcity \begin{cases} 1 & 知识型企业选择科技创新中心城市 \\ 0 & 知识型企业未选择科技创新中心城市 \end{cases} \quad (4-1)$$

产业政策(Zc)包括政府补贴(Bt)和税收优惠(Tax),建立知识型企业区位选择的 $Logit$ 模型:

$$Cxzxcity_{it} = \beta_0 Zc_{it} + x_{it}\beta + \varepsilon_{it} \quad (4-2)$$

$x_{it} = (Size_{it}, Age_{it}, Ldzcb_{it}, Sdr_{it}, Yyzjb_{it}, Yszksub_{it}, Gdzczz_{it}, Lxbz_{it}, Zcfz_{it}, Zcbcl_{it}, Zyywsr_{it}, Indzcfzl_{it}, Indzcbcl_{it})$,$\beta$ 为解释变量和控制变量的系数,$\beta = (\beta_1, \beta_2, \beta_3, \beta_4, \beta_5, \beta_7, \beta_8, \beta_9, \beta_{10}, \beta_{11}, \beta_{12}, \beta_{13})$。

本章通过分样本回归的方法验证融资约束(SA)、人力资本(Hi)和知识溢出(Yc)机制下产业政策对知识型企业区位选择的影响。将企业融资约束指数、人力资本变量和知识溢出变量按照升序排列,分别寻找上四分位(处在 75% 位置上的数值,记做 P75)和下四分位(处在 25% 位置上的数值,记做 P25),以此作为衡量标准,选取数值高于上四分位和低于下四分位的企业作为研究样本,分别建立高样本组和低样本组下产业政策对知识型企业区位选择影响的 Logit 模型:

$$Cxzxcity_{it}^h = \beta_0^h Zc_{it}^h + x_{it}^h \beta^h + \varepsilon_{it}^h \quad (4-3)$$

$$Cxzxcity_{it}^l = \beta_0^l Zc_{it}^l + x_{it}^l \beta^l + \varepsilon_{it}^l \quad (4-4)$$

其中,(4-3)式表示融资约束、人力资本和知识溢出处于上四分位的样本,反映低融资约束、高人力资本和高知识溢出机制下产业政策对知识型企业区位选择的影响。(4-4)式表示融资约束、人力资本和知识溢出处于下四分位的样本,反映高融资约束、低人力资本和低知识溢出机制下产业政策对知识型企业区位选择的影响。在(4-3)和(4-4)式中,当产业政策对知识型企业区位选择的影响在 10% 的水平上显著且高样本组中产业政策对知识型企业区位选择的影响效果更强时,上述机制存在。

第三节 实证分析

一、产业政策、企业区位选择与科技创新中心城市形成分析

表4-3反映了政府补贴对知识型企业区位选择的影响。模型(1)—(6)分别表示政府补贴通过改变企业融资约束、提升人力资本和知识溢出水平,影响知识型企业区位的选择。从整体上看,政府补贴对知识型企业区位选择的影响在10%的水平上显著,且随着政府补贴的增加,知识型企业选择科技创新中心城市的几率比随之增加。模型(1)—(2)表示在融资约束机制下政府补贴对知识型企业区位选择的影响。高融资约束条件和低融资约束条件下,政府补贴对知识型企业区位选择均产生正向影响且在10%的水平上显著。相较于低融资约束样本,在高融资约束样本中,政府补贴对知识型企业选择科技创新中心城市概率的作用效果更强,融资约束机制下政府补贴对知识型企业选择科技创新中心城市的影响存在,假设4a成立。模型(3)—(4)表示在人力资本机制下政府补贴对知识型企业区位选择的影响。低人力资本条件下政府补贴对知识型企业区位选择的影响在10%的水平上不显著。高人力资本条件下政府补贴对知识型企业区位选择产生正向影响且在1%的水平上显著,相较于低人力资本样本,在高人力资本样本中,政府补贴对知识型企业选择科技创新中心城市概率的作用效果更强,人力资本机制下政府补贴对知识型企业选择科技创新中心城市的影响存在,假设4b得到验证。进一步分析发现,高人力资本条件下政府补贴政策对知识型企业区位选择的引导作用存在一个"门槛",只有当知识型企业人力资本达到一定水平时,政府补贴的人力资本机制才能成立。模型(5)—(6)表示在知识溢出机制下政府补贴对知识型企业区位选择的影响。高知识溢出条件和低知识溢出条件下政府补贴对知识型企业区位选择均产生正向影响且在1%的水平上显著。相较于低知识溢出样本,在高知识溢出样本中,政府补贴对知识型企业选择科技创新中心城市概率的作用效果更强,知识溢出机制下政府补贴对知识型企业选择科技创新中心城市的影响存在,假设4c得到验证。

表4-3 政府补贴对知识型企业区位选择的影响

	融资约束机制		人力资本机制		知识溢出机制	
	Cxzxcity		Cxzxcity		Cxzxcity	
	(1)	(2)	(3)	(4)	(5)	(6)
	P75	P25	P75	P25	P75	P25
Bzbt	0.256*	0.497***	0.436***	-0.030	0.820***	0.608***
	(1.68)	(3.00)	(4.53)	(-0.18)	(3.33)	(4.59)
Size	0.000***	-0.000***	0.000***	-0.000	0.000*	0.000
	(4.54)	(-2.77)	(4.31)	(-0.41)	(1.91)	(0.83)
Age	-0.059***	0.036	-0.001	-0.054**	-0.135***	-0.011
	(-3.13)	(1.30)	(-0.06)	(-2.57)	(-5.86)	(-0.64)
Ldzcb	0.637	0.257	1.420*	1.196	-2.625	3.892***
	(0.70)	(0.13)	(1.66)	(0.80)	(-1.14)	(3.91)
Sdr	-2.095**	-0.499	-0.832	-2.567*	-0.413	-2.942***
	(-2.08)	(-0.38)	(-1.03)	(-1.79)	(-0.27)	(-2.79)
Yyzjb	0.943	0.750	1.529*	0.609	3.795*	-1.590
	(0.98)	(0.42)	(1.75)	(0.43)	(1.69)	(-1.59)
Yszksub	2.827***	0.879	1.349***	2.400***	0.395	0.777*
	(4.55)	(1.58)	(3.05)	(3.53)	(0.63)	(1.75)
Gdzczz	0.078***	0.243***	0.057***	0.023**	0.077***	0.030**
	(4.39)	(4.51)	(4.02)	(2.01)	(2.80)	(2.21)
Zcfz	-0.520	-0.072	1.050	-0.358	4.429**	-0.804
	(-0.58)	(-0.05)	(1.32)	(-0.30)	(2.19)	(-0.89)
Zcbcl	-1.194	1.243	-0.971	1.432	0.594	0.253
	(-0.61)	(0.63)	(-0.74)	(0.58)	(0.24)	(0.17)
Zyywsr	0.321	0.291	0.086	0.195	-0.020	-0.006
	(1.56)	(0.81)	(0.48)	(0.77)	(-0.07)	(-0.03)
Indzcfz	0.961*	0.953	0.058	5.119***	0.758	0.812**
	(1.86)	(1.35)	(0.51)	(3.09)	(0.50)	(2.37)
Indzcbc	1.683**	0.985	0.002	1.637*	-0.280	-0.002
	(2.06)	(1.23)	(0.30)	(1.78)	(-0.34)	(-0.09)
Cons	-0.124	-1.243	-1.329***	-1.347	1.853**	-1.696***
	(-0.25)	(-1.62)	(-3.87)	(-1.47)	(2.07)	(-3.48)
N	1141	674	1881	552	969	902

注：***、**和*分别表示在1%、5%和10%水平上显著；括号中为参数估计的t值。在融

资约束机制中,P25 表示高融资约束样本,P75 表示低融资约束样本。在人力资本机制中,P25 表示低人力资本样本,P75 表示高人力资本样本。在知识溢出机制中,P25 表示低知识溢出样本;P75 表示高知识溢出样本。

表4-4反映了税收优惠对知识型企业区位选择的影响。模型(1)—(6)分别表示税收优惠通过改变企业融资约束、提升人力资本和知识溢出水平,影响知识型企业区位的选择。从整体上看,税收优惠对知识型企业区位选择的影响在10%的水平上显著。模型(1)—(2)表示在融资约束机制下税收优惠对知识型企业区位选择的影响。高融资约束条件和低融资约束条件下,税收优惠对知识型企业区位选择的影响在10%的水平上均不显著,融资约束机制下税收优惠对知识型企业选择科技创新中心城市的影响不存在,假设4a不成立。模型(3)—(4)表示在人力资本机制下税收优惠对知识型企业区位选择的影响。高人力资本条件和低人力资本条件下税收优惠对知识型企业区位选择的影响在10%的水平上均不显著,人力资本机制下税收优惠对知识型企业选择科技创新中心城市的影响不存在,假设4b不成立。模型(5)—(6)表示在知识溢出机制下税收优惠对知识型企业区位选择的影响。低知识溢出条件下税收优惠对知识型企业区位选择的影响在10%的水平上不显著。高知识溢出条件税收优惠对知识型企业区位选择产生正向影响且在5%的水平上显著,相较于低知识溢出样本,在高知识溢出样本中,税收优惠对知识型企业选择科技创新中心城市概率的作用效果更强,知识溢出机制下税收优惠对知识型企业选择科技创新中心城市的影响存在,假设4c成立。进一步分析发现,高知识溢出条件下税收优惠政策对知识型企业区位选择的引导作用存在一个"门槛",只有当知识型企业知识溢出达到一定水平时,知识溢出机制下税收优惠对科技创新中心城市形成的影响才会存在。

表4-4 税收优惠对知识型企业区位选择的影响

	融资约束机制		人力资本机制		知识溢出机制	
	Cxzxcity		Cxzxcity		Cxzxcity	
	(1)	(2)	(3)	(4)	(5)	(6)
	P75	P25	P75	P25	P75	P25
Shyh	−0.151	−0.414	−0.309	0.044	−0.668**	0.268
	(−0.45)	(−1.37)	(−1.50)	(0.09)	(−2.09)	(0.94)

续表

	融资约束机制		人力资本机制		知识溢出机制	
	Cxzxcity		Cxzxcity		Cxzxcity	
	(1)	(2)	(3)	(4)	(5)	(6)
	P75	P25	P75	P25	P75	P25
Size	0.000***	0.000	0.000***	0.000	0.000***	0.000
	(4.45)	(0.08)	(4.97)	(1.19)	(4.28)	(0.24)
Age	-0.056***	0.022	0.017*	-0.025	0.035***	-0.023
	(-3.10)	(1.19)	(1.96)	(-1.25)	(2.79)	(-1.44)
Ldzcb	-0.101	2.863**	2.878***	0.087	3.152***	3.349***
	(-0.13)	(2.30)	(4.61)	(0.06)	(3.15)	(3.96)
Sdr	1.919*	2.042**	0.126	-1.149	-1.552*	-2.148**
	(1.81)	(2.20)	(0.21)	(-0.84)	(-1.82)	(-2.20)
Yyzjb	2.340***	-0.065	0.734	2.073	-0.389	-1.216
	(2.66)	(-0.05)	(1.15)	(1.50)	(-0.39)	(-1.41)
Yszksub	0.919*	-0.281	-0.131	2.463***	0.065	0.185
	(1.82)	(-0.93)	(-0.62)	(3.60)	(0.26)	(0.47)
Gdzczz	0.034***	-0.001	0.008*	0.004	0.122***	-0.004
	(3.17)	(-0.14)	(1.81)	(0.69)	(5.02)	(-0.87)
Zcfz	0.432	-0.223	0.694	0.335	-0.128	-0.241
	(0.52)	(-0.20)	(1.17)	(0.28)	(-0.14)	(-0.31)
Zcbcl	-0.111	0.550	-0.251	-2.191	-1.223	0.918
	(-0.06)	(0.40)	(-0.25)	(-0.93)	(-0.86)	(0.68)
Zyywsr	0.185	-0.016	-0.118	0.510*	-0.008	-0.007
	(0.96)	(-0.09)	(-0.99)	(1.77)	(-0.05)	(-0.04)
Indzcfz	0.337	-0.134	-0.015	2.873**	-0.670**	0.508**
	(0.92)	(-0.64)	(-0.22)	(2.00)	(-2.51)	(2.01)
Indzcbc	0.268	-0.328	0.024	2.023**	0.085	0.030
	(0.40)	(-0.66)	(0.80)	(2.06)	(0.17)	(0.31)
Cons	0.061	-0.977**	-1.399***	-1.207	-0.752**	-0.991**
	(0.14)	(-2.37)	(-5.93)	(-1.50)	(-2.14)	(-2.36)
N	1139	1154	2801	597	1819	937

注:***、**和*分别表示在1%、5%和10%水平上显著;括号中为参数估计的 t 值。在融

资约束机制中,P25 表示高融资约束样本,P75 表示低融资约束样本。在人力资本机制中,P25 表示低人力资本样本,P75 表示高人力资本样本。在知识溢出机制中,P25 表示低知识溢出样本;P75 表示高知识溢出样本。

对上述机制进行稳健性检验,融资约束使用 WW 指数表示,人力资本使用知识型企业本科以上职工数的自然对数表示,企业知识溢出使用符淼(2009)的企业间距离衰减系数测算。借鉴 Baron 和 Kenny(1986)的中介效应法,验证融资约束(SA)、人力资本(Hi)和知识溢出(Yc)机制下产业政策对知识型企业区位选择的影响。

表4-5反映政府补贴对知识型企业区位选择的影响。模型(1)—(3)分别表示政府补贴通过改变企业融资约束、提升人力资本和知识溢出水平,影响知识型企业区位的选择。从整体上看,政府补贴对知识型企业区位选择的影响在1%的水平上显著,且随着政府补贴水平的提升,知识型企业选择科技创新中心城市的几率比随之上升。模型(1)表示在融资约束机制下政府补贴对知识型企业区位选择的影响。无论融资约束处于何种水平,政府补贴的增加提高了知识型企业选择科技创新中心城市的几率比,且在1%的水平上显著,假设4a得到验证。模型(2)表示在人力资本机制下政府补贴对知识型企业区位选择的影响。无论企业人力资本处于何种水平,政府补贴的增加提高了知识型企业选择科技创新中心城市的几率比,且在1%的水平上显著,假设4b得到验证。模型(3)表示在知识溢出机制下政府补贴对知识型企业区位选择的影响。尽管在第二步回归中,政府补贴对知识溢出的影响不显著,但是,Sobel统计量为3.521,在1%的水平上显著,假设4c成立。

表4-5 政府补贴对知识型企业区位选择影响的稳健性检验

	融资约束机制 (1)			人力资本机制 (2)			知识溢出机制 (3)		
	$Cxzxcity$	WW	$Cxzxcity$	$Cxzxcity$	Hin	$Cxzxcity$	$Cxzxcity$	Ycn	$Cxzxcity$
$Bzbt$	0.373***	-0.004***	0.351***	0.293***	0.210***	0.239***	0.382***	0.132	0.362***
	(5.29)	(-4.55)	(4.98)	(3.23)	(8.52)	(2.61)	(5.35)	(1.58)	(5.04)
WW			-3.617***						
			(-3.47)						

续表

	融资约束机制 (1)			人力资本机制 (2)			知识溢出机制 (3)		
	Cxzxcity	WW	Cxzxcity	Cxzxcity	Hin	Cxzxcity	Cxzxcity	Ycn	Cxzxcity
Hin					0.241***				
					(4.07)				
Ycn									0.109***
									(10.04)
Size	0.000***	-0.000***	0.000***	0.000***	0.000***	0.000	0.000***	0.000***	0.000**
	(3.74)	(-51.79)	(5.01)	(2.59)	(26.48)	(0.23)	(3.70)	(8.63)	(2.26)
Age	-0.026***	-0.001***	-0.021**	-0.054***	0.005	-0.055***	-0.023***	0.137***	-0.041***
	(-2.99)	(-10.56)	(-2.37)	(-4.70)	(1.09)	(-4.77)	(-2.62)	(10.01)	(-4.46)
Ldzcbl	0.813	-0.000	0.859	0.391	1.224***	0.207	0.924	2.119**	0.944
	(1.29)	(-0.04)	(1.36)	(0.46)	(4.00)	(0.24)	(1.45)	(2.15)	(1.44)
Sdrl	-0.977*	0.007	-1.026*	-1.443**	2.240***	-1.917***	-1.177**	4.139***	-1.703***
	(-1.74)	(0.88)	(-1.82)	(-1.98)	(9.39)	(-2.60)	(-2.08)	(5.16)	(-2.95)
Yyzjbl	1.099*	0.030***	0.965	0.934	-1.661***	1.227	1.067*	-0.658	1.032
	(1.73)	(2.91)	(1.51)	(1.10)	(-5.31)	(1.44)	(1.66)	(-0.65)	(1.56)
Yszksub	1.521***	0.002	1.541***	1.911***	-0.580***	1.978***	1.579***	1.114***	1.389***
	(5.31)	(0.63)	(5.35)	(5.16)	(-5.75)	(5.37)	(5.43)	(3.13)	(4.81)
Gdzczzl	0.064***	-0.000	0.064***	0.097***	-0.003***	0.092***	0.062***	0.016***	0.053***
	(6.25)	(-1.08)	(6.28)	(6.21)	(-2.96)	(6.00)	(6.13)	(4.15)	(5.37)
Zcfzl	0.157	-0.038***	0.252	0.111	-0.604**	0.189	0.162	-4.736***	0.608
	(0.28)	(-4.10)	(0.44)	(0.15)	(-2.18)	(0.25)	(0.28)	(-5.25)	(1.03)
Zcbcl	-2.320**	-0.146***	-1.988**	-2.237*	1.583***	-2.712**	-2.312**	-6.046***	-1.758*
	(-2.44)	(-9.80)	(-2.06)	(-1.76)	(3.64)	(-2.11)	(-2.40)	(-4.18)	(-1.78)
Zyywsrl	0.321***	-0.035***	0.440***	0.381**	-0.236***	0.435***	0.326***	0.582***	0.269**
	(2.59)	(-19.88)	(3.44)	(2.32)	(-4.80)	(2.67)	(2.61)	(3.47)	(2.13)
Indzcfzl	0.023	-0.003**	0.038	-0.969	-3.388***	-0.227	0.001	-1.337***	0.205
	(0.22)	(-2.31)	(0.36)	(-1.39)	(-13.88)	(-0.32)	(0.01)	(-9.25)	(1.49)
Indzcbcl	0.002	0.000**	0.002	0.877*	-0.631***	1.084**	0.002	0.007***	0.001
	(0.26)	(2.31)	(0.25)	(1.72)	(-4.04)	(2.09)	(0.25)	(6.36)	(0.13)

续表

	融资约束机制 (1)			人力资本机制 (2)			知识溢出机制 (3)		
	Cxzxcity	WW	Cxzxcity	Cxzxcity	Hin	Cxzxcity	Cxzxcity	Ycn	Cxzxcity
Cons	−0.057	−0.888***	3.169***	0.973**	10.226***	−1.420**	−0.137	18.266***	−2.112***
	(−0.23)	(−31.91)	(3.30)	(2.28)	(71.84)	(−1.96)	(−0.55)	(49.29)	(−6.38)
Sobel		3.211***			2.831***			3.521***	
N	3626	3622	3622	2365	2365	2365	3571	3571	3571

注:***、**和*分别表示在1%、5%和10%水平上显著;括号中为参数估计的t值。

表4-6反映了税收优惠对知识型企业区位选择影响的稳健性检验。模型(1)—(3)分别表示税收优惠通过改变企业融资约束、提升人力资本和知识溢出水平,影响知识型企业的区位选择。模型(1)表示在融资约束机制下税收优惠对知识型企业区位选择的影响。无论融资约束处于何种水平,在10%的显著水平上,税收优惠的变化对知识型企业选择科技创新中心城市的影响不显著,假设4a不成立。模型(2)表示在人力资本机制下税收优惠对知识型企业区位选择的影响。无论人力资本处于何种水平,在10%的水平上,税收优惠的变化对知识型企业选择科技创新中心城市的影响不显著,假设4b不成立。模型(3)表示在知识溢出机制下税收优惠对知识型企业区位选择的影响。尽管在第二步回归中,税收优惠对知识溢出的影响不显著,但是,Sobel统计量为1.867,在10%的水平上显著,假设4c成立。

表4-6 税收优惠对知识型企业区位选择影响的稳健性检验

	融资约束 (1)			人力资本 (2)			知识溢出 (3)		
	Cxzxcity	WW	Cxzxcity	Cxzxcity	Hin	Cxzxcity	Cxzxcity	Ycn	Cxzxcity
Shyh	−0.015	0.000	−0.015	−0.039	0.019	−0.044	−0.006**	−0.012	−0.005
	(−0.57)	(0.07)	(−0.57)	(−0.84)	(1.16)	(−0.94)	(−2.22)	(−0.26)	(−0.19)
WW			−2.342***						
			(−2.72)						
Hin						0.305***			
						(5.37)			

续表

	融资约束 (1)			人力资本 (2)			知识溢出 (3)		
	Cxzxcity	WW	Cxzxcity	Cxzxcity	Hin	Cxzxcity	Cxzxcity	Ycn	Cxzxcity
Ycn									0.116***
									(11.63)
Size	0.000***	-0.000***	0.000***	0.000**	0.000***	-0.000	0.000***	0.000***	0.000*
	(4.53)	(-55.50)	(5.17)	(2.55)	(27.63)	(-0.44)	(3.76)	(9.31)	(1.91)
Age	0.001	-0.001***	0.003	-0.052***	0.003	-0.053***	-0.022***	0.150***	-0.043***
	(0.21)	(-6.88)	(0.51)	(-4.57)	(0.73)	(-4.68)	(-2.63)	(10.49)	(-4.92)
Ldzcbl	1.756***	0.002	1.787***	0.339	0.995***	0.091	1.024*	1.702*	0.914
	(3.45)	(0.20)	(3.50)	(0.41)	(3.22)	(0.11)	(1.76)	(1.71)	(1.53)
Sdf682	0.045	0.004	0.037	-0.497	2.458***	-1.172*		-0.151	4.738***
	(0.10)	(0.52)	(0.08)	(-0.71)	(10.35)	(-1.66)	(-0.29)	(5.80)	(-1.26)
Yyzjbl	0.966*	0.023**	0.896*	1.351	-1.400***	1.740**	1.331**	0.393	1.277**
	(1.86)	(2.50)	(1.72)	(1.61)	(-4.41)	(2.05)	(2.22)	(0.38)	(2.08)
Yszksub	0.280	0.005*	0.276	1.667***	-0.554***	1.760***	1.181***	1.005***	1.002***
	(1.59)	(1.78)	(1.57)	(4.71)	(-5.48)	(5.01)	(4.51)	(2.77)	(3.84)
Gdzczzl	0.016***	-0.000	0.016***	0.049***	-0.004***	0.046***	0.013***	0.011***	0.010***
	(3.91)	(-0.15)	(3.91)	(4.72)	(-3.43)	(4.68)	(3.37)	(2.99)	(2.80)
Zcfzl	0.194	-0.050***	0.281	0.536	-0.484*	0.669	0.478	-4.064***	0.942*
	(0.41)	(-6.01)	(0.59)	(0.72)	(-1.72)	(0.90)	(0.90)	(-4.47)	(1.72)
Zcbcl	-1.448*	-0.119***	-1.294*	-1.955	1.935***	-2.632**	-1.458*	-4.065***	-1.178
	(-1.87)	(-9.07)	(-1.66)	(-1.59)	(4.44)	(-2.11)	(-1.65)	(-2.78)	(-1.30)
Zyywsrl	0.211**	-0.035***	0.291***	0.429**	-0.271***	0.509***	0.275**	0.358**	0.256**
	(2.21)	(-22.84)	(2.92)	(2.67)	(-5.50)	(3.21)	(2.43)	(2.12)	(2.22)
Indzcfzl	-0.058	-0.000	-0.053	-1.439**	-3.802***	-0.402	-0.040	-1.486***	0.190
	(-0.78)	(-0.35)	(-0.73)	(-2.22)	(-15.92)	(-0.60)	(-0.45)	(-9.91)	(1.45)
Indzcbcl	0.029	0.000	0.029	0.783	-0.648***	1.060**	0.020	0.008***	0.007
	(0.83)	(1.08)	(0.85)	(1.57)	(-4.07)	(2.07)	(0.50)	(6.78)	(0.17)
Cons	-0.493***	-0.895***	1.598**	1.160***	10.503***	-1.957***	-0.035	17.665***	-2.032***
	(-2.63)	(-81.67)	(2.02)	(2.90)	(74.55)	(-2.78)	(-0.16)	(47.24)	(-6.87)
Sobel		0.817			1.154			1.867*	
N	4599	4595	4595	2399	2399	2399	3708	3708	3708

注：***、**和*分别表示在1%、5%和10%水平上显著；括号中为参数估计的t值。

二、企业异质性条件下产业政策、企业区位选择与科技创新中心城市形成分析

表4-7表示在企业异质性条件下政府补贴对知识型企业区位选择的影响。模型(1)—(12)分别表示引入企业异质性因素后,在融资约束、人力资本以及知识溢出机制下政府补贴对知识型企业区位选择的影响。从整体上看,政府补贴对知识型企业选择科技创新中心城市的影响在10%的水平上显著,且随着政府补贴的增加,知识型企业选择科技创新中心城市的几率比提升。然而,引入企业异质性因素后,政府补贴对知识型企业区位选择的影响存在一定的差异。

模型(1)—(2)表示在融资约束机制下政府补贴对国有知识型企业区位选择的影响。低融资约束条件下政府补贴对国有知识型企业区位选择的影响在10%的水平上不显著,高融资约束条件下政府补贴对国有知识型企业区位选择产生正向影响且在1%的水平上显著。相较于低融资约束样本,在高融资约束样本中,政府补贴对国有知识型企业选择科技创新中心城市概率的作用效果更强,融资约束机制下政府补贴对国有知识型企业选择科技创新中心城市的影响存在,假设4a得到验证。模型(3)—(4)表示在融资约束机制下政府补贴对民营知识型企业区位选择的影响。高融资约束条件和低融资约束条件下,政府补贴对民营知识型企业区位选择均产生正向影响且在10%的水平上显著。相较于低融资约束样本,在高融资约束样本中,政府补贴对民营知识型企业选择科技创新中心城市概率的作用效果更强,融资约束机制下政府补贴对民营知识型企业选择科技创新中心城市的影响存在,假设4a得到验证。进一步分析发现,高融资约束条件下政府补贴政策对国有知识型企业区位选择的引导作用存在一个"门槛",只有当国有知识型企业融资约束达到一定水平时,政府补贴的融资约束机制才能成立。

表 4-7　企业异质性条件下政府补贴对知识型企业区位选择的影响

	融资约束机制 $Cxzxcity$				人力资本机制 $Cxzxcity$				知识溢出机制 $Cxzxcity$			
	(1)国有 P75	(2)国有 P25	(3)民营 P75	(4)民营 P25	(5)国有 P75	(6)国有 P25	(7)民营 P75	(8)民营 P25	(9)国有 P75	(10)国有 P25	(11)民营 P75	(12)民营 P25
Bzbt	0.096	0.468***	0.227*	0.504***	0.498***	0.138	0.428***	-0.038	0.393***	0.454***	0.919***	0.630***
	(0.46)	(4.06)	(1.86)	(2.82)	(4.57)	(0.97)	(4.67)	(-0.22)	(2.66)	(2.64)	(3.42)	(5.11)
Size	0.000***	-0.000**	0.000***	-0.000*	0.000***	-0.000	0.000***	-0.000	0.000	-0.000	0.000*	0.000
	(4.38)	(-2.08)	(4.69)	(-1.87)	(4.46)	(-0.69)	(3.68)	(-0.26)	(1.05)	(-0.62)	(1.73)	(0.77)
Age	-0.082***	-0.002	-0.040**	0.052*	0.017	-0.064***	-0.007	-0.055**	-0.098***	-0.039*	-0.129***	0.003
	(-2.94)	(-0.12)	(-2.54)	(1.69)	(1.22)	(-3.85)	(-0.58)	(-2.54)	(-5.87)	(-1.78)	(-5.49)	(0.19)
Ldxcb	-0.668	1.600	0.736	0.809	1.769*	1.705	1.060	1.690	-3.296**	5.728***	-3.010	3.376***
	(-0.55)	(1.19)	(0.91)	(0.39)	(1.92)	(1.36)	(1.30)	(1.10)	(-2.02)	(4.62)	(-1.29)	(3.72)
Sdr	-2.977*	-1.763*	-0.437	0.251	-0.356	-1.934*	-1.268*	-2.074	-0.708	-3.756***	-0.175	-3.291***
	(-1.72)	(-1.79)	(-0.52)	(0.18)	(-0.41)	(-1.65)	(-1.67)	(-1.39)	(-0.62)	(-2.64)	(-0.11)	(-3.43)
Yyzjb	1.967	0.327	1.103	0.181	1.236	-0.759	1.737**	0.376	4.462***	-4.024***	3.793*	-1.030
	(1.55)	(0.25)	(1.30)	(0.10)	(1.30)	(-0.62)	(2.08)	(0.26)	(2.73)	(-3.20)	(1.66)	(-1.12)
Yszhsub	6.977***	1.507***	1.695***	0.676	0.768	1.959***	1.471***	2.326***	0.688	1.086*	0.185	0.933**
	(5.21)	(3.32)	(3.50)	(1.15)	(1.64)	(3.72)	(3.54)	(3.35)	(1.34)	(1.88)	(0.29)	(2.22)
Gdzczz	0.124***	0.095***	0.049***	0.228***	0.036***	0.043***	0.057***	0.021*	0.102***	0.012	0.071***	0.027**
	(4.02)	(4.26)	(4.06)	(4.02)	(2.79)	(2.86)	(4.35)	(1.86)	(4.36)	(1.03)	(2.59)	(2.25)

续表

	融资约束机制 Cxxcity				人力资本机制 Cxxcity				知识溢出机制 Cxxcity			
	(1)国有 P75	(2)国有 P25	(3)民营 P75	(4)民营 P25	(5)国有 P75	(6)国有 P25	(7)民营 P75	(8)民营 P25	(9)国有 P75	(10)国有 P25	(11)民营 P75	(12)民营 P25
Zcfz	0.125	0.817	-0.306	-0.924	0.818	-1.545	1.298*	-0.474	4.537***	-2.218**	4.341**	-0.656
	(0.10)	(0.72)	(-0.39)	(-0.56)	(0.94)	(-1.45)	(1.72)	(-0.39)	(3.03)	(-1.96)	(2.12)	(-0.79)
Zcbcl	4.187	-1.320	-2.696*	1.479	-1.950	-4.134**	-0.815	1.105	-0.827	1.798	0.686	-0.417
	(1.45)	(-0.92)	(-1.65)	(0.70)	(-1.35)	(-2.16)	(-0.64)	(0.44)	(-0.43)	(0.93)	(0.27)	(-0.29)
Zzywsr	0.315	0.021	0.542***	0.173	0.083	0.451**	0.110	0.137	0.151	0.284	-0.053	0.035
	(1.20)	(0.09)	(2.89)	(0.47)	(0.42)	(2.00)	(0.64)	(0.54)	(0.63)	(1.06)	(-0.18)	(0.19)
Indzcfz	0.736	-0.055	0.269	1.308	0.064	4.287***	0.042	5.596***	-1.092	0.635*	0.789	0.602*
	(0.99)	(-0.40)	(1.07)	(1.48)	(0.56)	(3.14)	(0.38)	(3.27)	(-1.37)	(1.77)	(0.51)	(1.88)
Indzcbc	0.579	0.002	0.792	1.550*	0.002	1.337*	0.002	1.688*	-0.270	0.022	-0.377	0.018
	(0.45)	(0.36)	(1.33)	(1.72)	(0.31)	(1.78)	(0.31)	(1.81)	(-0.43)	(0.16)	(-0.45)	(0.12)
Cons	-0.413	-0.597	-0.006	-1.785**	-1.451***	-0.190	-1.116***	-1.781**	2.159***	-1.255**	1.975**	-1.482***
	(-0.56)	(-1.30)	(-0.01)	(-2.00)	(-3.87)	(-0.26)	(-3.41)	(-1.84)	(3.65)	(-2.08)	(2.14)	(-3.34)
N	689	1285	1511	569	1557	943	2072	507	1458	562	848	1087

注:***、**和*分别表示在1%、5%和10%水平上显著;括号中为参数估计的t值。在融资约束机制中,P25表示高融资约束样本,P75表示低融资约束样本。在人力资本机制中,P25表示低人力资本样本,P75表示高人力资本样本。在知识溢出机制中,P25表示低知识溢出样本;P75表示高知识溢出样本。

模型(5)—(6)表示在人力资本机制下政府补贴对国有知识型企业区位选择的影响。低人力资本条件下政府补贴对国有知识型企业区位选择的影响在10%的水平上不显著。高人力资本条件下政府补贴对国有知识型企业区位选择产生正向影响且在1%的水平上显著,相较于低人力资本样本,在高人力资本样本中,政府补贴对国有知识型企业选择科技创新中心城市概率的作用效果更强,人力资本机制下政府补贴对国有知识型企业选择科技创新中心城市的影响存在,假设4b得到验证。模型(7)—(8)表示在人力资本机制下政府补贴对民营知识型企业区位选择的影响。低人力资本条件下政府补贴对民营知识型企业区位选择的影响在10%的水平上不显著。高人力资本条件下政府补贴对民营知识型企业区位选择产生正向影响且在1%的水平上显著,相较于低人力资本样本,在高人力资本样本中,政府补贴对民营知识型企业选择科技创新中心城市概率的作用效果更强,人力资本机制下政府补贴对民营知识型企业选择科技创新中心城市的影响存在,假设4b得到验证。进一步分析发现,高人力资本条件下政府补贴政策对民营知识型企业区位选择的引导作用存在一个"门槛",只有当民营知识型企业人力资本达到一定水平时,政府补贴的人力资本机制才能成立。

模型(9)—(10)表示在知识溢出机制下政府补贴对国有知识型企业区位选择的影响。高知识溢出条件和低知识溢出条件下政府补贴对国有知识型企业区位选择均产生正向影响且在1%的水平上显著。相较于高知识溢出样本,在低知识溢出样本中,政府补贴对国有知识型企业选择科技创新中心城市概率的作用效果更强,知识溢出机制下政府补贴对国有知识型企业选择科技创新中心城市的影响不存在,假设4c未得到验证。模型(11)—(12)表示在知识溢出机制下政府补贴对民营知识型企业区位选择的影响。高知识溢出条件和低知识溢出条件下政府补贴对民营知识型企业区位选择均产生正向影响且在1%的水平上显著。相较于低知识溢出样本,在高知识溢出样本中,政府补贴对民营知识型企业选择科技创新中心城市概率的作用效果更强,知识溢出机制下政府补贴对民营知识型企业选择科技创新中心城市的影响存在，假设4c得到验证。

表4-8表示在企业异质性条件下税收优惠对知识型企业区位选择的影响。模型（1）-（12）分别表示引入企业异质性因素后，在融资约束、人力资本以及知识溢出机制下税收优惠对知识型企业区位选择的影响。从整体上看，税收优惠对知识型企业选择科技创新中心城市的影响在10%的水平上显著，且随着税收优惠的增加，知识型企业选择科技创新中心城市的几率比提升。然而，引入企业异质性因素后，税收优惠对知识型企业区位选择的影响存在一定的差异。

模型（1）—（2）表示在融资约束机制下税收优惠对国有知识型企业区位选择的影响。低融资约束条件和高融资约束条件下税收优惠对国有知识型企业区位选择的影响在10%的水平上均不显著，融资约束机制下税收优惠对国有知识型企业选择科技创新中心城市的影响不存在，假设4a未得到验证。模型（3）—（4）表示在融资约束机制下税收优惠对民营知识型企业区位选择的影响。低融资约束条件下税收优惠对民营知识型企业区位选择影响在10%的水平上不显著，高融资约束条件下税收优惠对民营知识型企业区位选择产生正向影响且在10%的水平上显著。相较于低融资约束样本，在高融资约束样本中，税收优惠对民营知识型企业选择科技创新中心城市概率的作用效果更强，融资约束机制下税收优惠对民营知识型企业选择科技创新中心城市的影响存在，假设4a得到验证。进一步分析发现，高融资约束条件下税收优惠政策对民营知识型企业区位选择的引导作用存在一个"门槛"，只有当民营知识型企业融资约束达到一定程度时，税收优惠的融资约束机制才能成立。

模型（5）—（6）表示在人力资本机制下税收优惠对国有知识型企业区位选择的影响。低人力资本和高人力资本条件下税收优惠对国有知识型企业区位选择的影响在10%的水平上不显著。人力资本机制下税收优惠对国有知识型企业选择科技创新中心城市的影响不存在，假设4b未得到验证。模型（7）—（8）表示在人力资本机制下税收优惠对民营知识型企业区位选择的影响。低人力资本条件下税收优惠对民营知识型企业区位选择的影响在10%的水平上不

表4-8 企业异质性条件下税收优惠对知识型企业区位选择的影响

| | 融资约束机制 | | | | 人力资本机制 | | | | 知识溢出机制 | | | |
| | Cxzxcity | | | | Cxzxcity | | | | Cxzxcity | | | |
	(1)国有 P75	(2)国有 P25	(3)民营 P75	(4)民营 P25	(5)国有 P75	(6)国有 P25	(7)民营 P75	(8)民营 P25	(9)国有 P75	(10)国有 P25	(11)民营 P75	(12)民营 P25
Shyh	0.057	-0.192	-0.330	-0.579*	-0.295	-0.057	-0.306	-0.281	-0.587**	0.624*	-0.638**	0.177
	(0.14)	(-0.72)	(-1.15)	(-1.85)	(-1.40)	(-0.17)	(-1.56)	(-0.61)	(-2.22)	(1.75)	(-2.00)	(0.69)
Size	0.000***	-0.000	0.000***	-0.000	0.000***	0.000	0.000***	0.000	0.000***	-0.000	0.000***	0.000
	(3.88)	(-0.74)	(4.69)	(-0.58)	(5.48)	(0.21)	(4.72)	(0.92)	(3.51)	(-0.63)	(4.25)	(0.53)
Age	-0.068***	0.016	-0.043***	0.029	0.025**	-0.057***	0.018**	-0.045**	0.023**	-0.047**	0.032**	-0.010
	(-3.04)	(1.07)	(-2.92)	(1.42)	(2.61)	(-3.52)	(2.12)	(-2.22)	(2.18)	(-2.27)	(2.58)	(-0.74)
Ldxzb	-1.234	3.125**	0.591	2.394*	3.174***	1.571	2.716***	0.778	1.489*	4.655***	3.202***	2.844***
	(-1.29)	(3.03)	(0.80)	(1.72)	(4.89)	(1.31)	(4.47)	(0.55)	(1.67)	(4.37)	(3.18)	(3.63)
Sdr	3.664***	0.535	0.257	2.471**	-0.023	-0.508	-0.397	-0.537	-1.237	-3.435***	-1.393	-1.735**
	(2.71)	(0.67)	(0.31)	(2.48)	(-0.04)	(-0.45)	(-0.69)	(-0.40)	(-1.63)	(-2.61)	(-1.61)	(-1.98)
Yyzjb	4.243***	-0.016	1.847**	0.606	0.334	-0.159	0.830	1.036	0.998	-3.278***	-0.545	-0.515
	(3.85)	(-0.02)	(2.31)	(0.44)	(0.50)	(-0.13)	(1.33)	(0.74)	(1.12)	(-2.99)	(-0.55)	(-0.64)
Ysxksub	0.736	-0.009	0.616	-0.482	-0.361*	1.343***	-0.065	1.387**	0.098	0.430	0.007	0.376
	(1.13)	(-0.03)	(1.57)	(-1.50)	(-1.70)	(2.77)	(-0.32)	(2.29)	(0.41)	(0.90)	(0.03)	(1.05)
Gdxzz	0.023**	0.002	0.034***	0.001	0.004	0.013**	0.009**	0.005	0.131***	-0.008	0.112***	-0.004
	(2.36)	(0.50)	(3.52)	(0.21)	(0.98)	(1.85)	(2.09)	(0.84)	(6.13)	(-1.35)	(4.72)	(-0.97)

续表

	融资约束机制 Cxxcity					人力资本机制 Cxxcity					知识溢出机制 Cxxcity			
	(1)国有 P75	(2)国有 P25	(3)民营 P75	(4)民营 P25	(5)国有 P75	(6)国有 P25	(7)民营 P75	(8)民营 P25	(9)国有 P75	(10)国有 P25	(11)民营 P75	(12)民营 P25
Zcfz	1.269 (1.25)	0.010 (0.01)	0.208 (0.28)	0.451 (0.36)	0.623 (1.01)	−0.868 (−0.84)	0.866 (1.51)	−0.013 (−0.01)	0.728 (0.88)	−1.546 (−1.57)	−0.116 (−0.13)	−0.066 (−0.09)
Zcbcl	−2.407 (−1.05)	−1.073 (−0.94)	−2.566 (−1.57)	0.345 (0.24)	−0.525 (−0.52)	−4.114** (−2.21)	0.068 (0.07)	−0.235 (−0.10)	−1.499 (−1.18)	1.530 (0.90)	−1.061 (−0.74)	0.131 (0.10)
Zyywsr	0.336 (1.46)	0.000 (0.00)	0.222 (1.31)	0.008 (0.04)	−0.125 (−1.01)	0.494** (2.23)	−0.061 (−0.52)	0.326 (1.30)	0.063 (0.44)	0.163 (0.73)	−0.013 (−0.08)	0.020 (0.12)
Indzcfz	0.163 (0.62)	−0.087 (−0.72)	0.408 (1.38)	−0.061 (−0.31)	−0.008 (−0.11)	2.937** (2.43)	−0.026 (−0.38)	2.728* (1.93)	−0.744*** (−3.00)	0.398* (1.65)	−0.594** (−2.23)	0.367* (1.67)
Indzcbc	0.093 (0.52)	0.002 (0.35)	0.774 (1.33)	−0.165 (−0.80)	0.025 (0.83)	1.416* (1.87)	0.022 (0.74)	1.310 (1.48)	−0.072 (−0.34)	0.069 (0.64)	−0.052 (−0.10)	0.056 (0.55)
Cons	0.244 (0.48)	−0.912*** (−2.66)	0.070 (0.19)	−1.212*** (−2.70)	−1.468*** (−6.01)	−0.040 (−0.06)	−1.351*** (−5.90)	−0.539 (−0.67)	−0.266 (−0.85)	−0.635 (−1.20)	−0.820** (−2.30)	−0.935** (−2.51)
N	823	1621	1486	987	1562	913	2037	539	2372	587	1660	1163

注：***、** 和 * 分别表示在 1%、5% 和 10% 水平上显著；括号中为参数估计的 t 值。在融资约束机制中，P25 表示低融资约束样本，P75 表示高融资约束样本。在人力资本机制中，P25 表示低人力资本样本，P75 表示高人力资本样本。在知识溢出机制中，P25 表示低知识溢出样本；P75 表示高知识溢出样本。

显著。高人力资本条件下税收优惠对民营知识型企业区位选择产生正向影响且在1%的水平上显著,相较于低人力资本样本,在高人力资本样本中,税收优惠对民营知识型企业选择科技创新中心城市概率的作用效果更强,人力资本机制下税收优惠对民营知识型企业选择科技创新中心城市的影响存在,假设4b得到验证。进一步分析发现,高人力资本条件下税收优惠政策对民营知识型企业区位选择的引导作用存在一个"门槛",只有当民营知识型企业人力资本达到一定水平时,税收优惠的人力资本机制才能成立。

模型(9)—(10)表示在知识溢出机制下税收优惠对国有知识型企业区位选择的影响。低知识溢出条件下税收优惠对国有知识型企业区位选择的影响在10%的水平上不显著。高知识溢出条件下税收优惠对国有知识型企业区位选择产生正向影响且在1%的水平上显著,相较于低知识溢出样本,在高知识溢出样本中,税收优惠对国有知识型企业选择科技创新中心城市概率的作用效果更强,知识溢出机制下税收优惠对国有知识型企业选择科技创新中心城市的影响存在,假设4c得到验证。模型(11)—(12)表示在知识溢出机制下税收优惠对民营知识型企业区位选择的影响。低知识溢出条件下税收优惠对民营知识型企业区位选择的影响在10%的水平上不显著。高知识溢出条件下税收优惠对民营知识型企业区位选择产生正向影响且在5%的水平上显著,相较于低知识溢出样本,在高知识溢出样本中,税收优惠对民营知识型企业选择科技创新中心城市概率的作用效果更强,知识溢出机制下税收优惠对民营知识型企业选择科技创新中心城市的影响存在,假设4c得到验证。进一步分析发现,无论是国有还是民营知识型企业,高知识溢出条件下税收优惠政策对知识型企业区位选择的引导作用存在一个"门槛",只有当知识型企业知识溢出达到一定水平时,税收优惠的知识溢出机制才能成立。

三、地区异质性条件下产业政策、企业区位选择与科技创新中心城市形成分析

表4-9表示东、中和西部地区政府补贴在融资约束机制下对知识型企业

区位选择的影响。模型(1)—(6)分别表示东部、中部和西部地区政府补贴通过改变企业融资约束,影响知识型企业区位的选择。从整体上看,在融资约束机制下,政府补贴对知识型企业区位选择的影响在10%的水平上显著,且随着政府补贴的增加,知识型企业选择科技创新中心城市的几率比随之增加。模型(1)—(2)表示在融资约束机制下政府补贴对东部地区知识型企业区位选择的影响。低融资约束条件下政府补贴对东部地区知识型企业区位选择产生正向影响且在5%的水平上显著,高融资约束条件下政府补贴对东部地区知识型企业区位选择产生正向影响且在1%的水平上显著。相较于低融资约束样本,在高融资约束样本中,政府补贴对东部地区知识型企业选择科技创新中心城市概率的作用效果更强,融资约束机制下政府补贴对知识型企业选择科技创新中心城市的影响存在,假设4a得到验证。模型(3)—(4)表示在融资约束机制下政府补贴对中部地区知识型企业区位选择的影响。高融资约束条件和低融资约束条件下,政府补贴对中部地区知识型企业区位选择的影响在10%的水平上均不显著,融资约束机制下政府补贴对知识型企业选择科技创新中心城市的影响不存在,假设4a未得到验证。模型(5)—(6)表示在融资约束机制下政府补贴对西部地区知识型企业区位选择的影响。高融资约束条件和低融资约束条件下,政府补贴对西部地区知识型企业区位选择的影响在10%的水平上均不显著;融资约束机制下政府补贴对知识型企业选择科技创新中心城市的影响不存在,假设4a未得到验证。

表4-9 不同地区政府补贴通过融资约束影响知识型企业区位的选择

	东部地区		中部地区		西部地区	
	Cxzxcity		Cxzxcity		Cxzxcity	
	(1)	(2)	(3)	(4)	(5)	(6)
	P75	P25	P75	P25	P75	P25
Bzbt	0.508**	0.447*	0.166	-0.304	-0.253	0.045
	(2.09)	(1.77)	(0.52)	(-0.69)	(-0.32)	(0.09)
Size	0.000***	-0.000*	-0.000	-0.000*	0.000***	0.000
	(3.63)	(-1.70)	(-0.97)	(-1.77)	(2.66)	(0.95)

续表

	东部地区 Cxzxcity		中部地区 Cxzxcity		西部地区 Cxzxcity	
	(1)	(2)	(3)	(4)	(5)	(6)
	P75	P25	P75	P25	P75	P25
Age	-0.101***	-0.052	-0.000	-0.182	-0.161	-0.151
	(-4.18)	(-1.37)	(-0.00)	(-1.37)	(-1.20)	(-0.76)
$Ldzcb$	-1.429	-5.019	0.891	14.071	-14.656***	28.049**
	(-0.94)	(-1.28)	(0.42)	(1.39)	(-3.24)	(2.56)
Sdr	-3.345***	-4.306**	1.565	10.913**	-9.427	-26.212***
	(-2.65)	(-2.10)	(0.48)	(2.43)	(-1.19)	(-2.61)
$Yyzjb$	2.414	4.037	-0.215	-7.408	6.644	-18.081
	(1.54)	(1.07)	(-0.08)	(-0.89)	(1.61)	(-1.61)
$Yszksub$	2.221***	1.683*	3.966**	-3.370*	10.666***	22.054***
	(2.89)	(1.85)	(2.27)	(-1.95)	(3.35)	(3.23)
$Gdzczz$	0.071***	0.381***	0.047	0.104	1.718***	-0.250*
	(3.34)	(3.67)	(1.57)	(0.40)	(2.91)	(-1.67)
$Zcfz$	1.690	5.742*	-0.123	-11.744	4.575	-9.457
	(1.15)	(1.66)	(-0.05)	(-1.43)	(1.17)	(-1.03)
$Zcbcl$	-0.542	1.494	4.100	-1.378	15.321*	19.785
	(-0.21)	(0.51)	(0.54)	(-0.24)	(1.76)	(1.47)
$Zyywsr$	0.105	0.228	0.116	-0.015	0.688	5.966**
	(0.40)	(0.41)	(0.22)	(-0.02)	(0.41)	(2.07)
$Indzcfz$	0.553	0.812	-0.685	-1.102	-2.395	0.833
	(1.21)	(0.58)	(-0.31)	(-0.73)	(-0.32)	(0.16)
$Indzcbc$	1.522	0.434	0.532	-3.162	-23.333	0.209
	(1.46)	(0.42)	(0.21)	(-0.83)	(-1.22)	(0.03)
$Cons$	1.212**	1.613	-1.210	1.189	0.882	-6.258
	(2.02)	(1.30)	(-0.57)	(0.32)	(0.16)	(-1.25)
N	870	497	158	106	121	85

注:***、**和*分别表示在1%、5%和10%水平上显著;括号中为参数估计的t值。在融资约束机制中,P25表示高融资约束样本,P75表示低融资约束样本。

表4-10表示东、中和西部地区政府补贴在人力资本机制下对知识型企业区位选择的影响。模型(1)—(2)表示在人力资本机制下政府补贴对东部地区知识型企业区位选择的影响。低人力资本条件下政府补贴对东部地区知识型企业区位选择的影响在10%的水平上不显著,高人力资本条件下政府补贴对东部地区知识型企业区位选择产生正向影响且在1%的水平上显著。相较于低人力资本样本,在高人力资本样本中,政府补贴对东部地区知识型企业选择科技创新中心城市概率的作用效果更强,人力资本机制下政府补贴对知识型企业选择科技创新中心城市的影响存在,假设4b得到验证。模型(3)—(4)表示在人力资本机制下政府补贴对中部地区知识型企业区位选择的影响。低人力资本条件下政府补贴对中部地区知识型企业区位选择的影响在10%的水平上不显著,高人力资本条件下政府补贴对中部地区知识型企业区位选择产生正向影响且在1%的水平上显著。相较于低人力资本样本,在高人力资本样本中,政府补贴对中部地区知识型企业选择科技创新中心城市概率的作用效果更强,人力资本机制下政府补贴对知识型企业选择科技创新中心城市的影响存在,假设4b得到验证。模型(5)—(6)表示在人力资本机制下政府补贴对西部地区知识型企业区位选择的影响。低人力资本条件和高人力资本条件下政府补贴对西部地区知识型企业区位选择的影响在10%的水平上均不显著。人力资本机制下政府补贴对知识型企业选择科技创新中心城市的影响不存在,假设4b未得到验证。比较人力资本机制下各地区政府补贴对知识型企业选择科技创新中心城市的影响,高人力资本条件下政府补贴政策对东部和中部地区知识型企业区位选择的引导作用存在一个"门槛",只有当东部和中部地区知识型企业人力资本达到一定水平时,政府补贴的人力资本机制才能成立。

表4-10 不同地区政府补贴通过人力资本影响知识型企业区位的选择

	东部地区		中部地区		西部地区	
Cxzxcity	Cxzxcity		Cxzxcity			
	(1)	(2)	(3)	(4)	(5)	(6)
	P75	P25	P75	P25	P75	P25
Bzbt	0.358***	0.346	0.754***	-1.203	0.155	-1.051
	(2.82)	(1.24)	(3.32)	(-1.11)	(0.47)	(-1.02)

续表

	东部地区		中部地区		西部地区	
	Cxzxcity		Cxzxcity		Cxzxcity	
	(1)	(2)	(3)	(4)	(5)	(6)
	P75	P25	P75	P25	P75	P25
Size	0.000***	-0.000	0.000	0.000	0.000**	0.000
	(3.01)	(-1.01)	(1.44)	(0.10)	(2.53)	(0.06)
Age	-0.044***	-0.054**	0.011	-0.738***	0.122**	-0.752***
	(-2.68)	(-2.13)	(0.27)	(-2.67)	(2.36)	(-2.65)
Ldzcb	-5.431***	-1.027	6.775***	8.651	3.859	8.982
	(-3.52)	(-0.43)	(2.93)	(0.65)	(1.30)	(0.66)
Sdr	-1.631	-3.450*	-1.996	-3.444	-0.881	-3.275
	(-1.46)	(-1.70)	(-0.97)	(-0.43)	(-0.32)	(-0.40)
Yyzjb	7.595***	1.223	-1.465	-11.303	-0.081	-11.796
	(4.85)	(0.58)	(-0.64)	(-0.95)	(-0.03)	(-0.96)
Yszksub	2.720***	2.450***	-0.097	-0.992	2.985*	-0.900
	(3.67)	(2.64)	(-0.14)	(-0.40)	(1.90)	(-0.35)
Gdzczz	0.116***	0.308***	-0.023	0.014	0.124	0.014
	(4.87)	(3.41)	(-1.02)	(0.23)	(1.56)	(0.22)
Zcfz	6.848***	0.846	-0.565	-13.518	-2.788	-13.725
	(4.76)	(0.47)	(-0.28)	(-1.22)	(-0.90)	(-1.21)
Zcbcl	-2.416	0.416	-0.911	2.130	4.672	1.978
	(-1.34)	(0.13)	(-0.27)	(0.17)	(1.11)	(0.15)
Zyywsr	0.125	0.052	0.239	1.432	-0.124	1.526
	(0.48)	(0.15)	(0.55)	(1.29)	(-0.22)	(1.33)
Indzcfz	0.027	5.293**	-0.818	9.738	5.172***	10.555
	(0.17)	(2.11)	(-1.63)	(1.09)	(2.63)	(1.13)
Indzcbc	0.001	1.339	-2.206*	2.466	1.045	2.580
	(0.30)	(1.32)	(-1.69)	(0.33)	(0.54)	(0.35)
Cons	-0.283	-1.093	-3.203***	8.535	-6.381***	8.270
	(-0.63)	(-0.82)	(-2.77)	(1.34)	(-3.37)	(1.30)
N	689	427	265	68	208	68

注：***、**和*分别表示在1%、5%和10%水平上显著；括号中为参数估计的t值。在人

力资本机制中,P25 表示低人力资本样本,P75 表示高人力资本样本。

表4-11表示东、中和西部地区政府补贴在知识溢出机制下对知识型企业区位选择的影响。模型(1)—(2)表示在知识溢出机制下政府补贴对东部地区知识型企业区位选择的影响。低知识溢出条件和高知识溢出条件下政府补贴对东部地区知识型企业区位选择产生正向影响且在1%的水平上显著。相较于低知识溢出样本,在高知识溢出样本中,政府补贴对东部地区知识型企业选择科技创新中心城市概率的作用效果更强,知识溢出机制下政府补贴对知识型企业选择科技创新中心城市的影响存在,假设4c得到验证。模型(3)—(4)表示在知识溢出机制下政府补贴对中部地区知识型企业区位选择的影响。低知识溢出条件和高知识溢出条件下政府补贴对中部地区知识型企业区位选择产生正向影响且在10%的水平上显著。相较于高知识溢出样本,在低知识溢出样本中,政府补贴对中部地区知识型企业选择科技创新中心城市概率的作用效果更强,知识溢出机制下政府补贴对知识型企业选择科技创新中心城市的影响不存在,假设4c未得到验证。模型(5)—(6)表示在知识溢出机制下政府补贴对西部地区知识型企业区位选择的影响。低知识溢出条件下政府补贴对西部地区知识型企业区位选择的影响在10%的水平上不显著。高知识溢出条件下政府补贴对中部地区知识型企业区位选择产生正向影响且在10%的水平上显著。相较于低知识溢出样本,在高知识溢出样本中,政府补贴对西部地区知识型企业选择科技创新中心城市概率的作用效果更强,知识溢出机制下政府补贴对知识型企业选择科技创新中心城市的影响存在,假设4c得到验证。比较知识溢出机制下各地区政府补贴对知识型企业选择科技创新中心城市的影响可知,政府补贴对东部地区和西部地区知识型企业的知识溢出机制存在,其中,高知识溢出条件下政府补贴政策对西部地区知识型企业区位选择的引导作用存在一个"门槛",只有当西部地区知识型企业知识溢出达到一定水平时,政府补贴的知识溢出机制才存在。

表 4-11 不同地区政府补贴通过知识溢出影响知识型企业区位的选择

	东部地区 Cxzxcity		中部地区 Cxzxcity		西部地区 Cxzxcity	
	(1)	(2)	(3)	(4)	(5)	(6)
	P75	P25	P75	P25	P75	P25
Bzbt	0.877***	0.585***	-1.218***	0.910*	1.500*	-0.465
	(3.02)	(3.00)	(-2.81)	(1.85)	(1.72)	(-0.75)
Size	0.000	-0.000	0.000***	-0.000	0.000*	-0.000
	(1.21)	(-0.19)	(2.99)	(-0.80)	(1.73)	(-0.20)
Age	-0.151***	0.028	-0.366***	-0.094	0.032	0.276**
	(-5.74)	(1.18)	(-3.28)	(-1.34)	(0.46)	(2.17)
Ldzcb	0.601	-4.211**	-0.533	3.550	-6.632	14.109**
	(0.22)	(-2.33)	(-0.11)	(1.28)	(-1.14)	(2.26)
Sdr	-4.718**	-4.367***	5.345	-6.294	-6.134	-9.068*
	(-2.56)	(-2.64)	(1.35)	(-1.30)	(-1.56)	(-1.77)
Yyzjb	1.500	4.387**	4.298	0.568	14.773**	-5.404
	(0.56)	(2.57)	(0.82)	(0.19)	(2.37)	(-0.88)
Yszksub	0.758	4.217***	7.241***	-4.277*	4.332**	2.346
	(1.03)	(3.95)	(3.12)	(-1.67)	(2.00)	(0.76)
Gdzczz	0.052**	0.122***	0.013	-0.075	0.124	-0.033
	(2.03)	(3.62)	(0.40)	(-1.27)	(1.01)	(-0.50)
Zcfz	5.384**	3.123**	2.271	0.940	7.822	-7.189
	(2.24)	(2.06)	(0.53)	(0.35)	(1.40)	(-1.18)
Zcbcl	2.343	-1.252	-10.123	-9.504*	6.602	3.378
	(0.83)	(-0.54)	(-0.92)	(-1.66)	(0.83)	(0.47)
Zyywsr	-0.353	0.556	0.375	0.659	2.548	1.384
	(-1.10)	(1.55)	(0.57)	(1.10)	(1.41)	(1.47)
Indzcfz	0.026	1.702***	-1.645	-0.531	-0.885	12.745**
	(0.02)	(2.63)	(-0.39)	(-0.64)	(-0.16)	(2.57)
Indzcbc	-0.628	-0.007	36.508	-8.636**	-1.778	2.322
	(-0.72)	(-0.22)	(1.56)	(-2.10)	(-0.60)	(0.88)
Cons	1.879*	-0.899	1.237	0.815	-4.569	-13.573***
	(1.83)	(-1.29)	(0.36)	(0.50)	(-1.19)	(-3.23)
N	750	673	124	117	102	95

注:***、**和*分别表示在1%、5%和10%水平上显著;括号中为参数估计的t值。在知识溢出机制中,P25表示低知识溢出样本;P75表示高知识溢出样本。

第四章 产业政策、企业区位选择与科技创新中心城市形成实证分析

表4-12表示东、中和西部地区税收优惠在融资约束机制下对知识型企业区位选择的影响。模型(1)—(2)表示在融资约束机制下税收优惠对东部地区知识型企业区位选择的影响。低融资约束条件下税收优惠对东部地区知识型企业区位选择的影响在10%的水平上不显著,高融资约束条件下税收优惠对东部地区知识型企业区位选择产生正向影响且在10%的水平上显著。相较于低融资约束样本,在高融资约束样本中,税收优惠对东部地区知识型企业选择科技创新中心城市的作用效果更强,融资约束机制下税收优惠对知识型企业选择科技创新中心城市的影响存在,假设4a得到验证。模型(3)—(4)表示在融资约束机制下税收优惠对中部地区知识型企业区位选择的影响。低融资约束条件下税收优惠对东部地区知识型企业区位选择产生正向影响且在5%的水平上显著,高融资约束条件下税收优惠对东部地区知识型企业区位选择的影响在10%的水平上不显著。融资约束机制下税收优惠对知识型企业选择科技创新中心城市的影响不存在,假设4a未得到验证。模型(5)—(6)表示在融资约束机制下税收优惠对西部地区知识型企业区位选择的影响。低融资约束条件下税收优惠对西部地区知识型企业区位选择的影响在10%的水平上不显著。高融资约束条件下税收优惠对中部地区知识型企业区位选择产生负向影响且在5%的水平上显著。相较于低融资约束样本,在高融资约束样本中,税收优惠对西部地区知识型企业选择科技创新中心城市概率的作用效果更强,然而,西部地区税收优惠对知识型企业的区位选择产生负向影响,融资约束机制下税收优惠对知识型企业选择科技创新中心城市的影响不存在,假设4a未得到验证。比较融资约束机制下各地区税收优惠对知识型企业选择科技创新中心城市的影响,税收优惠对东部地区知识型企业的融资约束机制存在,值得注意的是,高融资约束条件下税收优惠政策对西部地区知识型企业区位选择产生负向作用,产生这一结果的原因可能是当知识型企业面临高融资约束困境时,加大税收优惠力度的刺激效应可能被抵消了,企业自主创新受到抑制(王春元 等,2018)。

表4-12 不同地区税收优惠通过融资约束影响知识型企业区位的选择

	东部地区 Cxzxcity		中部地区 Cxzxcity		西部地区 Cxzxcity	
	(1)	(2)	(3)	(4)	(5)	(6)
	P75	P25	P75	P25	P75	P25
Shyh	-0.232	-0.738*	-2.197**	0.711	3.962	3.189**
	(-0.50)	(-1.73)	(-2.50)	(0.58)	(1.25)	(2.04)
Size	0.000***	-0.000*	-0.000**	0.000	0.000**	-0.000
	(4.26)	(-1.72)	(-2.31)	(0.54)	(2.53)	(-0.80)
Age	-0.141***	-0.005	0.206***	-0.189**	-0.689***	0.095
	(-5.25)	(-0.19)	(3.57)	(-2.30)	(-2.72)	(1.09)
Ldzcb	-1.705	-3.926	-0.508	10.598*	-26.321***	16.022***
	(-1.31)	(-1.28)	(-0.23)	(1.88)	(-2.97)	(3.06)
Sdr	3.600**	-1.486	2.503	2.586	-29.471**	-17.457***
	(2.43)	(-0.94)	(0.78)	(0.98)	(-2.32)	(-3.48)
Yyzjb	4.019***	5.823*	3.673	-6.310	18.524**	-7.873
	(2.93)	(1.92)	(1.44)	(-1.14)	(2.17)	(-1.37)
Yszksub	-0.356	1.157*	0.901	-2.694***	18.029***	7.615***
	(-0.53)	(1.85)	(0.72)	(-2.70)	(3.23)	(3.66)
Gdzczz	0.015*	0.150***	0.051	-0.023	2.344***	-0.033
	(1.80)	(3.82)	(1.08)	(-1.36)	(2.83)	(-0.69)
Zcfz	2.487*	8.279***	1.324	-7.767	20.047**	-5.616
	(1.87)	(2.93)	(0.54)	(-1.45)	(2.10)	(-0.99)
Zcbcl	4.057	-0.184	-1.575	-1.138	10.155	15.292**
	(1.52)	(-0.09)	(-0.23)	(-0.27)	(0.63)	(2.39)
Zyywsr	0.054	0.277	1.234**	0.167	0.935	0.330
	(0.21)	(0.79)	(2.25)	(0.31)	(0.37)	(0.63)
Indzcfz	0.151	-0.493	1.124	-1.170	-21.748**	-0.152
	(0.43)	(-1.27)	(0.44)	(-1.07)	(-2.42)	(-0.09)
Indzcbc	0.548	-0.357	7.006*	-3.191	-82.362**	0.185
	(0.67)	(-0.46)	(1.91)	(-1.14)	(-2.30)	(0.06)
Cons	1.254**	-0.090	-4.055**	0.670	13.746**	-5.813**
	(2.30)	(-0.14)	(-2.13)	(0.36)	(2.34)	(-2.36)
N	842	852	170	173	128	130

注:***、**和*分别表示在1%、5%和10%水平上显著;括号中为参数估计的t值。在融资约束机制中,P25表示高融资约束样本,P75表示低融资约束样本。

表4-13表示东、中和西部地区税收优惠在人力资本机制下对知识型企业区位选择的影响。模型(1)—(2)表示在人力资本机制下税收优惠对东部地区知识型企业区位选择的影响。低人力资本条件和高人力资本条件下税收优惠对东部地区知识型企业区位选择的影响在10%的水平上均不显著。人力资本机制下税收优惠对知识型企业选择科技创新中心城市的影响不存在,假设4b未得到验证。模型(3)—(4)表示在人力资本机制下税收优惠对中部地区知识型企业区位选择的影响。低人力资本条件下税收优惠对中部地区知识型企业区位选择产生正向影响且在10%的水平上显著,高人力资本条件下税收优惠对中部地区知识型企业区位选择的影响在10%的水平上不显著。人力资本机制下税收优惠对知识型企业选择科技创新中心城市的影响不存在,假设4b未得到验证。模型(5)—(6)表示在人力资本机制下税收优惠对西部地区知识型企业区位选择的影响。低人力资本条件和高人力资本条件下税收优惠对西部地区知识型企业区位选择的影响在10%的水平上均不显著。人力资本机制下税收优惠对知识型企业选择科技创新中心城市的影响不存在,假设4b未得到验证。比较人力资本机制下各地区税收优惠对知识型企业选择科技创新中心城市的影响,各地区税收优惠对知识型企业选择科技创新中心城市人力资本机制均不存在。这可能是由于政府实行税收优惠政策直接受益者是企业,而不是科技工作者。也就是说,税收优惠对人力资本的影响只是一种间接作用,这种间接影响还受到企业内部分配政策的影响,科技工作者受到个人所得税优惠和人才引进政策的影响。

表4-13 不同地区税收优惠通过人力资本影响知识型企业区位的选择

	东部地区		中部地区		西部地区	
	Cxzxcity		Cxzxcity		Cxzxcity	
	(1)	(2)	(3)	(4)	(5)	(6)
	P75	P25	P75	P25	P75	P25
Shyh	-0.222	0.002	-0.796	11.045**	2.479***	-8.969
	(-0.80)	(0.00)	(-1.55)	(1.99)	(2.85)	(-1.15)
Size	0.000***	-0.000	0.000	0.000	0.000*	-0.000
	(4.04)	(-1.22)	(0.86)	(0.06)	(1.90)	(-1.36)

续表

	东部地区		中部地区		西部地区	
	Cxzxcity		Cxzxcity		Cxzxcity	
	(1)	(2)	(3)	(4)	(5)	(6)
	P75	P25	P75	P25	P75	P25
Age	-0.011	-0.056**	0.019	-1.033***	0.025	0.265
	(-0.90)	(-2.25)	(0.81)	(-2.97)	(0.76)	(1.10)
Ldzcb	-0.905	-1.738	5.271***	32.674	0.491	-25.657
	(-0.85)	(-0.75)	(3.28)	(1.53)	(0.27)	(-1.11)
Sdr	-0.861	-3.451*	-0.367	-7.672	-4.999**	-80.287
	(-1.01)	(-1.80)	(-0.23)	(-0.90)	(-2.54)	(-1.11)
Yyzjb	4.096***	1.752	-1.276	-30.869	4.204**	59.599*
	(3.83)	(0.84)	(-0.77)	(-1.60)	(2.16)	(1.70)
Yszksub	1.436***	2.573***	-1.647***	-2.810	3.080***	34.082
	(3.55)	(2.89)	(-3.54)	(-1.10)	(3.29)	(1.06)
Gdzczz	0.039***	0.302***	-0.037**	-0.075	0.106*	1.948
	(3.27)	(3.30)	(-2.28)	(-1.51)	(1.68)	(0.78)
Zcfz	4.008***	1.276	-1.106	-32.739*	3.328*	72.599*
	(4.06)	(0.70)	(-0.75)	(-1.77)	(1.67)	(1.67)
Zcbcl	-1.997	0.601	-1.100	7.928	4.980*	-148.042
	(-1.47)	(0.19)	(-0.42)	(0.64)	(1.77)	(-1.47)
Zyywsr	0.097	0.070	0.096	0.653	-0.262	21.125
	(0.54)	(0.21)	(0.33)	(0.60)	(-0.75)	(1.29)
Indzcfz	0.086	4.890**	-0.280	8.635	3.392**	-80.267
	(0.60)	(2.01)	(-1.31)	(0.84)	(2.57)	(-1.43)
Indzcbc	0.001	1.268	-0.097	1.653	0.506	20.311
	(0.23)	(1.26)	(-0.83)	(0.17)	(0.32)	(0.42)
Cons	-0.868***	-0.524	-1.842***	9.205	-5.084***	12.592
	(-2.72)	(-0.42)	(-2.82)	(1.58)	(-4.28)	(0.77)
N	587	463	459	76	341	59

注：***、**和*分别表示在1%、5%和10%水平上显著；括号中为参数估计的t值。在人力资本机制中，P25表示低人力资本样本，P75表示高人力资本样本。

表 4-14 表示东、中和西部地区税收优惠在知识溢出机制下对知识型企业区位选择的影响。模型(1)—(2)表示在知识溢出机制下税收优惠对东部地区知识型企业区位选择的影响。低知识溢出条件和高知识溢出条件下税收优惠对东部地区知识型企业区位选择的影响在10%的水平上均不显著。知识溢出机制下税收优惠对知识型企业选择科技创新中心城市的影响不存在,假设4c未得到验证。模型(3)—(4)表示在知识溢出机制下税收优惠对中部地区知识型企业区位选择的影响。低知识溢出条件下税收优惠对中部地区知识型企业区位选择的影响在10%的水平上不显著。高知识溢出条件下税收优惠对中部地区知识型企业区位选择产生正向影响且在10%的水平上显著,知识溢出机制下税收优惠对知识型企业选择科技创新中心城市的影响存在,假设4c得到验证。模型(5)—(6)表示在知识溢出机制下税收优惠对西部地区知识型企业区位选择的影响。低知识溢出条件下税收优惠对西部地区知识型企业区位选择产生正向影响且在10%的水平上显著,高知识溢出条件下税收优惠对西部地区知识型企业区位选择的影响在10%的水平上不显著。知识溢出机制下税收优惠对知识型企业选择科技创新中心城市的影响不存在,假设4c未得到验证。比较知识溢出机制下各地区税收优惠对知识型企业选择科技创新中心城市的影响,高知识溢出条件下政府补贴政策对中部地区知识型企业区位选择的引导作用存在一个"门槛",只有当中部地区知识型企业知识溢出达到一定水平时,政府补贴的知识溢出机制才能成立。

表 4-14 不同地区税收优惠通过知识溢出影响知识型企业区位的选择

	东部地区		中部地区		西部地区	
	Cxzxcity		*Cxzxcity*		*Cxzxcity*	
	(1)	(2)	(3)	(4)	(5)	(6)
	P75	P25	P75	P25	P75	P25
Shyh	-0.475	0.084	-1.862**	1.242	0.912	2.578*
	(-1.15)	(0.22)	(-2.42)	(1.15)	(1.16)	(1.83)
Size	0.000***	-0.000	0.000	-0.000	0.000	0.000
	(3.48)	(-0.08)	(1.14)	(-0.82)	(1.16)	(0.40)

续表

	东部地区 Cxzxcity		中部地区 Cxzxcity		西部地区 Cxzxcity	
	(1)	(2)	(3)	(4)	(5)	(6)
	P75	P25	P75	P25	P75	P25
Age	-0.014	0.014	-0.037	-0.142**	-0.005	0.160
	(-0.89)	(0.62)	(-1.26)	(-2.07)	(-0.15)	(1.38)
Ldzcb	2.608*	-1.785	0.641	2.852	-1.273	3.268
	(1.78)	(-1.12)	(0.32)	(1.05)	(-0.40)	(0.78)
Sdr	-2.610**	-2.501*	3.921*	-4.947	-7.436***	-12.506**
	(-2.29)	(-1.67)	(1.96)	(-1.05)	(-3.19)	(-2.34)
Yyzjb	0.447	3.375**	1.560	0.434	7.174**	3.045
	(0.31)	(2.15)	(0.76)	(0.15)	(2.17)	(0.63)
Yszksub	1.358***	3.277***	-1.901***	-5.056**	3.688***	4.557
	(3.22)	(3.50)	(-3.22)	(-1.98)	(3.33)	(1.24)
Gdzczz	0.093***	0.011	0.001	-0.073	0.157*	0.067
	(3.60)	(1.33)	(0.03)	(-1.16)	(1.81)	(0.79)
Zcfz	1.525	2.990**	0.306	-0.405	5.346	2.767
	(1.15)	(2.13)	(0.17)	(-0.15)	(1.58)	(0.61)
Zcbcl	-0.593	-1.274	-5.782	-9.089*	5.784	5.368
	(-0.31)	(-0.62)	(-1.41)	(-1.65)	(1.58)	(0.92)
Zyywsr	0.032	0.355	0.338	0.401	0.119	0.074
	(0.15)	(1.14)	(0.89)	(0.70)	(0.25)	(0.10)
Indzcfz	-0.360	1.313**	-0.992	-0.879	1.651	9.530***
	(-0.99)	(2.43)	(-1.15)	(-0.96)	(0.94)	(2.72)
Indzcbc	0.057	-0.004	7.977***	-7.339**	-1.808	1.282
	(0.10)	(-0.13)	(2.64)	(-2.02)	(-0.86)	(0.49)
Cons	-0.705	-0.880	-0.101	2.585*	-3.845***	-11.404***
	(-1.52)	(-1.46)	(-0.11)	(1.80)	(-2.84)	(-3.27)
N	1294	711	297	130	227	97

注：***、**和*分别表示在1%、5%和10%水平上显著；括号中为参数估计的t值。在知识溢出机制中，P25表示低知识溢出样本；P75表示高知识溢出样本。

第四节 本章小结

在第二章企业区位选择视角下科技创新中心城市形成机理分析的基础上,本章研究了产业政策、企业区位选择与科技创新中心城市形成的作用机理,从政府补贴和税收优惠两个维度研究了产业政策对知识型企业选择科技创新中心城市的一般作用机制和影响途径。依据 2004—2018 年中国 A 股 649 家上市公司的知识型企业数据,采用 Logit 模型和分样本回归法对定性分析的结果进行了实证检验。研究发现:

第一,政府补贴可以缓解知识型企业面临的融资约束,提升企业人力资本以及知识溢出水平,促使知识型企业选择科技创新中心城市。

第二,政府补贴对知识型企业选择科技创新中心城市的融资约束和人力资本机制不因企业属性差别而变化,但知识溢出机制因企业属性变动而变动。政府补贴对知识型企业选择科技创新中心城市的融资约束、人力资本以及知识溢出机制因地区差异而不同。

第三,税收优惠并未缓解知识型企业的融资约束,也未提升知识型企业的知识溢出水平,仅仅提升了知识型企业的人力资本水平,促使知识型企业选择科技创新中心城市。

最后,税收优惠对知识型企业选择科技创新中心城市的融资约束和人力资本机制因企业属性变化而变化,而知识溢出机制不因企业属性不同而不同。税收优惠对知识型企业选择科技创新中心城市的融资约束和知识溢出机制因地区差异而不同,而人力资本机制不因地区差异而变化。

第五章 创新文化环境、企业区位选择与科技创新中心城市形成实证分析

通过对已有文献的梳理和对相关理论模型的推导,创新文化环境是影响知识型企业选择科技创新中心城市的重要因素。基于此,本章依据第三章企业区位选择视角下科技创新中心城市形成机理分析结论,借鉴已有的研究成果,进一步分析创新文化环境通过改变企业融资约束、人力资本和知识溢出,对知识型企业选择科技创新中心城市的影响,并依据2004—2018年中国A股649家上市公司的知识型企业数据,验证创新文化环境对知识型企业选择科技创新中心城市的一般作用机制和影响途径。

第一节 研究假设的提出

一、创新文化环境、企业融资约束与科技创新中心城市形成

一定的文化环境下能够形成企业独有的价值体系,特别是公司高层管理者的价值观,进而影响公司的战略决策。由于价值观通过影响个人的认知、信念、态度、社会规范和行为,因而影响公司决策者的战略选择和市场时机的选择,进而影响所在区域内公司决策者的融资行为。处在同一创新文化环境中的个体,由于受到区域文化的熏陶,以相同的价值理念和社会规范把人们聚集起来。因此,良好的创新文化环境有利于知识型企业塑造优秀的企业文化,在凝聚企业内部资源的同时提升债权人和投资者的信心,增强知识型企业外部融资的能力,缓解融资约束(范方志 等,2015)。与此同时,不完善的法制环境为牟利动机的管理者侵占投资者权益提供了可能或机会。投资者因面临较高的投资风险,向企业索取较高的投资成本,甚至不愿意为企业提供资本,企业的融资约束

上升(Brown,2013)。所以,良好的创新文化环境催生着完善的知识产权保护法律法规和投资保障制度的出炉,杜绝非法侵占投资者利益的行为,有效地保护投资者的合法权益,增强投资者的信心,加大对知识型企业投资的力度,降低知识型企业的融资成本,使知识型企业创新过程中受到的融资约束得以缓解。基于此,提出假设5a。

假设5a:创新文化环境的改善能有效缓解知识型企业的融资约束,激发知识型企业选择科技创新中心城市。

二、创新文化环境、企业人力资本与科技创新中心城市形成

社会文化是一个国家或者民族的群体成员在长期的社会实践中,在共同的语言、风俗、习惯、制度和信仰的基础上形成的共享的世界观和价值观。与社会文化有着千丝万缕联系的创新文化是科技创新中心城市的价值取向、思维方式等精神方面的总和。知识型企业员工的行为除了受到法律和各项规章制度素等因素的影响以外,还受到科技创新中心城市创新文化环境的熏陶和影响。由于创新文化环境的差异引发城市之间技术人才流动的势差效应,使得具有高创新文化势能的城市通过提供优越的工作环境,促使技术人才从创新文化低势能地域流向高势能地域,形成技术人才向高创新文化势能——科技创新中心城市聚集的现象。一方面,良好的创新文化环境,不仅易于形成敢于创新、充分交流、开放包容的创新精神,有助于创新思想的形成,而且易于产生敢于冒险、勇于进取、百折不挠的创新精神,有利于新企业的创立和发展,有利于吸引高技术人才和管理人才;另一方面,良好的创新文化环境,不仅为学习者提供相互学习、相互交流的条件,有助于高素质人才的培养与成长,留住现有人才,提升企业的人力资本,而且为科技工作者提供更好的物质条件、生活待遇和发挥其聪明才智的广阔的空间(李乃文 等,2012),有助于吸引外来人才,实现人才的聚集。所以说,创新文化环境是科技创新中心城市发展的精神源泉,是有创新能力的人才和有竞争力成果的温床。非但如此,创新文化环境还营造了一种"宽容失败"的制度。中国新修改的《科技进步法》明确规定:"对于探索性强、失败风险高的科研项目,原始记录证明承担项目的科技人员已经履行了勤勉尽责义务、仍不能完成的,不影响对该项目承担者的评价。"这种规定体现了人们对科

技工作者的"人文关怀",减轻科技工作的负担和压力,为知识型企业创新营造宽松的环境。基于此,提出假设5b。

假设5b:创新文化环境的改善能有效提升知识型企业的人力资本,驱使知识型企业选择科技创新中心城市。

三、创新文化环境、企业知识溢出与科技创新中心城市形成

创新被理解为一个交互式学习的过程(interactive learning),且具有社会和地域上的根植性,融入当地文化和制度环境之中(薛捷,2015)。要素的邻近是企业学习和创新的基本条件,知识穿过门廊和街道要比漂洋过海容易得多。当企业之间有着共同的背景、价值观和对于技术、商业的认知时,知识分享就变得简单多了。良好的文化环境能够促进企业之间的密切交流,使得企业可以分享相关的信息和创新的知识,推进在社会和地域上根植的交互式学习和持续创新(Maskell,1998)。知识基础理论将知识分为意会(隐形)知识和显性知识。显性知识是指那些通常意义上可以用概念、命题、公式、图形等加以陈述的知识;而意会知识是指不能使用词语、数字或图表准确交流,无法言传或不能清楚表达的知识。非但如此,对于意会知识来说,需要高度的信任和理解,因为信任是沟通的基础,也是所有合作的前提。受地理空间的限制,意会知识很难在不同组织成员之间自由地、无障碍的交流或传达。

科技创新中心城市不仅聚集了大量的知识型企业,存在着众多的意会知识,而且还营造了一种共同沟通、理解以及信任的氛围,降低了知识型企业创新过程中的不确定性,从而帮助组织和机构在相互沟通和共同学习中取得正的外部性,产生知识溢出。相反,当文化存在差异时,由于缺乏共同的社会和文化背景,可能会给组织和机构之间(信任)关系的构建造成障碍,一些形式的信息将变得难以编码、传递和理解,隐性知识更是困难重重。所以,科技创新中心城市良好的创新文化环境对知识溢出产生积极的作用。基于此,提出假设5c。

假设5c:创新文化环境的改善能有效促进知识型企业的知识溢出,促使知识型企业选择科技创新中心城市。

第二节 模型设定与变量说明

一、变量选择

(一)被解释变量

本文把知识型企业选择科技创新中心城市记为1,知识型企业不选择科技创新中心城市记为0。具体计算过程见第四章被解释变量部分。

(二)解释变量

创新文化环境:创新文化环境是建立激发灵感和创新潜能、凸显创新者个人价值的文化氛围,其核心是人。创新文化环境包含四个维度:一是创新和创业精神。将创新精神根植于经济发展中,鼓励企业创新,尤其是鼓励中小企业创新,推动"大众创业,万众创新";二是容忍失败的社会包容心。创新具有投资周期长和风险高的特点,创新过程往往伴随着大量的失败,整个社会成员应该允许失败,宽容失败,鼓励科技工作者大胆创新,勇于实践,不断激发创新者的动机;三是良好的合作平台。通过整个社会的非正式合作,提高非正式组织交流的频率,使创新者更容易了解市场以及技术的变化,确立创新的突破口,增强创新可能性;四是保护创新者的合法权益。创新成果是具有较强外部性的知识,良好的知识产权保护制度,有利于保护创新者的合法权益,从而激发创新动机。通过归纳和整理,本文将创新文化环境四个方面归纳为激励与约束两个维度,由此将创新文化环境分为创新文化激励环境和创新文化约束环境。创新文化激励环境是指激励创新者创新,为创新者营造良好的创新文化氛围,通过政府财政科技支出为知识型企业提供必备的基础设施和资金支持。创新文化约束环境是指对一切从事科技创新的企业或个人一视同仁,用知识产权制度保护其获得的财产独占权。在选择创新文化环境指标时,已有的研究使用因子分析法将地区人员研发当量、新增高新技术企业、高等教育人数等指标融合为一个指标进行分析(翁媛媛 等,2009;徐彪 等,2011;褚杉尔 等,2018),记为 H_j。为此,创新文化激励环境使用人均财政科技支出、人均图书馆馆藏、受高等教育人数占受教育人数的比重等指标来表示,通过对上述指标进行熵值运算,合成为一个指标,记做 Hjjl。创新文化约束环境使用人均专利数和地区经济发展等指标来表示(关成华 等,2018),通过对上述指标进行熵值运算,合成为一个指标,记做 Hjys。

(三)中介变量

由于中介变量的选取和解释与第四章中介变量的选取和解释相同,这里不再一一赘述,只作简要说明。

1. 融资约束

借鉴已有文献,使用 SA 指数(Hadlock et al.,2010)和 WW 指数(Whited et al.,2006)衡量知识型企业的融资约束程度。

2. 人力资本

人力资本指标使用教育年限法,借鉴岳书敬和刘朝明(2006)以及陈关聚(2012)的研究成果,记作 Hi。为了对实证结果进行稳健性检验,借鉴赵领娣(2014)等人的研究成果,人力资本稳健性指标记作 Hin。

3. 知识溢出

企业知识溢出借鉴王文翌和安同良(2014)的研究成果,知识溢出记作 Yc。为了对实证结果进行稳健性检验,借鉴符淼(2009)的研究成果,稳健性检验知识溢出记作 Ycn。

(四)控制变量

由于控制变量的选取和解释与第四章控制变量的选取和解释相同,这里不再一一赘述,只作简要说明。

1. 企业的特征变量:采用企业规模($Size$)和企业年龄(Age)。

2. 企业的财务变量:选择资产负债率($Zcfz$)和速动比率(Sdr)反映企业偿债能力;使用应收账款与收入比($Yszksub$)、固定资产周转率($Gdzczz$)和营运资金周转率($Yyzjb$)反映企业资产的利用效率;使用资产报酬率($Zcbcl$)反映盈利能力;使用主营业务收入增长率($Zyywsr$)反映成长性;使用流动资产比率($Ldzcb$)反映资本结构。

3. 行业控制变量:行业财务杠杆和行业资产报酬率分别记作 $Indzcfzl$ 和 $Indzcbcl$。

各个变量具体情况见表5-1。

表5-1 变量基本情况

变量名称	变量标记	变量定义
被解释变量		
知识型企业区位选择	*Cxzxcity*	同第三章被解释变量定义
解释变量		
创新文化环境	*Hj*	参照翁媛媛和高汝熹(2009)
创新文化激励环境	*Hjjl*	参照翁媛媛和高汝熹(2009)
创新文化约束环境	*Hjys*	参照关成华 等(2018)
中介变量		
融资约束	*SA*	
人力资本	*Hi*	同第三章中介变量定义
知识溢出	*Yc*	
控制变量		
企业特征变量		
企业规模	*Size*	同第三章控制变量定义
企业年龄	*Age*	
流动资产比率	*Ldzcb*	
速动比率	*Sdr*	
营运资金周转率	*Yyzjb*	
应收账款与收入比	*Yszksub*	
固定资产周转率	*Gdzczz*	
资产负债率	*Zcfz*	
资产报酬率	*Zcbcl*	
营业务收入增长率	*Zyywsr*	
行业特征变量		
行业财务杠杆	*Indzcfzl*	
行业资产报酬率	*Indzcbcl*	

二、数据来源

本章主要从微观企业层面对创新文化环境、企业区位选择与科技创新中心城市的形成进行实证分析,数据来源和样本选择过程如下:

被解释变量,知识型企业区位选择,通过《中国城市统计年鉴》和国泰安(CSMAR)数据库获得;解释变量,创新文化环境、创新文化激励环境以及创新文化约束环境通过熵值法进行测算,测算数据均来自2004—2018年《中国城市统计年鉴》。控制变量主要通过国泰安(CSMAR)数据库获得。

首先,通过寻找2004—2018年中国A股上市公司数据,剔除ST、*ST、**ST公司以及金融类上市公司。其次,通过《中国城市统计年鉴》获得创新文化环境、创新文化激励环境以及创新文化约束环境的相关数据;再次,依据上市公司年报获取企业特征变量和行业特征变量,进一步计算企业融资约束、人力资本和知识溢出。最后,知识型企业选择参照中国证券监督管理委员会《上市公司行业分类指引》(2001)和国家统计局《高技术产业统计分类目录》(2002),选取证监会行业分类中的电子业、医药生物制品业和信息技术业等三大类公司代表知识型企业,依据知识型企业的定义,按照行业代码筛选并匹配出企业层面的数据。

三、描述性统计

表5-2表示相关变量的统计性描述。在表5-2中,创新文化环境均值和标准差分别为0.143和0.101,表明知识型企业所处的创新文化环境波动不大。创新文化激励环境均值和标准差分别为0.139和0.095,表明知识型企业所处的创新文化激励环境基本波动不大。创新文化约束环境均值和标准差分别为0.148和0.142,表明知识型企业所处的创新文化约束环境基本波动不大。

表5-2 描述性统计分析

Variable	Obs	Mean	Std. Dev	Min	Max
Cxzxcity	9,735	0.794	0.405	0.000	1.000
Hj	9,735	0.143	0.101	0.007	0.421

续表

Variable	Obs	Mean	Std. Dev	Min	Max
Hjjl	9,735	0.139	0.095	0.006	0.409
Hjys	9,735	0.148	0.142	0.004	0.648
SA	6,951	-2.154	0.451	-3.829	-1.890
Hi	2,667	10.682	1.026	6.263	12.503
Yc	6,482	19.843	4.931	0.000	25.135
Size	6,951	10.750	1.208	8.779	15.066
Age	9,135	12.071	6.126	1.000	57.000
Ldzcb	5,063	0.619	0.202	0.135	0.971
Sdr	5,063	3.001	4.351	0.218	27.296
Yyzjb	5,063	0.311	0.272	-0.333	0.881
Yszksub	5,063	0.212	0.261	0.001	1.628
Gdzczz	5,063	9.212	20.032	0.321	145.195
Zcfz	4,975	0.372	0.201	0.033	0.827
Zcbcl	4,975	0.053	0.052	-0.168	0.209
Zyywsr	4,480	0.221	0.402	-0.540	2.573
Indzcfzl	4,975	0.472	0.222	0.258	1.741
Indzcbcl	4,975	0.052	0.112	-0.331	0.532

四、模型设定

由于知识型企业的区位选择结果是离散型的变量,因此,模型的设定主要使用 Logit 模型进行分析。Logit 模型的设定不同于一般的计量模型,因变量是包含 0 或者 1 的离散型变量。Logit 模型能够预测企业区位选择的概率。设企业的区位选择变量为 $Cxzxcity$:

$$Cxzxcity = \begin{cases} 1 & \text{企业选择科技创新中心城市} \\ 0 & \text{企业未选择科技创新中心城市} \end{cases} \quad (5-1)$$

创新文化环境(Hj)包括创新文化激励环境($Hjjl$)和创新文化约束环境($Hjys$),建立知识型企业区位选择的 Logit 模型:

$$Cxzxcity_{it} = \beta_0 Hj_H + x_{it}\beta + \varepsilon_i \quad (5-2)$$

$x_{it} = (Size_{it}, Age_{it}, Ldzcb_{it}, Sdr_{it}, Ydr_{it}, Yyzjb_{it}, Yszksub_{it}, Gdzczz_{it}, Lxbz_{it}, Zcfz_{it}, Zcbel_{it}, Zyywsr_{it}, Indzcfzl_{it}, Indzcbcl_{it})$ β 为解释变量和控制变量的系数,$\beta = (\beta_1, \beta_2, \beta_3, \beta_4, \beta_5, \beta_6, \beta_7, \beta_8, \beta_9, \beta_{10}, \beta_{11}, \beta_{12}, \beta_{13})$。

本章通过分样本回归的方法验证融资约束(SA)、人力资本(Hi)和知识溢出机制(Yc)下创新文化环境对知识型企业区位选择的影响。将企业融资约束指数、人力资本变量和知识溢出变量按照升序排列,分别取上四分位(处在75%位置上的数值)和下四分位(处在25%位置上的数值),以此作为衡量标准,分别选取高于上四分位和低于下四分位的企业作为研究样本,分别建立高样本组和低样本组下创新文化环境对知识型企业区位选择影响的 Logit 模型

$$Cxzxcity_{it}^h = \beta_0^h Hj_{it}^h + x_{it}^h \beta^h + \varepsilon_i^h \tag{5-3}$$

$$Cxzxcity_{it}^i = \beta_0^l Hj_{it}^l + x_{it}^i \beta^l + \varepsilon_i^l \tag{5-4}$$

其中,(5-3)式表示融资约束、人力资本和知识溢出处于上四分位的样本,反映了低融资约束、高人力资本和高知识溢出机制下创新文化环境对知识型企业区位选择的影响。(5-4)式表示融资约束、人力资本和知识溢出处于下四分位的样本,反映了高融资约束、低人力资本和低知识溢出机制下创新文化环境对知识型企业区位选择的影响。在(5-3)和(5-4)式中,当创新文化环境对知识型企业区位选择的影响在10%的水平上显著且高样本组中创新文化环境对知识型企业区位选择的影响效果更强时,上述机制存在。

第三节 实证分析

一、创新文化环境、企业区位选择与科技创新中心城市形成分析

表5-3反映了创新文化环境对知识型企业区位选择的影响。模型(1)—(6)分别表示创新文化环境通过改变企业融资约束、提升企业人力资本和知识溢出水平,影响知识型企业区位的选择。从整体上看,创新文化环境对知识型企业区位选择的影响在10%的水平上显著,随着创新文化环境的改善,知识型企业选择科技创新中心城市的几率比随之增加。模型(1)—(2)表示在融资约束机制下创新文化环境对知识型企业区位选择的影响。高融资约束条件和低

融资约束条件下,创新文化环境对知识型企业区位选择均产生正向影响且在1%的水平上显著。相较于高融资约束样本,在低融资约束样本中,创新文化环境对知识型企业选择科技创新中心城市概率的作用效果更强,融资约束机制下创新文化环境对知识型企业选择科技创新中心城市的影响不存在,假设5a不成立。模型(3)—(4)表示在人力资本机制下创新文化环境对知识型企业区位选择的影响。低人力资本条件和高人力资本条件下创新文化环境对知识型企业区位选择产生正向影响且在1%的水平上显著,相较于低人力资本样本,在高人力资本样本中,创新文化环境对知识型企业选择科技创新中心城市概率的作用效果更强,人力资本机制下创新文化环境对知识型企业选择科技创新中心城市的影响存在,假设5b成立。模型(5)—(6)表示在知识溢出机制下创新文化环境对知识型企业区位选择的影响。高知识溢出条件和低知识溢出条件下创新文化环境对知识型企业区位选择均产生正向影响且在1%的水平上显著。相较于高知识溢出样本,在低知识溢出样本中,创新文化环境对知识型企业选择科技创新中心城市概率的作用效果更强,知识溢出机制下创新文化环境对知识型企业选择科技创新中心城市的影响不存在,假设5c不成立。

表5-3 创新文化环境对知识型企业区位选择的影响

	融资约束机制		人力资本机制		知识溢出机制	
	Cxzxcity		*Cxzxcity*		*Cxzxcity*	
	(1)	(2)	(3)	(4)	(5)	(6)
	P75	P25	P75	P25	P75	P25
Hj	0.345***	0.204***	0.256***	0.171***	0.184***	0.352***
	(15.28)	(11.27)	(20.72)	(10.10)	(16.11)	(13.64)
Size	0.000**	−0.000	0.000	0.000	0.000*	−0.000
	(2.55)	(−0.22)	(0.79)	(0.27)	(1.87)	(−0.47)
Age	−0.197***	−0.041	−0.070***	−0.071***	−0.070***	−0.078***
	(−8.71)	(−1.29)	(−5.92)	(−2.78)	(−4.70)	(−3.11)
Ldzcb	1.398	5.096***	3.556***	−0.571	3.010***	5.912***
	(1.45)	(2.72)	(4.79)	(−0.35)	(2.79)	(4.39)
Sdr	−0.150	1.464	−0.840	−1.313	−0.048	−2.851*
	(−0.13)	(1.12)	(−1.15)	(−0.80)	(−0.05)	(−1.93)

续表

	融资约束机制 Cxzxcity		人力资本机制 Cxzxcity		知识溢出机制 Cxzxcity	
	(1)	(2)	(3)	(4)	(5)	(6)
	P75	P25	P75	P25	P75	P25
Yyzjb	2.386**	-5.052***	-0.864	0.109	-1.470	-5.069***
	(2.17)	(-2.68)	(-1.12)	(0.07)	(-1.33)	(-3.61)
Yszksub	0.417	-0.378	-0.044	1.140	-0.395	1.110**
	(0.80)	(-0.93)	(-0.19)	(1.64)	(-1.39)	(2.01)
Gdzczz	-0.010	0.000	-0.006	0.005	0.039**	-0.011
	(-1.43)	(0.07)	(-1.50)	(0.75)	(2.26)	(-1.36)
Zcfz	2.248**	-4.125**	0.401	-0.726	0.707	-3.429***
	(2.16)	(-2.43)	(0.56)	(-0.53)	(0.68)	(-2.75)
Zcbcl	2.610	1.204	-0.465	2.367	-1.450	5.862***
	(1.16)	(0.63)	(-0.40)	(0.82)	(-0.92)	(2.81)
Zyywsr	-0.122	0.135	-0.224	-0.088	-0.407**	0.113
	(-0.52)	(0.54)	(-1.54)	(-0.27)	(-2.12)	(0.44)
Indzcfz	0.825*	1.371*	0.005	3.313**	0.236	0.584*
	(1.65)	(1.82)	(0.06)	(2.07)	(0.80)	(1.69)
Indzcbc	0.836	-0.512	0.006	1.509	0.129	0.035
	(0.86)	(-0.58)	(0.16)	(1.44)	(0.93)	(0.27)
Cons	-2.859***	-1.515**	-2.241***	-1.524	-1.717***	-2.788***
	(-5.01)	(-2.00)	(-7.51)	(-1.53)	(-4.17)	(-4.22)
N	1455	810	2698	573	1946	767

注：***、**和*分别表示在1%、5%和10%水平上显著；括号中为参数估计的t值。在融资约束机制中，P25表示高融资约束样本，P75表示低融资约束样本。在人力资本机制中，P25表示低人力资本样本，P75表示高人力资本样本。在知识溢出机制中，P25表示低知识溢出样本；P75表示高知识溢出样本。

表5-4反映了创新文化激励环境对知识型企业区位选择的影响。模型(1)—(6)分别表示创新文化激励环境通过改变企业融资约束、提升人力资本和知识溢出水平，影响知识型企业区位的选择。从整体上看，创新文化激励环

境对知识型企业区位选择的影响在10%的水平上显著,且随着创新文化激励环境的改善,知识型企业选择科技创新中心城市的几率比随之增加。模型(1)—(2)表示在融资约束机制下创新文化激励环境对知识型企业区位选择的影响。高融资约束条件和低融资约束条件下,创新文化激励环境对知识型企业区位选择均产生正向影响且在1%的水平上显著。相较于高融资约束样本,在低融资约束样本中,创新文化激励环境对知识型企业选择科技创新中心城市概率的作用效果更强,融资约束机制下创新文化激励环境对知识型企业选择科技创新中心城市的影响不存在,假设5a不成立。模型(3)—(4)表示在人力资本机制下创新文化激励环境对知识型企业区位选择的影响。低人力资本条件和高人力资本条件下创新文化激励环境对知识型企业区位选择产生正向影响且在1%的水平上显著,相较于低人力资本样本,在高人力资本样本中,创新文化激励环境对知识型企业选择科技创新中心城市概率的作用效果更强,人力资本机制下创新文化激励环境对知识型企业选择科技创新中心城市的影响存在,假设5b成立。模型(5)—(6)表示在知识溢出机制下创新文化激励环境对知识型企业区位选择的影响。高知识溢出条件和低知识溢出条件下创新文化激励环境对知识型企业区位选择均产生正向影响且在1%的水平上显著。相较于高知识溢出样本,在低知识溢出样本中,创新文化激励环境对知识型企业选择科技创新中心城市概率的作用效果更强,知识溢出机制下创新文化激励环境对知识型企业选择科技创新中心城市的影响不存在,假设5c不成立。

表5-4 创新文化激励环境对知识型企业区位选择的影响

	融资约束机制		人力资本机制		知识溢出机制	
	Cxzxcity		*Cxzxcity*		*Cxzxcity*	
	(1)	(2)	(3)	(4)	(5)	(6)
	P75	P25	P75	P25	P75	P25
Hjjl	0.253***	0.162***	0.197***	0.150***	0.168***	0.197***
	(15.60)	(10.69)	(20.60)	(8.98)	(15.74)	(12.48)
Size	0.000***	0.000	0.000*	0.000	0.000**	-0.000
	(2.95)	(0.06)	(1.96)	(1.35)	(2.35)	(-0.48)

续表

	融资约束机制 Cxzxcity		人力资本机制 Cxzxcity		知识溢出机制 Cxzxcity	
	(1)	(2)	(3)	(4)	(5)	(6)
	P75	P25	P75	P25	P75	P25
Age	-0.105***	-0.006	-0.029***	-0.043*	-0.035**	-0.037*
	(-5.62)	(-0.22)	(-2.62)	(-1.77)	(-2.44)	(-1.72)
Ldzcb	0.625	4.522***	3.125***	-0.729	2.694**	5.113***
	(0.72)	(2.65)	(4.49)	(-0.47)	(2.56)	(4.39)
Sdr	-0.710	2.088*	-0.782	-0.072	-0.588	-2.991**
	(-0.71)	(1.69)	(-1.13)	(-0.05)	(-0.62)	(-2.30)
Yyzjb	2.957***	-3.793**	-0.405	0.761	-1.019	-4.105***
	(3.02)	(-2.23)	(-0.56)	(0.50)	(-0.95)	(-3.43)
Yszksub	0.669	-0.567	-0.077	1.296*	-0.205	0.877*
	(1.40)	(-1.48)	(-0.33)	(1.93)	(-0.75)	(1.77)
Gdzczz	-0.002	0.000	-0.003	0.005	0.050***	-0.007
	(-0.26)	(0.04)	(-0.87)	(0.85)	(2.76)	(-1.28)
Zcfz	1.969**	-3.252**	0.649	-0.287	0.574	-2.229**
	(2.13)	(-2.14)	(0.97)	(-0.22)	(0.57)	(-2.11)
Zcbcl	0.443	1.764	-0.163	2.041	-0.796	4.462**
	(0.22)	(1.01)	(-0.15)	(0.78)	(-0.53)	(2.54)
Zyywsr	-0.064	0.034	-0.252*	0.017	-0.346*	0.126
	(-0.29)	(0.14)	(-1.82)	(0.06)	(-1.88)	(0.58)
Indzcfz	0.463	1.029	-0.026	2.964*	-0.049	0.530*
	(1.15)	(1.60)	(-0.33)	(1.96)	(-0.18)	(1.67)
Indzcbc	0.949	0.121	0.005	1.456	0.014	0.036
	(1.11)	(0.15)	(0.16)	(1.45)	(0.10)	(0.31)
Cons	-2.404***	-1.846***	-2.345***	-1.873*	-1.717***	-2.459***
	(-4.78)	(-2.75)	(-8.20)	(-1.95)	(-4.27)	(-4.25)
N	1455	810	2705	558	1946	767

注：***、**和*分别表示在1%、5%和10%水平上显著；括号中为参数估计的t值。在融

资约束机制中,P25表示高融资约束样本,P75表示低融资约束样本。在人力资本机制中,P25表示低人力资本样本,P75表示高人力资本样本。在知识溢出机制中,P25表示低知识溢出样本;P75表示高知识溢出样本。

表5-5反映了创新文化约束环境对知识型企业区位选择的影响。模型(1)—(6)分别表示创新文化约束环境通过改变企业融资约束、提升人力资本和知识溢出水平,影响知识型企业区位的选择。从整体上看,创新文化约束环境对知识型企业区位选择的影响在10%的水平上显著,且随着创新文化约束环境的改善,知识型企业选择科技创新中心城市的几率比随之增加。模型(1)—(2)表示在融资约束机制下创新文化约束环境对知识型企业区位选择的影响。高融资约束条件和低融资约束条件下,创新文化约束环境对知识型企业区位选择均产生正向影响且在1%的水平上显著。相较于高融资约束样本,在低融资约束样本中,创新文化约束环境对知识型企业选择科技创新中心城市概率的作用效果更强,融资约束机制下创新文化约束环境对知识型企业选择科技创新中心城市的影响不存在,假设5a不成立。模型(3)—(4)表示在人力资本机制下创新文化约束环境对知识型企业区位选择的影响。低人力资本条件和高人力资本条件下创新文化约束环境对知识型企业区位选择产生正向影响且在1%的水平上显著,相较于低人力资本样本,在高人力资本样本中,创新文化约束环境对知识型企业选择科技创新中心城市概率的作用效果更强,人力资本机制下创新文化约束环境对知识型企业选择科技创新中心城市的影响存在,假设5b成立。模型(5)—(6)表示在知识溢出机制下创新文化约束环境对知识型企业区位选择的影响。高知识溢出条件和低知识溢出条件下创新文化约束环境对知识型企业区位选择均产生正向影响且在1%的水平上显著。相较于高知识溢出样本,在低知识溢出样本中,创新文化约束环境对知识型企业选择科技创新中心城市概率的作用效果更强,知识溢出机制下创新文化约束环境对知识型企业选择科技创新中心城市的影响不存在,假设5c不成立。

表 5-5 创新文化约束环境对知识型企业区位选择的影响

	融资约束机制		人力资本机制		知识溢出机制	
	Cxzxcity		Cxzxcity		Cxzxcity	
	(1)	(2)	(3)	(4)	(5)	(6)
	P75	P25	P75	P25	P75	P25
Hjys	0.307***	0.203***	0.295***	0.161***	0.165***	0.875***
	(13.45)	(10.08)	(18.48)	(9.50)	(14.77)	(12.49)
Size	0.000**	-0.000	-0.000	-0.000	0.000	-0.000
	(2.12)	(-0.00)	(-0.56)	(-0.04)	(1.48)	(-0.76)
Age	-0.243***	-0.071**	-0.117***	-0.091***	-0.097***	-0.241***
	(-10.10)	(-2.15)	(-9.08)	(-3.41)	(-6.44)	(-6.52)
Ldzcb	0.878	3.481*	3.684***	0.184	2.975***	8.293***
	(0.89)	(1.76)	(4.77)	(0.10)	(2.79)	(4.66)
Sdr	0.681	0.975	-0.404	-2.451	0.308	-6.948***
	(0.66)	(0.75)	(-0.56)	(-1.43)	(0.32)	(-3.94)
Yyzjb	2.277**	-3.266*	-0.826	-0.028	-1.268	-6.067***
	(2.06)	(-1.65)	(-1.02)	(-0.02)	(-1.16)	(-3.29)
Yszksub	-0.196	-0.198	-0.161	0.598	-0.500*	1.129*
	(-0.40)	(-0.49)	(-0.68)	(0.88)	(-1.77)	(1.72)
Gdzczz	-0.005	0.002	-0.004	0.005	0.043**	-0.020*
	(-0.73)	(0.44)	(-1.05)	(0.73)	(2.42)	(-1.95)
Zcfz	1.964*	-2.314	0.182	-0.880	0.921	-7.006***
	(1.89)	(-1.29)	(0.24)	(-0.58)	(0.90)	(-4.18)
Zcbcl	1.181	1.545	-1.110	1.327	-1.722	3.254
	(0.56)	(0.80)	(-0.94)	(0.44)	(-1.09)	(1.24)
Zyywsr	0.035	0.107	-0.149	-0.057	-0.395**	0.524*
	(0.16)	(0.44)	(-1.01)	(-0.18)	(-2.09)	(1.66)
Indzcfz	1.395**	1.318*	0.067	3.048*	0.430	0.466
	(2.29)	(1.81)	(0.79)	(1.89)	(1.39)	(1.26)
Indzcbc	0.950	-1.339	0.020	1.066	0.208	0.050
	(1.00)	(-1.47)	(0.55)	(0.99)	(1.45)	(0.34)
Cons	-1.571***	-1.051	-1.554***	-1.027	-1.368***	-1.307*
	(-2.87)	(-1.35)	(-5.34)	(-1.03)	(-3.40)	(-1.76)
N	1455	810	2705	558	1946	767

注：***、**和*分别表示在1%、5%和10%水平上显著；括号中为参数估计的 t 值。在融

资约束机制中,P25表示高融资约束样本,P75表示低融资约束样本。在人力资本机制中,P25表示低人力资本样本,P75表示高人力资本样本。在知识溢出机制中,P25表示低知识溢出样本;P75表示高知识溢出样本。

从上述实证分析结果来看,无论是全样本分析,还是分指标分析,创新文化环境的改善,提升了知识型企业的人力资本水平,对知识型企业选择科技创新中心城市产生积极影响。但是,创新文化环境的改善,未能改变知识型企业的融资约束和知识溢出,没有对知识型企业选择科技创新中心城市产生影响。究其原因,可能是由于创新文化环境主要对人的价值观念、认知、态度和行为产生直接的影响。科技创新中心城市通过塑造创新文化,激发科技工作者的创新动机,提高科技工作者的创新产出效率,吸引知识型企业聚集到创新文化浓郁、创新氛围良好、创新人才聚集的科技创新中心城市聚集,选择企业需要的科技人才,促使知识型企业向科技创新中心城市的聚集。

金融机构、知识型企业是一种经济组织,追求利润最大化是其生产或创新的最终目标,企业将按照边际收益等于边际成本的原则开展业务活动。创新文化环境的改善,只能给金融机构和知识型企业营造良好的生产或创新氛围,并不能直接带来成本的减少或收益的增加。所以,改善科技创新中心城市的创新文化环境,对于缓解知识型企业的融资约束的影响不显著,进而对知识型企业选择科技创新中心城市的作用不明显。

良好的创新文化环境有助于建立友好的社会关系,促使不同企业之间、员工之间的交流与沟通。但是,知识型企业作为经济组织,有自身的利益,在交流与沟通中,不可能分享企业拥有的所有的知识和技术。与此同时,企业为了避免知识和技术的泄露,往往制定相应的安全保密制度。这些都阻碍了企业之间的知识溢出。因此,改善科技创新中心城市的创新文化环境,对于提升知识型企业的知识溢出水平影响不显著,进而对知识型企业选择科技创新中心城市的作用不明显。

对上述机制进行稳健性检验,融资约束使用 WW 指数表示,人力资本使用知识型企业本科以上职工数自然对数表示,企业知识溢出使用符淼(2009)的企业间距离衰减系数测算。借鉴 Baron 和 Kenny(1986)的中介效应法,验证融资约束(SA)、人力资本(Hi)和知识溢出(Yc)机制下创新文化环境对知识型企业区位选择的影响。

在表5-6中,模型(1)—(3)分别表示创新文化环境通过改变企业融资约束、提升人力资本和知识溢出水平,影响知识型企业区位的选择。模型(1)表示在融资约束机制下创新文化环境对知识型企业区位选择的影响。依据中介效应逐步法,在1%的显著水平上,创新文化环境的改善,加剧了知识型企业的融资约束,降低了知识型企业选择科技创新中心城市的几率比,假设5a未得到验证。模型(2)表示在人力资本机制下创新文化环境对知识型企业区位选择的影响。依据中介效应逐步法,在1%的显著水平上,创新文化环境的改善,提升了知识型企业人力资本水平,增加了知识型企业选择科技创新中心城市的几率比,假设5b得到验证。模型(3)表示在知识溢出机制下创新文化环境对知识型企业区位选择的影响。依据中介效应逐步法,在1%的显著水平上,创新文化环境的改善,降低了知识型企业的知识溢出,降低了知识型企业选择科技创新中心城市的几率比,假设5c未得到验证。

表5-6 创新文化环境对知识型企业区位选择影响的稳健性检验

	融资约束机制			人力资本机制			知识溢出机制		
	Cxzxcity			Cxzxcity			Cxzxcity		
	(1)			(2)			(3)		
	Cxzxcity	WW	Cxzxcity	Cxzxcity	Hin	Cxzxcity	Cxzxcity	Ycn	Cxzxcity
Hj	0.234***	0.000***	0.233***	0.193***	0.007***	0.191***	0.216***	-0.144***	0.213***
	(27.25)	(3.32)	(27.16)	(19.61)	(4.09)	(19.42)	(25.55)	(-24.08)	(24.93)
WW			-0.193**						
			(-2.18)						
Hin						0.276***			
						(3.83)			
Ycn									0.024**
									(2.24)
$Size$	0.000	-0.000***	0.000	0.000**	0.000***	0.000	0.000	0.000***	0.000
	(0.78)	(-55.32)	(0.73)	(2.36)	(27.64)	(0.07)	(0.92)	(7.55)	(0.56)
Age	-0.084***	-0.001***	-0.084***	-0.093***	0.002	-0.094***	-0.079***	0.115***	-0.083***
	(-9.23)	(-9.05)	(-9.10)	(-6.17)	(0.42)	(-6.23)	(-6.94)	(8.70)	(-7.24)

续表

	融资约束机制			人力资本机制			知识溢出机制		
	Cxzxcity			Cxzxcity			Cxzxcity		
	（1）			（2）			（3）		
	Cxzxcity	WW	Cxzxcity	Cxzxcity	Hin	Cxzxcity	Cxzxcity	Ycn	Cxzxcity
Ldzcbl	2.554***	0.007	2.562***	0.300	0.967***	0.104	1.174*	1.221	1.132*
	(4.25)	(0.78)	(4.26)	(0.32)	(3.17)	(0.11)	(1.72)	(1.32)	(1.65)
Sdrl	-0.269	-0.003	-0.254	0.193	2.482***	-0.572	-0.631	4.200***	-0.786
	(-0.47)	(-0.42)	(-0.45)	(0.23)	(10.49)	(-0.65)	(-0.97)	(5.51)	(-1.20)
Yyzjbl	-0.978	0.014	-0.986	0.646	-1.450***	1.003	0.262	-0.369	0.273
	(-1.56)	(1.48)	(-1.57)	(0.65)	(-4.64)	(1.02)	(0.36)	(-0.39)	(0.38)
Yszksub	0.003	0.010***	-0.001	0.455	-0.585***	0.600	0.237	0.255	0.245
	(0.02)	(3.40)	(-0.00)	(1.14)	(-5.79)	(1.49)	(0.80)	(0.75)	(0.82)
Gdzczzl	-0.000	-0.000	-0.001	0.013*	-0.004***	0.015**	-0.001	0.000	-0.002
	(-0.14)	(-0.62)	(-0.16)	(1.90)	(-4.06)	(2.18)	(-0.40)	(0.09)	(-0.44)
Zcfzl	-0.237	-0.052***	-0.236	0.084	-0.482*	0.206	0.306	-3.504***	0.396
	(-0.41)	(-6.19)	(-0.41)	(0.10)	(-1.74)	(0.24)	(0.48)	(-4.15)	(0.61)
Zcbcl	-1.132	-0.126***	-1.151	-2.342	2.034***	-2.890*	-0.791	-2.879**	-0.709
	(-1.17)	(-9.50)	(-1.18)	(-1.45)	(4.69)	(-1.76)	(-0.70)	(-2.12)	(-0.62)
Zyywsrl	-0.028	-0.034***	-0.022	0.235	-0.295***	0.299	0.108	0.091	0.112
	(-0.24)	(-21.86)	(-0.18)	(1.23)	(-5.99)	(1.56)	(0.81)	(0.58)	(0.85)
Indzcfzl	0.078	-0.000	0.077	-0.114	-3.736***	0.621	0.220	-1.257***	0.296*
	(0.88)	(-0.32)	(0.88)	(-0.14)	(-15.66)	(0.75)	(1.35)	(-8.96)	(1.68)
Indzcbcl	0.030	0.000	0.030	0.961	-0.639***	1.131*	0.000	0.007***	-0.000
	(0.78)	(0.99)	(0.78)	(1.57)	(-4.03)	(1.83)	(0.08)	(6.16)	(-0.00)
Cons	-1.368***	-0.892***	-1.195	-0.655	10.397***	-3.400***	-1.281***	16.234***	-1.660***
	(-5.69)	(-72.82)	(-1.23)	(-1.26)	(72.55)	(-3.82)	(-4.34)	(46.14)	(-4.85)
Sobel		2.541**			2.347**			3.222***	
N	4480	4476	4476	2408	2408	2408	3727	3727	3727

注：***、**和*分别表示在1%、5%和10%水平上显著；括号中为参数估计的t值。

在表5-7中，模型（1）—（3）分别表示创新文化激励环境通过改变企业融资约束、提升人力资本和知识溢出水平,影响知识型企业区位的选择。模型(1)表示在融资约束机制下创新文化激励环境对知识型企业区位选择的影响。依据中介效应逐步法,在1%的显著水平上,创新文化激励环境的改善,加剧了知识型企业的融资约束,降低了知识型企业选择科技创新中心城市的几率比,假设5a未得到验证。模型(2)表示在人力资本机制下创新文化激励环境对知识型企业区位选择的影响。依据中介效应逐步法,在1%的显著水平上,创新文化激励环境的改善,提升了知识型企业人力资本水平,增加知识型企业选择科技创新中心城市的几率比,假设5b得到验证。模型(3)表示在知识溢出机制下创新文化激励环境对知识型企业区位选择的影响。依据中介效应逐步法,在1%的显著水平上,创新文化激励环境的改善,降低了知识型企业的知识溢出,降低了知识型企业选择科技创新中心城市的几率比,假设5c未得到验证。

表5-7 创新文化激励环境对知识型企业区位选择影响的稳健性检验

	融资约束机制			人力资本机制			知识溢出机制		
	$Cxzxcity$ (1)			$Cxzxcity$ (2)			$Cxzxcity$ (3)		
	$Cxzxcity$	WW	$Cxzxcity$	$Cxzxcity$	Hin	$Cxzxcity$	$Cxzxcity$	Ycn	$Cxzxcity$
$Hjjl$	0.189***	0.000***	0.189***	0.163***	0.011***	0.161***	0.175***	−0.124***	0.170***
	(27.16)	(3.27)	(27.06)	(18.67)	(6.14)	(18.43)	(24.95)	(−18.86)	(23.84)
WW			−0.599						
			(−0.59)						
Hin						0.233***			
						(3.54)			
Ycn									0.062***
									(5.70)
$Size$	0.000**	−0.000***	0.000**	0.000***	0.000***	0.000	0.000**	0.000***	0.000
	(2.04)	(−55.38)	(1.98)	(2.62)	(27.72)	(0.46)	(2.00)	(8.30)	(1.08)
Age	−0.044***	−0.001***	−0.043***	−0.072***	0.002	−0.072***	−0.047***	0.140***	−0.059***
	(−5.27)	(−8.90)	(−5.10)	(−5.25)	(0.59)	(−5.27)	(−4.61)	(10.35)	(−5.58)
$Ldzcbl$	2.027***	0.007	2.031***	0.180	0.939***	−0.025	0.909	1.187	0.836
	(3.57)	(0.74)	(3.57)	(0.20)	(3.09)	(−0.03)	(1.42)	(1.25)	(1.29)

续表

	融资约束机制 Cxzxcity (1)			人力资本机制 Cxzxcity (2)			知识溢出机制 Cxzxcity (3)		
	Cxzxcity	WW	Cxzxcity	Cxzxcity	Hin	Cxzxcity	Cxzxcity	Ycn	Cxzxcity
Sdrl	−0.218	−0.004	−0.200	−0.181	2.438***	−0.802	−0.655	3.833***	−1.007*
	(−0.41)	(−0.52)	(−0.37)	(−0.23)	(10.35)	(−0.99)	(−1.09)	(4.89)	(−1.66)
Yyzjbl	−0.314	0.014	−0.322	0.813	−1.448***	1.163	0.619	−0.089	0.612
	(−0.53)	(1.52)	(−0.55)	(0.88)	(−4.65)	(1.24)	(0.93)	(−0.09)	(0.91)
Yszksub	0.097	0.010***	0.085	0.943**	−0.593***	1.058***	0.612**	0.535	0.606**
	(0.50)	(3.48)	(0.44)	(2.49)	(−5.90)	(2.79)	(2.20)	(1.54)	(2.17)
Gdzczzl	0.002	−0.000	0.002	0.018**	−0.004***	0.019***	0.002	0.007**	0.002
	(0.68)	(−0.41)	(0.66)	(2.52)	(−3.91)	(2.74)	(0.55)	(2.04)	(0.46)
Zcfzl	−0.011	−0.052***	0.014	0.189	−0.475*	0.337	0.451	−3.695***	0.664
	(−0.02)	(−6.21)	(0.03)	(0.23)	(−1.72)	(0.41)	(0.75)	(−4.26)	(1.10)
Zcbcl	−0.937	−0.126***	−0.925	−1.920	2.096***	−2.355	−0.717	−2.925**	−0.522
	(−1.05)	(−9.48)	(−1.03)	(−1.33)	(4.85)	(−1.61)	(−0.70)	(−2.09)	(−0.50)
Zyywsrl	−0.012	−0.034***	0.009	0.295*	−0.299***	0.351**	0.125	0.171	0.131
	(−0.11)	(−21.84)	(0.08)	(1.67)	(−6.11)	(1.99)	(1.01)	(1.05)	(1.05)
Indzcfzl	0.004	−0.000	0.004	−0.213	−3.723***	0.467	0.045	−1.397***	0.205
	(0.05)	(−0.40)	(0.05)	(−0.28)	(−15.70)	(0.60)	(0.36)	(−9.71)	(1.29)
Indzcbcl	0.017	0.000	0.017	0.924	−0.656***	1.096*	0.002	0.008***	0.001
	(0.49)	(1.03)	(0.50)	(1.59)	(−4.16)	(1.87)	(0.14)	(6.65)	(0.10)
Cons	−1.449***	−0.892***	−0.914	−0.487	10.346***	−2.832***	−1.234***	16.386***	−2.243***
	(−6.32)	(−271.98)	(−0.99)	(−1.01)	(72.68)	(−3.45)	(−4.49)	(45.22)	(−6.70)
Sobel		1.953*			2.632***			4.112***	
N	4480	4476	4476	2408	2408	2408	3727	3727	3727

注:***、**和*分别表示在1%、5%和10%水平上显著;括号中为参数估计的 t 值。

在表5-8中,模型(1)—(3)分别表示创新文化约束环境通过改变企业融资约束、提升人力资本和知识溢出水平,影响知识型企业区位的选择。模型(1)表示在融资约束机制下创新文化约束环境对知识型企业区位选择的影响。依据中介效应逐步法,在1%的显著水平上,创新文化约束环境的改善,加剧了知识型企业的融资约束,降低了知识型企业选择科技创新中心城市的几率比,假设5a未得到验证。模型(2)表示在人力资本机制下创新文化约束环境对知识型企业区位选择的影响。依据中介效应逐步法,在1%的显著水平上,创新文化约束环境的改善,提升了知识型企业人力资本水平,增加知识型企业选择科技创新中心城市的几率比,假设5b得到验证。模型(3)表示在知识溢出机制下创新文化约束环境对知识型企业区位选择的影响。依据中介效应逐步法,在1%的显著水平上,创新文化约束环境的改善,降低了知识型企业的知识溢出,降低了知识型企业选择科技创新中心城市的几率比,假设5c未得到验证。

表5-8 创新文化约束环境对知识型企业区位选择影响的稳健性检验

	融资约束机制			人力资本机制			知识溢出机制		
	Cxzxcity (1)			Cxzxcity (2)			Cxzxcity (3)		
	Cxzxcity	WW	Cxzxcity	Cxzxcity	Hin	Cxzxcity	Cxzxcity	Ycn	Cxzxcity
Hj	0.225***	0.000**	0.225***	0.169***	0.001	0.170***	0.214***	−0.089***	0.218***
	(24.09)	(2.51)	(24.00)	(17.80)	(1.01)	(17.77)	(22.43)	(−21.76)	(21.78)
WW			−0.109						
			(−0.11)						
Hin						0.404***			
						(5.54)			
Ycn									0.014
									(1.37)
Size	−0.000	−0.000***	−0.000	0.000	0.000***	−0.000	−0.000	0.000***	−0.000
	(−0.54)	(−55.22)	(−0.36)	(1.59)	(27.71)	(−1.37)	(−0.27)	(7.78)	(−0.08)
Age	−0.115***	−0.001***	−0.114***	−0.106***	0.002	−0.107***	−0.106***	0.110***	−0.103***
	(−12.06)	(−8.87)	(−11.92)	(−6.87)	(0.54)	(−6.93)	(−9.07)	(8.14)	(−8.76)
Ldzcbl	2.446***	0.007	2.456***	−0.129	1.013***	−0.114	1.106	1.557*	1.136
	(4.02)	(0.79)	(4.03)	(−0.13)	(3.31)	(−0.12)	(1.58)	(1.66)	(1.62)
Sdrl	−0.179	−0.002	−0.162	0.074	2.480***	−1.162	−0.530	4.959***	−0.449
	(−0.32)	(−0.26)	(−0.29)	(0.09)	(10.44)	(−1.37)	(−0.85)	(6.43)	(−0.71)

续表

	融资约束机制 Cxzxcity (1)			人力资本机制 Cxzxcity (2)			知识溢出机制 Cxzxcity (3)		
	Cxzxcity	WW	Cxzxcity	Cxzxcity	Hin	Cxzxcity	Cxzxcity	Ycn	Cxzxcity
Yyzjbl	−0.465	0.014	−0.476	1.746*	−1.446***	1.967*	0.797	−0.276	0.789
	(−0.73)	(1.56)	(−0.75)	(1.70)	(−4.61)	(1.93)	(1.08)	(−0.29)	(1.07)
Yszksub	−0.162	0.010***	−0.164	0.275	−0.558***	0.461	−0.079	0.330	−0.087
	(−0.81)	(3.39)	(−0.82)	(0.71)	(−5.51)	(1.19)	(−0.27)	(0.96)	(−0.30)
Gdzczzl	0.001	−0.000	0.001	0.015**	−0.004***	0.017**	−0.001	−0.001	−0.000
	(0.22)	(−0.58)	(0.21)	(2.12)	(−3.61)	(2.45)	(−0.17)	(−0.39)	(−0.14)
Zcfzl	0.157	−0.052***	0.150	1.008	−0.501*	0.927	0.689	−3.628***	0.632
	(0.27)	(−6.21)	(0.26)	(1.13)	(−1.80)	(1.04)	(1.05)	(−4.24)	(0.96)
Zcbcl	−1.292	−0.127***	−1.322	−2.231	1.983***	−3.203*	−0.811	−3.664***	−0.839
	(−1.34)	(−9.56)	(−1.37)	(−1.38)	(4.56)	(−1.94)	(−0.71)	(−2.66)	(−0.74)
Zyywsrl	−0.020	−0.034***	−0.016	0.182	−0.281***	0.295	0.108	0.156	0.105
	(−0.17)	(−21.78)	(−0.13)	(0.97)	(−5.70)	(1.58)	(0.83)	(0.98)	(0.80)
Indzcfzl	0.148	−0.000	0.147	−0.803	−3.803***	0.401	0.380**	−1.233***	0.339*
	(1.52)	(−0.35)	(1.51)	(−1.01)	(−15.89)	(0.48)	(2.16)	(−8.67)	(1.96)
Indzcbcl	0.052	0.000	0.051	0.555	−0.640***	0.819	−0.001	0.007***	−0.000
	(1.17)	(1.02)	(1.17)	(0.92)	(−4.03)	(1.34)	(−0.12)	(5.99)	(−0.06)
Cons	−0.875***	−0.891***	−0.776	−0.228	10.498***	−4.321***	−0.953***	16.788***	−0.744**
	(−3.77)	(−273.51)	(−0.82)	(−0.45)	(73.67)	(−4.80)	(−3.29)	(47.47)	(−2.28)
Sobel		1.842*			1.971**			1.763*	
N	4480	4476	4476	2408	2408	2408	3727	3727	3727

注:***、**和*分别表示在1%、5%和10%水平上显著;括号中为参数估计的t值。

二、企业异质性条件下创新文化环境、企业区位选择与科技创新中心城市形成分析

在表5-9中,模型(1)—(12)分别表示引入企业异质性因素后,在融资约束、人力资本以及知识溢出机制下创新文化环境对国有和民营知识型企业区位选择的影响。从整体上看,创新文化环境对知识型企业选择科技创新中心城市的几率比在1%的水平上显著,且随着创新文化环境的改善,知识型企业选择科技创新中心城市的几率比提升。

模型(1)—(2)表示在融资约束机制下创新文化环境对国有知识型企业区位选择的影响。高融资约束条件和低融资约束条件下,创新文化环境对国有知识型企业区位选择均产生正向影响且在1%的水平上显著。相较于高融资约束样本,在低融资约束样本中,创新文化环境对国有知识型企业选择科技创新中心城市概率的作用效果更强,融资约束机制下创新文化环境对国有知识型企业选择科技创新中心城市的影响不存在,假设5a未得到证明。模型(3)—(4)表示在融资约束机制下创新文化环境对民营知识型企业区位选择的影响。高融资约束条件和低融资约束条件下,创新文化环境对民营知识型企业区位选择均产生正向影响且在1%的水平上显著。相较于低融资约束样本,在高融资约束样本中,创新文化环境对民营知识型企业选择科技创新中心城市概率的作用效果更强,融资约束机制下创新文化环境对民营知识型企业选择科技创新中心城市的影响存在,假设5a成立。

模型(5)—(6)表示在人力资本机制下创新文化环境对国有知识型企业区位选择的影响。低人力资本条件和高人力资本条件下创新文化环境对国有知识型企业区位选择产生正向影响且在1%的水平上显著,相较于低人力资本样本,在高人力资本样本中,创新文化环境对国有知识型企业选择科技创新中心城市概率的作用效果更强,人力资本机制下创新文化环境对国有知识型企业选择科技创新中心城市的影响存在,假设5b得到证明。模型(7)—(8)表示在人力资本机制下创新文化环境对民营知识型企业区位选择的影响。低人力资本条件和高人力资本条件下创新文化环境对民营知识型企业区位选择产生正向

第五章 创新文化环境、企业区位选择与科技创新中心城市形成实证分析

表5-9 企业异质性条件下创新文化环境对知识型企业区位选择的影响

	融资约束机制 $Cxzxcity$				人力资本机制 $Cxzxcity$				知识溢出机制 $Cxzxcity$			
	(1)国有 P75	(2)国有 P25	(3)民营 P75	(4)民营 P25	(5)国有 P75	(6)国有 P25	(7)民营 P75	(8)民营 P25	(9)国有 P75	(10)国有 P25	(11)民营 P75	(12)民营 P25
Hj	0.362***	0.193***	0.323***	0.219***	0.286***	0.185***	0.255***	0.170***	0.177***	0.362***	0.182***	0.358***
	(10.72)	(15.89)	(18.16)	(10.31)	(19.60)	(12.51)	(21.58)	(9.72)	(17.00)	(11.23)	(15.87)	(13.89)
$Size$	0.000*	−0.000**	0.000***	0.000	0.000	−0.000	0.000	0.000	0.000	−0.000	0.000**	−0.000
	(1.78)	(−2.12)	(2.62)	(0.84)	(0.84)	(−0.06)	(0.21)	(0.68)	(0.83)	(−0.85)	(1.97)	(−0.46)
Age	−0.248***	−0.029	−0.152***	−0.053	−0.061***	−0.095***	−0.074***	−0.073***	−0.070***	−0.088***	−0.074***	−0.080***
	(−7.23)	(−1.40)	(−8.53)	(−1.47)	(−4.67)	(−4.43)	(−6.46)	(−2.75)	(−5.43)	(−2.82)	(−4.84)	(−3.22)
$Ldzcb$	1.055	3.733***	1.537*	6.335***	3.687***	1.662	3.260***	−0.333	2.154**	6.468***	3.214**	5.866***
	(0.86)	(2.92)	(1.79)	(2.98)	(4.65)	(1.17)	(4.53)	(−0.19)	(2.20)	(3.81)	(2.90)	(4.37)
Sdr	2.394	0.167	0.502	2.204	−0.622	−1.222	−0.970	−0.861	0.161	−1.980	0.136	−2.688*
	(1.28)	(0.17)	(0.54)	(1.51)	(−0.80)	(−0.88)	(−1.39)	(−0.50)	(0.18)	(−1.10)	(0.14)	(−1.85)
$Yyzjb$	4.609***	−3.422***	1.387	−6.683***	−1.264	−1.819	−0.602	0.081	−0.887	−6.221***	−1.630	−5.067***
	(3.08)	(−2.63)	(1.47)	(−3.19)	(−1.51)	(−1.29)	(−0.80)	(0.05)	(−0.89)	(−3.56)	(−1.44)	(−3.62)
$Yszksub$	2.436***	−0.240	0.225	−0.546	−0.067	0.784	−0.023	0.978	−0.438	0.833	−0.433	1.060*
	(2.70)	(−0.81)	(0.52)	(−1.18)	(−0.27)	(1.31)	(−0.10)	(1.39)	(−1.63)	(1.28)	(−1.51)	(1.93)
$Gdzczz$	−0.014*	0.001	−0.005	0.002	−0.008*	0.004	−0.006	0.004	0.046***	−0.006	0.038**	−0.010
	(−1.65)	(0.19)	(−0.75)	(0.24)	(−1.76)	(0.60)	(−1.43)	(0.60)	(2.78)	(−0.68)	(2.17)	(−1.34)

· 167 ·

续表

	融资约束机制 Cxzxcity						人力资本机制 Cxzxcity						知识溢出机制 Cxzxcity			
	(1)国有 P75	(2)国有 P25	(3)民营 P75	(4)民营 P25	(5)国有 P75	(6)国有 P25	(7)民营 P75	(8)民营 P25	(9)国有 P75	(10)国有 P25	(11)民营 P75	(12)民营 P25
Zcfz	3.523**	-1.664	1.282	-5.970***	0.021	-1.984*	0.673	-0.823	0.620	-4.032***	0.654	-3.382***
	(2.47)	(-1.41)	(1.48)	(-3.16)	(0.03)	(-1.65)	(0.96)	(-0.58)	(0.66)	(-2.62)	(0.61)	(-2.72)
Zcbcl	5.719*	-1.429	0.576	0.919	-0.535	-3.718	-0.311	1.617	-2.036	6.147**	-0.882	5.978***
	(1.92)	(-1.00)	(0.32)	(0.44)	(-0.44)	(-1.58)	(-0.27)	(0.54)	(-1.39)	(2.39)	(-0.55)	(2.87)
Zcyywsr	-0.085	-0.056	-0.012	0.041	-0.209	0.347	-0.227	-0.031	-0.219	0.114	-0.440**	0.095
	(-0.27)	(-0.31)	(-0.06)	(0.15)	(-1.35)	(1.33)	(-1.58)	(-0.10)	(-1.25)	(0.36)	(-2.27)	(0.37)
Indzcfz	0.635	0.195	0.195	1.666*	-0.018	3.732**	0.013	3.549**	-0.207	0.590	0.259	0.592*
	(1.20)	(0.79)	(0.84)	(1.88)	(-0.24)	(2.56)	(0.15)	(2.11)	(-1.64)	(1.63)	(0.87)	(1.71)
Indzcbc	-0.002	-0.000	0.134	0.258	0.002	1.338	0.008	1.397	-0.076	0.039	0.140	0.032
	(-0.06)	(-0.05)	(0.54)	(0.26)	(0.20)	(1.43)	(0.24)	(1.29)	(-1.44)	(0.29)	(0.98)	(0.26)
Cons	-3.512***	-1.140**	-2.321***	-1.518*	-2.318***	-1.226	-2.199***	-1.799*	-1.014***	-2.705***	-1.776***	-2.808***
	(-4.19)	(-2.48)	(-5.45)	(-1.70)	(-7.33)	(-1.46)	(-7.56)	(-1.69)	(-2.88)	(-3.54)	(-4.21)	(-4.28)
N	871	1515	1951	691	2385	926	2893	513	2310	524	1871	795

注：***、**和*分别表示在1%、5%和10%水平上显著；括号中为参数估计的t值。在融资约束机制中，P25表示低融资约束样本，P75表示高融资约束样本。在人力资本机制中，P25表示低人力资本样本，P75表示高人力资本样本。在知识溢出机制中，P25表示低知识溢出样本，P75表示高知识溢出样本。

影响且在1%的水平上显著,相较于低人力资本样本,在高人力资本样本中,创新文化环境对民营知识型企业选择科技创新中心城市概率的作用效果更强,人力资本机制下创新文化环境对民营知识型企业选择科技创新中心城市的影响存在,假设5b得到证明。

模型(9)—(10)表示在知识溢出机制下创新文化环境对国有知识型企业区位选择的影响。高知识溢出条件和低知识溢出条件下创新文化环境对国有知识型企业区位选择均产生正向影响且在1%的水平上显著。相较于高知识溢出样本,在低知识溢出样本中,创新文化环境对国有知识型企业选择科技创新中心城市概率的作用效果更强,知识溢出机制下创新文化环境对国有知识型企业选择科技创新中心城市的影响不存在,假设5c未得到证明。模型(11)—(12)表示在知识溢出机制下创新文化环境对民营知识型企业区位选择的影响。高知识溢出条件和低知识溢出条件下创新文化环境对民营知识型企业区位选择均产生正向影响且在1%的水平上显著。相较于高知识溢出样本,在低知识溢出样本中,创新文化环境对民营知识型企业选择科技创新中心城市概率的作用效果更强,知识溢出机制下创新文化环境对民营知识型企业选择科技创新中心城市的影响不存在,假设5c未得到证明。

创新文化环境对知识型企业选择科技创新中心城市的融资约束机制因企业属性变化而存在差异,可能的原因是中国国有和民营知识型企业的"所有制"差异影响了国有银行对企业的资金支持。知识型企业自有资金有限,对外部资金的依赖性强。由于国有商业银行更偏向为国有企业提供资金支持,民营企业面临着更为严重的融资约束。当创新文化环境改善时,金融机构对民营知识型企业的"所有制"歧视减弱,融资环境也随之改善,国有商业银行愿意给予民营知识型企业一定的资金支持,民营知识型企业的融资约束得到缓解,驱使民营知识型企业选择融资约束小的科技创新中心城市。相较于民营知识型企业,国有知识型企业享有天然的"优势",便于获取更多的外部资金,因此,创新文化环境的改善并未有效缓解国有知识型企业的融资约束(郑萌萌 等,2013)。

在表5-10中,模型(1)—(12)分别表示引入企业异质性因素后,在融资约束、人力资本以及知识溢出机制下创新文化激励环境对知识型企业区位选择的影响。从整体上看,创新文化激励环境对知识型企业选择科技创新中心城市影响的几率比在1%的水平上显著,且随着创新文化激励环境的改善,知识型企业选择科技创新中心城市的几率比提升。

模型(1)—(2)表示在融资约束机制下创新文化激励环境对国有知识型企业区位选择的影响。高融资约束条件和低融资约束条件下,创新文化激励环境对国有知识型企业区位选择均产生正向影响且在1%的水平上显著。相较于高融资约束样本,在低融资约束样本中,创新文化激励环境对国有知识型企业选择科技创新中心城市概率的作用效果更强,融资约束机制下创新文化激励环境对国有知识型企业选择科技创新中心城市的影响不存在,假设5a未得到证明。模型(3)—(4)表示在融资约束机制下创新文化激励环境对民营知识型企业区位选择的影响。高融资约束条件和低融资约束条件下,创新文化激励环境对民营知识型企业区位选择均产生正向影响且在1%的水平上显著。相较于高融资约束样本,在低融资约束样本中,创新文化激励环境对民营知识型企业选择科技创新中心城市概率的作用效果更强,融资约束机制下创新文化激励环境对民营知识型企业选择科技创新中心城市的影响不存在,假设5a未得到证明。

模型(5)—(6)表示在人力资本机制下创新文化激励环境对国有知识型企业区位选择的影响。低人力资本条件和高人力资本条件下创新文化激励环境对国有知识型企业区位选择产生正向影响且在1%的水平上显著,相较于低人力资本样本,在高人力资本样本中,创新文化激励环境对国有知识型企业选择科技创新中心城市概率的作用效果更强,人力资本机制下创新文化激励环境对国有知识型企业选择科技创新中心城市的影响存在,假设5b得到证明。模型(7)—(8)表示在人力资本机制下创新文化激励环境对民营知识型企业区位选择的影响。低人力资本条件和高人力资本条件下创新文化激励环境对民营知识型企业区位选择产生正向影响且在1%的水平上显著,

表5-10 企业异质性条件下创新文化激励环境对知识型企业区位选择的影响

	融资约束机制 Cxzxcity				人力资本机制 Cxzxcity				知识溢出机制 Cxzxcity			
	(1)国有 P75	(2)国有 P25	(3)民营 P75	(4)民营 P25	(5)国有 P75	(6)国有 P25	(7)民营 P75	(8)民营 P25	(9)国有 P75	(10)国有 P25	(11)民营 P75	(12)民营 P25
Hjjl	0.252***	0.147***	0.245***	0.184***	0.210***	0.157***	0.197***	0.149***	0.162***	0.196***	0.166***	0.200***
	(11.06)	(14.56)	(18.41)	(10.23)	(19.40)	(11.53)	(21.58)	(8.75)	(16.59)	(10.30)	(15.33)	(12.81)
Size	0.000**	-0.000**	0.000***	0.000	0.000**	0.000	0.000	0.000	0.000	-0.000	0.000**	-0.000
	(2.07)	(-2.09)	(3.18)	(1.16)	(2.02)	(0.88)	(1.53)	(1.39)	(1.54)	(-0.84)	(2.40)	(-0.48)
Age	-0.127***	0.000	-0.079***	-0.016	-0.017	-0.074***	-0.031***	-0.051**	-0.035***	-0.055**	-0.039***	-0.037*
	(-4.83)	(0.02)	(-5.13)	(-0.50)	(-1.39)	(-3.82)	(-2.99)	(-2.04)	(-2.78)	(-2.04)	(-2.63)	(-1.74)
Ldzcb	0.755	3.174***	0.766	5.540***	3.264***	1.043	2.887***	-0.714	1.805*	5.568***	2.858***	5.039***
	(0.68)	(2.69)	(0.98)	(2.90)	(4.43)	(0.78)	(4.26)	(-0.45)	(1.88)	(3.87)	(2.66)	(4.35)
Sdr	1.774	0.624	-0.022	2.730**	-0.606	-0.613	-0.944	0.110	-0.243	-2.194	-0.458	-2.800**
	(1.04)	(0.70)	(-0.03)	(1.97)	(-0.82)	(-0.48)	(-1.43)	(0.07)	(-0.28)	(-1.36)	(-0.47)	(-2.18)
Yyzjb	4.366***	-2.243*	2.032**	-5.115***	-0.742	-0.918	-0.211	0.968	-0.437	-5.120***	-1.143	-4.092***
	(3.37)	(-1.87)	(2.39)	(-2.72)	(-0.96)	(-0.69)	(-0.30)	(0.62)	(-0.45)	(-3.47)	(-1.05)	(-3.44)
Yszksub	2.427***	-0.203	0.452	-0.717*	-0.145	1.040*	-0.034	1.223*	-0.289	0.619	-0.227	0.824*
	(2.83)	(-0.73)	(1.14)	(-1.65)	(-0.61)	(1.84)	(-0.15)	(1.81)	(-1.11)	(1.05)	(-0.82)	(1.67)
Gdzzz	-0.006	0.001	0.001	0.001	-0.005	0.006	-0.003	0.005	0.055***	-0.005	0.051***	-0.007
	(-0.76)	(0.30)	(0.24)	(0.12)	(-1.30)	(1.04)	(-0.73)	(0.76)	(3.23)	(-0.64)	(2.71)	(-1.25)

续表

	融资约束机制 Cxzxcity				人力资本机制 Cxzxcity				知识溢出机制 Cxzxcity			
	(1)国有 P75	(2)国有 P25	(3)民营 P75	(4)民营 P25	(5)国有 P75	(6)国有 P25	(7)民营 P75	(8)民营 P25	(9)国有 P75	(10)国有 P25	(11)民营 P75	(12)民营 P25
Zcfz	2.359*	-1.157	1.300*	-4.750***	0.381	-1.449	0.835	-0.099	0.461	-2.764**	0.519	-2.149**
	(1.95)	(-1.08)	(1.67)	(-2.80)	(0.53)	(-1.26)	(1.28)	(-0.08)	(0.51)	(-2.14)	(0.51)	(-2.05)
Zcbcl	1.893	-0.751	-0.857	1.453	-0.289	-2.868	-0.051	1.743	-1.445	5.117**	-0.358	4.521***
	(0.72)	(-0.57)	(-0.52)	(0.77)	(-0.25)	(-1.36)	(-0.05)	(0.65)	(-1.03)	(2.26)	(-0.23)	(2.58)
Zyywsr	-0.053	-0.093	0.072	-0.052	-0.257*	0.350	-0.254*	0.022	-0.160	0.051	-0.373**	0.106
	(-0.19)	(-0.55)	(0.39)	(-0.20)	(-1.76)	(1.44)	(-1.86)	(0.08)	(-0.94)	(0.19)	(-2.02)	(0.48)
Indzcfz	0.326	-0.001	0.009	1.372*	-0.044	3.192**	-0.024	3.331**	-0.360**	0.596*	-0.021	0.532*
	(0.72)	(-0.01)	(0.04)	(1.77)	(-0.57)	(2.37)	(-0.31)	(2.13)	(-2.40)	(1.76)	(-0.08)	(1.68)
Indzcbc	0.028	0.001	0.187	0.815	0.003	1.425	0.006	1.488	-0.128**	0.037	0.027	0.034
	(0.09)	(0.26)	(0.65)	(0.89)	(0.17)	(1.63)	(0.18)	(1.45)	(-1.99)	(0.29)	(0.19)	(0.29)
Cons	-2.802***	-1.278***	-2.070***	-2.032**	-2.429***	-1.110	-2.293***	-2.110**	-1.054***	-2.352***	-1.765***	-2.489***
	(-3.85)	(-3.07)	(-5.34)	(-2.56)	(-8.05)	(-1.43)	(-8.23)	(-2.11)	(-3.01)	(-3.48)	(-4.30)	(-4.34)
N	871	1515	1951	691	2385	926	2893	513	2310	524	1871	795

注：***、**和*分别表示在1%、5%和10%水平上显著；括号中为参数估计的t值。在融资约束机制中，P25表示低融资约束样本，P75表示高融资约束样本。在人力资本机制中，P25表示低人力资本样本，P75表示高人力资本样本。在知识溢出机制中，P25表示低知识溢出样本；P75表示高知识溢出样本。

第五章 创新文化环境、企业区位选择与科技创新中心城市形成实证分析

相较于低人力资本样本,在高人力资本样本中,创新文化激励环境对民营知识型企业选择科技创新中心城市概率的作用效果更强,人力资本机制下创新文化激励环境对民营知识型企业选择科技创新中心城市的影响存在,假设5b得到证明。

模型(9)—(10)表示在知识溢出机制下创新文化激励环境对国有知识型企业区位选择的影响。高知识溢出条件和低知识溢出条件下创新文化激励环境对国有知识型企业区位选择均产生正向影响且在1%的水平上显著。相较于高知识溢出样本,在低知识溢出样本中,创新文化激励环境对国有知识型企业选择科技创新中心城市概率的作用效果更强,知识溢出机制下创新文化激励环境对国有知识型企业选择科技创新中心城市的影响不存在,假设5c未得到证明。模型(11)—(12)表示在知识溢出机制下创新文化激励环境对民营知识型企业区位选择的影响。高知识溢出条件和低知识溢出条件下创新文化激励环境对民营知识型企业区位选择均产生正向影响且在1%的水平上显著。相较于高知识溢出样本,在低知识溢出样本中,创新文化激励环境对民营知识型企业选择科技创新中心城市概率的作用效果更强,知识溢出机制下创新文化激励环境对民营知识型企业选择科技创新中心城市的影响不存在,假设5c未得到证明。

在表5-11中,模型(1)—(12)分别表示引入企业异质性因素后,在融资约束、人力资本以及知识溢出机制下创新文化约束环境对知识型企业区位选择的影响。从整体上看,创新文化约束环境对知识型企业选择科技创新中心城市影响的几率比在1%的水平上显著,且随着创新文化约束环境的改善,知识型企业选择科技创新中心城市的几率比提升。

模型(1)—(2)表示在融资约束机制下创新文化约束环境对国有知识型企业区位选择的影响。高融资约束条件和低融资约束条件下,创新文化约束环境对国有知识型企业区位选择均产生正向影响且在1%的水平上显著。相较于高融资约束样本,在低融资约束样本中,创新文化约束环境对国有知识型企业选择科技创新中心城市概率的作用效果更强,融资约束机制下创新文

表 5-11 企业异质性条件下创新文化约束环境对知识型企业区位选择的影响

	融资约束机制 Cxzxcity				人力资本机制 Cxzxcity				知识溢出机制 Cxzxcity			
	(1)国有 P75	(2)国有 P25	(3)民营 P75	(4)民营 P25	(5)国有 P75	(6)国有 P25	(7)民营 P75	(8)民营 P25	(9)国有 P75	(10)国有 P25	(11)民营 P75	(12)民营 P25
Hjys	0.308*** (9.78)	0.206*** (14.29)	0.307*** (15.98)	0.201*** (9.25)	0.367*** (17.73)	0.163*** (11.87)	0.290*** (19.16)	0.156*** (9.25)	0.157*** (15.52)	1.278*** (9.98)	0.167*** (14.58)	0.854*** (12.89)
Size	0.000* (1.83)	−0.000** (−2.08)	0.000*** (2.09)	0.000 (0.47)	−0.000 (−0.55)	−0.000 (−0.63)	−0.000 (−1.32)	0.000 (0.09)	0.000 (0.16)	0.000 (0.25)	0.000* (1.68)	−0.000 (−0.72)
Age	−0.274*** (−7.92)	−0.062*** (−2.82)	−0.204*** (−10.55)	−0.068* (−1.86)	−0.125*** (−8.56)	−0.103*** (−4.73)	−0.120*** (−9.65)	−0.093*** (−3.48)	−0.095*** (−7.20)	−0.260*** (−5.06)	−0.103*** (−6.55)	−0.243*** (−6.78)
Ldzcb	−1.078 (−0.88)	3.404*** (2.60)	1.295 (1.48)	4.776** (2.15)	3.817*** (4.48)	2.131 (1.41)	3.256*** (4.40)	0.156 (0.08)	1.985** (2.07)	9.667*** (3.87)	3.268*** (2.96)	7.682*** (4.46)
Sdr	2.972* (1.70)	−0.702 (−0.71)	1.419 (1.62)	1.786 (1.25)	−0.296 (−0.38)	−2.106 (−1.54)	−0.624 (−0.91)	−2.413 (−1.36)	0.468 (0.54)	−9.003*** (−3.58)	0.535 (0.54)	−6.245*** (−3.74)
Yyzjb	5.208*** (3.51)	−2.370* (−1.81)	1.503 (1.56)	−4.997** (−2.27)	−1.264 (−1.41)	−1.677 (−1.11)	−0.408 (−0.52)	0.151 (0.08)	−0.494 (−0.50)	−6.714*** (−2.64)	−1.530 (−1.35)	−5.509*** (−3.08)
Yszksub	1.216 (1.55)	−0.335 (−1.09)	−0.389 (−0.93)	−0.418 (−0.92)	−0.140 (−0.55)	0.549 (0.95)	−0.123 (−0.53)	0.655 (0.96)	−0.517* (−1.93)	0.741 (0.85)	−0.561* (−1.95)	0.978 (1.50)
Gdzczz	−0.003 (−0.33)	−0.000 (−0.11)	−0.001 (−0.12)	0.003 (0.60)	−0.006 (−1.32)	0.005 (0.68)	−0.004 (−1.03)	0.005 (0.72)	0.055*** (3.19)	−0.018 (−1.37)	0.039** (2.23)	−0.018* (−1.88)

续表

	融资约束机制 Cxzxcity				人力资本机制 Cxzxcity				知识溢出机制 Cxzxcity			
	(1)国有 P75	(2)国有 P25	(3)民营 P75	(4)民营 P25	(5)国有 P75	(6)国有 P25	(7)民营 P75	(8)民营 P25	(9)国有 P75	(10)国有 P25	(11)民营 P75	(12)民营 P25
Zcfz	3.600**	−0.451	1.299	−4.203**	−0.236	−1.871	0.629	−0.889	1.087	−9.579***	0.793	−6.500***
	(2.57)	(−0.38)	(1.48)	(−2.11)	(−0.28)	(−1.48)	(0.87)	(−0.57)	(1.20)	(−4.07)	(0.75)	(−3.99)
Zcbcl	4.397	−1.091	−0.537	1.503	−1.370	−4.671*	−0.882	0.909	−1.923	−2.116	−1.191	2.872
	(1.59)	(−0.74)	(−0.31)	(0.73)	(−1.09)	(−1.89)	(−0.76)	(0.30)	(−1.33)	(−0.63)	(−0.74)	(1.12)
Zyywsr	0.242	−0.098	0.062	0.042	−0.126	0.293	−0.147	0.014	−0.256	0.730*	−0.425**	0.545*
	(0.89)	(−0.53)	(0.33)	(0.16)	(−0.79)	(1.14)	(−1.01)	(0.05)	(−1.50)	(1.86)	(−2.21)	(1.76)
Indzcfz	0.826	0.425	0.474**	1.523*	0.046	3.338**	0.075	3.208*	−0.057	0.243	0.447	0.477
	(1.36)	(1.52)	(2.00)	(1.78)	(0.55)	(2.34)	(0.88)	(1.95)	(−0.47)	(0.59)	(1.42)	(1.31)
Indzcbc	−0.003	−0.002	0.066	−0.578	0.012	0.946	0.023	0.945	−0.017	0.103	0.216	0.044
	(−0.13)	(−0.47)	(0.24)	(−0.59)	(0.33)	(1.02)	(0.64)	(0.87)	(−0.34)	(0.60)	(1.47)	(0.32)
Cons	−1.704**	−1.012**	−1.313***	−1.033	−1.542***	−0.871	−1.526***	−1.169	−0.763**	−1.533	−1.421***	−1.248*
	(−2.29)	(−2.10)	(−3.34)	(−1.14)	(−4.95)	(−1.06)	(−5.39)	(−1.14)	(−2.26)	(−1.64)	(−3.43)	(−1.73)
N	871	1515	1951	691	2385	926	2893	513	2310	524	1871	795

注：***、**和*分别表示在1%、5%和10%水平上显著；括号中为参数估计的t值。在融资约束机制中，P25表示低融资约束样本，P75表示高融资约束样本。在人力资本机制中，P25表示低人力资本样本，P75表示高人力资本样本。在知识溢出机制中，P25表示低知识溢出样本；P75表示高知识溢出样本。

化约束环境对国有知识型企业选择科技创新中心城市的影响不存在,假设5a未得到证明。模型(3)—(4)表示在融资约束机制下创新文化约束环境对民营知识型企业区位选择的影响。高融资约束条件和低融资约束条件下,创新文化约束环境对民营知识型企业区位选择均产生正向影响且在1%的水平上显著。相较于低融资约束样本,在高融资约束样本中,创新文化约束环境对民营知识型企业选择科技创新中心城市概率的作用效果更强,融资约束机制下创新文化约束环境对民营知识型企业选择科技创新中心城市的影响存在,假设5a成立。

模型(5)—(6)表示在人力资本机制下创新文化约束环境对国有知识型企业区位选择的影响。低人力资本条件和高人力资本条件下创新文化约束环境对国有知识型企业区位选择产生正向影响且在1%的水平上显著,相较于低人力资本样本,在高人力资本样本中,创新文化约束环境对国有知识型企业选择科技创新中心城市概率的作用效果更强,人力资本机制下创新文化约束环境对国有知识型企业选择科技创新中心城市的影响存在,假设5b得到证明。模型(7)—(8)表示在人力资本机制下创新文化约束环境对民营知识型企业区位选择的影响。低人力资本条件和高人力资本条件下创新文化约束环境对民营知识型企业区位选择产生正向影响且在1%的水平上显著,相较于低人力资本样本,在高人力资本样本中,创新文化约束环境对民营知识型企业选择科技创新中心城市概率的作用效果更强,人力资本机制下创新文化约束环境对民营知识型企业选择科技创新中心城市的影响存在,假设5b得到证明。

模型(9)—(10)表示在知识溢出机制下创新文化约束环境对国有知识型企业区位选择的影响。高知识溢出条件和低知识溢出条件下创新文化约束环境对国有知识型企业区位选择均产生正向影响且在1%的水平上显著。相较于高知识溢出样本,在低知识溢出样本中,创新文化约束环境对国有知识型企业选择科技创新中心城市概率的作用效果更强,知识溢出机制下创新文化约束环境对国有知识型企业选择科技创新中心城市的影响不存在,假设5c未得到证明。模型(11)—(12)表示在知识溢出机制下创新文化约束环境对民营知识型企业区位选择的影响。高知识溢出条件和低知识溢出条件下创新文化约束环境对民营知识型企业区位选择均产生正向影响且在1%的水平上显著。相较于高知识溢出样本,在低知识溢出样本中,创新文化约束环境对民营知识型企业选择科技创新中心城市概率的作用效果更强,知识溢出机制下创新文化约束环境对民营知识型企业选择科技创新中心城市的影响不存在,假设5c未得到证明。

创新文化约束环境对知识型企业选择科技创新中心城市的融资约束机制因企业属性变化而存在差异,可能的原因是中国国有和民营企业的"所有制"差异直接影响了国有银行对企业的资金支持。知识型企业对外部资金的依赖性较强。随着创新文化约束环境的改善,制度信用环境也随之改善,国有商业银行与民营知识型企业的信息不对称有所缓解,国有商业银行愿意给予民营知识型企业一定的资金支持,民营知识型企业的融资约束得到缓解,国有知识型企业享有天然的"优势",便于获取更多的外部资金,因此,创新文化环境的改善并未有效缓解国有知识型企业的融资约束(武晓芬 等,2018)。

三、地区异质性条件下创新文化环境、企业区位选择与科技创新中心城市形成分析

在表5-12中,模型(1)—(6)分别表示东部、中部和西部地区融资约束机制下创新文化环境对知识型企业区位选择的影响。模型(1)—(2)表示在融资约束机制下创新文化环境对东部地区知识型企业区位选择的影响。高融资约束条件和低融资约束条件下,创新文化环境对东部地区知识型企业区位选择均产生正向影响且在1%的水平上显著。相较于低融资约束样本,在高融资约束样本中,创新文化环境对东部地区知识型企业选择科技创新中心城市概率的作用效果更强,东部地区融资约束机制下创新文化环境对知识型企业选择科技创新中心城市的影响存在,假设5a成立。

表 5-12 不同地区创新文化环境通过融资约束影响知识型企业区位的选择

	东部地区 Cxzxcity		中部地区 Cxzxcity		西部地区 Cxzxcity	
	(1)	(2)	(3)	(4)	(5)	(6)
	P75	P25	P75	P25	P75	P25
Hj	0.344***	0.120***	0.565***	0.224***	0.339***	0.213***
	(10.69)	(6.22)	(5.71)	(3.50)	(13.59)	(13.13)
$Size$	0.000***	-0.000	-0.000	-0.000**	0.000**	-0.000
	(3.05)	(-1.11)	(-0.60)	(-2.00)	(2.39)	(-0.75)
Age	-0.229***	-0.079*	-0.229**	-0.036	-0.210***	-0.038
	(-7.75)	(-1.94)	(-2.38)	(-0.29)	(-8.32)	(-1.40)
$Ldzcb$	-0.554	-2.267	6.043	11.603	1.562	4.558***
	(-0.39)	(-0.58)	(1.48)	(1.25)	(1.55)	(2.77)
Sdr	1.796	-2.138	-0.093	12.532***	0.162	1.316
	(1.27)	(-1.06)	(-0.02)	(2.95)	(0.12)	(1.09)
$Yyzjb$	2.050	2.046	-1.132	-8.475	2.323**	-4.647***
	(1.35)	(0.54)	(-0.26)	(-0.99)	(1.99)	(-2.77)
$Yszksub$	-0.654	0.935	4.857*	-4.041**	1.133*	-0.244
	(-0.98)	(1.22)	(1.88)	(-2.09)	(1.86)	(-0.68)
$Gdzczz$	-0.011	0.101**	-0.032	-0.039	-0.009	0.001
	(-1.45)	(2.55)	(-1.17)	(-0.80)	(-1.19)	(0.11)
$Zcfz$	1.923	4.230	2.415	-10.865	2.272**	-3.122**
	(1.29)	(1.19)	(0.64)	(-1.32)	(2.00)	(-2.06)
$Zcbcl$	0.201	1.801	23.576*	-2.878	4.297*	-0.726
	(0.07)	(0.66)	(1.80)	(-0.49)	(1.78)	(-0.43)
$Zyywsr$	-0.139	0.421	0.281	0.536	-0.056	0.066
	(-0.48)	(0.86)	(0.37)	(0.59)	(-0.23)	(0.29)
$Indzcfz$	1.773**	1.916	-0.492	-1.065	0.894	0.255
	(2.31)	(1.34)	(-0.26)	(-0.51)	(1.60)	(0.62)

续表

	东部地区 Cxzxcity		中部地区 Cxzxcity		西部地区 Cxzxcity	
	(1)	(2)	(3)	(4)	(5)	(6)
	P75	P25	P75	P25	P75	P25
Indzcbc	0.891	-0.190	-0.009	-3.773	0.851	-0.778
	(0.72)	(-0.18)	(-0.00)	(-0.77)	(0.76)	(-1.00)
Cons	-1.296*	0.001	-9.100***	-1.432	-2.999***	-1.165**
	(-1.79)	(0.00)	(-3.43)	(-0.44)	(-4.59)	(-2.00)
N	1102	585	198	141	153	107

注:***、**和*分别表示在1%、5%和10%水平上显著;括号中为参数估计的t值。在融资约束机制中,P25表示高融资约束样本,P75表示低融资约束样本。

模型(3)—(4)表示在融资约束机制下创新文化环境对中部地区知识型企业区位选择的影响。高融资约束条件和低融资约束条件下,创新文化环境对中部地区知识型企业区位选择均产生正向影响且在1%的水平上显著。相较于高融资约束样本,在低融资约束样本中,创新文化环境对中部地区知识型企业选择科技创新中心城市概率的作用效果更强,中部地区融资约束机制下创新文化环境对知识型企业选择科技创新中心城市的影响不存在,假设5a未得到证明。

模型(5)—(6)表示在融资约束机制下创新文化环境对西部地区知识型企业区位选择的影响。高融资约束条件和低融资约束条件下,创新文化环境对西部地区知识型企业区位选择均产生正向影响且在1%的水平上显著。相较于高融资约束样本,在低融资约束样本中,创新文化环境对西部地区知识型企业选择科技创新中心城市概率的作用效果更强,西部地区融资约束机制下创新文化环境对知识型企业选择科技创新中心城市的影响不存在,假设5a未得到证明。

东部地区的创新文化环境对知识型企业选择科技创新中心城市的融资约

束机制存在,可能的原因是东部地区经济发展水平比中、西部地区好,良好的经济发展也促进了制度信用环境的改善,东部地区金融机构与知识型企业之间的信息沟通更为便捷,东部地区各种创新保护制度以及信息平台的建设更为完善,金融机构随时可以获取东部地区知识型企业的信息,信息不对称有所缓解,东部地区知识型企业面临的融资约束随之减少。然而,中、西部地区的经济发展相对落后,制度信用环境也相对落后,知识型企业难以获得金融机构的资金支持。

在表5-13中,模型(1)—(6)分别表示东部、中部和西部地区人力资本机制下创新文化环境对知识型企业区位选择的影响。模型(1)—(2)表示在人力资本机制下创新文化环境对东部地区知识型企业区位选择的影响。高人力资本条件和低人力资本条件下创新文化环境对东部地区知识型企业区位选择均产生正向影响且在1%的水平上显著。相较于低人力资本样本,在高人力资本样本中,创新文化环境对东部地区知识型企业选择科技创新中心城市概率的作用效果更强,东部地区人力资本机制下创新文化环境对知识型企业选择科技创新中心城市的影响存在,假设5b得到证明。

模型(3)—(4)表示在人力资本机制下创新文化环境对中部地区知识型企业区位选择的影响。高人力资本条件和低人力资本条件下创新文化环境对中部地区知识型企业区位选择均产生正向影响且在1%的水平上显著。相较于低人力资本样本,在高人力资本样本中,创新文化环境对中部地区知识型企业选择科技创新中心城市概率的作用效果更强,中部地区人力资本机制下创新文化环境对知识型企业选择科技创新中心城市的影响存在,假设5b得到证明。

模型(5)—(6)表示在人力资本机制下创新文化环境对西部地区知识型企业区位选择的影响。高人力资本条件和低人力资本条件下创新文化环境对西部地区知识型企业区位选择均产生正向影响且在1%的水平上显著。相较于低人力资本样本,在高人力资本样本中,创新文化环境对西部地区知识型企业选择科技创新中心城市概率的作用效果更强,西部地区人力资本机制下创新文化环境对知识型企业选择科技创新中心城市的影响存在,假设5b得到证明。

表5-13 不同地区创新文化环境通过人力资本影响知识型企业区位的选择

	东部地区		中部地区		西部地区	
	Cxzxcity		Cxzxcity		Cxzxcity	
	(1)	(2)	(3)	(4)	(5)	(6)
	P75	P25	P75	P25	P75	P25
Hj	0.258***	0.172***	0.264***	0.173***	0.273***	0.182***
	(20.83)	(9.79)	(20.57)	(10.58)	(20.27)	(11.87)
Size	0.000	0.000	0.000	0.000	0.000	0.000
	(0.88)	(0.69)	(0.83)	(0.48)	(0.86)	(0.07)
Age	-0.070***	-0.064**	-0.069***	-0.073***	-0.069***	-0.101***
	(-5.89)	(-2.38)	(-5.68)	(-2.94)	(-5.57)	(-4.54)
Ldzcb	3.496***	-0.103	3.532***	-0.287	3.587***	1.490
	(4.74)	(-0.06)	(4.70)	(-0.18)	(4.66)	(1.04)
Sdr	-0.919	-0.552	-0.823	-0.889	-0.832	-1.072
	(-1.27)	(-0.32)	(-1.11)	(-0.55)	(-1.11)	(-0.74)
Yyzjb	-0.748	-0.204	-0.939	-0.072	-1.031	-1.579
	(-0.97)	(-0.12)	(-1.20)	(-0.05)	(-1.28)	(-1.11)
Yszksub	-0.009	0.924	-0.036	0.944	-0.013	0.754
	(-0.04)	(1.31)	(-0.15)	(1.39)	(-0.05)	(1.23)
Gdzczz	-0.006	0.006	-0.007	0.005	-0.007	0.004
	(-1.54)	(0.73)	(-1.56)	(0.69)	(-1.61)	(0.65)
Zcfz	0.468	-1.158	0.307	-0.728	0.205	-1.820
	(0.65)	(-0.83)	(0.42)	(-0.54)	(0.27)	(-1.51)
Zcbcl	-0.497	1.817	-0.488	-0.144	-0.683	-3.135
	(-0.43)	(0.62)	(-0.42)	(-0.05)	(-0.57)	(-1.30)
Zyywsr	-0.216	-0.056	-0.211	-0.059	-0.213	0.204
	(-1.49)	(-0.17)	(-1.43)	(-0.18)	(-1.42)	(0.75)
Indzcfz	0.003	3.522**	-0.001	3.247**	-0.007	3.803***
	(0.04)	(2.12)	(-0.01)	(2.07)	(-0.10)	(2.60)

续表

	东部地区 Cxzxcity		中部地区 Cxzxcity		西部地区 Cxzxcity	
	(1)	(2)	(3)	(4)	(5)	(6)
	P75	P25	P75	P25	P75	P25
Indzcbc	0.005	1.602	0.004	1.408	0.003	1.791*
	(0.16)	(1.49)	(0.12)	(1.37)	(0.13)	(1.83)
Cons	−2.275***	−1.930*	−2.233***	−1.491	−2.231***	−1.220
	(−7.64)	(−1.81)	(−7.41)	(−1.54)	(−7.30)	(−1.41)
N	642	327	265	98	208	98

注：***、**和*分别表示在1%、5%和10%水平上显著；括号中为参数估计的t值。在人力资本机制中，P25表示低人力资本样本，P75表示高人力资本样本。

在表5-14中，模型(1)—(6)分别表示东部、中部和西部地区知识溢出机制下创新文化环境对知识型企业区位选择的影响。模型(1)—(2)表示在知识溢出机制下创新文化环境对东部地区知识型企业区位选择的影响。高知识溢出条件和低知识溢出条件下创新文化环境对东部地区知识型企业区位选择均产生正向影响且在1%的水平上显著。相较于高知识溢出样本，在低知识溢出样本中，创新文化环境对东部地区知识型企业选择科技创新中心城市概率的作用效果更强，东部地区知识溢出机制下创新文化环境对知识型企业选择科技创新中心城市的影响不存在，假设5c未得到证明。

模型(3)—(4)表示在知识溢出机制下创新文化环境对中部地区知识型企业区位选择的影响。高知识溢出条件和低知识溢出条件下创新文化环境对中部地区知识型企业区位选择均产生正向影响且在1%的水平上显著。相较于高知识溢出样本，在低知识溢出样本中，创新文化环境对中部地区知识型企业选择科技创新中心城市概率的作用效果更强，中部地区知识溢出机制下创新文化环境对知识型企业选择科技创新中心城市的影响不存在，假设5c未得到证明。

模型(5)—(6)表示在知识溢出机制下创新文化环境对西部地区知识型企业区位选择的影响。高知识溢出条件和低知识溢出条件下创新文化环境对西部地区知识型企业区位选择均产生正向影响且在1%的水平上显著。相较于高知识溢出样本,在低知识溢出样本中,创新文化环境对西部地区知识型企业选择科技创新中心城市概率的作用效果更强,西部地区知识溢出机制下创新文化环境对知识型企业选择科技创新中心城市的影响不存在,假设5c未得到证明。

表5-14 不同地区创新文化环境通过知识溢出影响知识型企业区位的选择

	东部地区 $Cxzxcity$		中部地区 $Cxzxcity$		西部地区 $Cxzxcity$	
	(1) P75	(2) P25	(3) P75	(4) P25	(5) P75	(6) P25
Hj	0.189***	0.370***	0.192***	0.367***	0.189***	0.374***
	(15.24)	(15.70)	(21.09)	(7.53)	(20.51)	(8.58)
$Size$	0.000*	0.000	-0.000	-0.000	-0.000	-0.000
	(1.96)	(0.10)	(-0.02)	(-0.76)	(-0.13)	(-0.74)
Age	-0.072***	-0.067***	-0.086***	-0.048	-0.087***	-0.089**
	(-4.45)	(-2.94)	(-8.09)	(-0.94)	(-8.07)	(-2.03)
$Ldzcb$	3.732***	5.366***	1.062	8.980***	1.198	8.356***
	(3.25)	(4.59)	(1.33)	(3.46)	(1.45)	(3.49)
Sdr	-0.073	-3.062**	0.500	0.255	0.425	1.433
	(-0.07)	(-2.34)	(0.73)	(0.10)	(0.60)	(0.58)
$Yyzjb$	-2.030*	-4.157***	0.551	-9.745***	0.147	-9.503***
	(-1.72)	(-3.40)	(0.66)	(-3.43)	(0.17)	(-3.67)
$Yszksub$	-0.452	0.862*	-0.319	1.064	-0.312	0.322
	(-1.54)	(1.68)	(-1.35)	(0.94)	(-1.29)	(0.38)
$Gdzczz$	0.031*	-0.008	0.022**	0.006	0.039***	0.009
	(1.85)	(-1.21)	(2.44)	(0.45)	(3.22)	(0.71)
$Zcfz$	0.352	-2.926***	1.052	-6.316**	0.690	-6.818***
	(0.32)	(-2.71)	(1.38)	(-2.52)	(0.88)	(-2.98)
$Zcbcl$	-0.621	5.230***	-3.136**	1.111	-3.387***	1.549
	(-0.38)	(2.73)	(-2.46)	(0.33)	(-2.61)	(0.51)
$Zyywsr$	-0.472**	-0.062	-0.109	0.243	-0.133	0.235
	(-2.35)	(-0.27)	(-0.73)	(0.57)	(-0.87)	(0.57)

续表

	东部地区 Cxzxcity		中部地区 Cxzxcity		西部地区 Cxzxcity	
	(1)	(2)	(3)	(4)	(5)	(6)
	P75	P25	P75	P25	P75	P25
Indzcfz	0.272	0.823***	−0.163	1.063**	−0.213*	1.131**
	(0.90)	(2.70)	(−1.62)	(2.40)	(−1.73)	(2.52)
Indzcbc	0.144	−0.002	−0.062	−0.003	−0.075	−0.004
	(1.00)	(−0.12)	(−1.37)	(−0.13)	(−1.47)	(−0.23)
Cons	−1.885***	−3.081***	−0.808***	−3.585***	−0.605**	−2.688***
	(−4.33)	(−5.36)	(−2.79)	(−3.06)	(−2.03)	(−2.69)
N	1407	427	124	117	102	95

注：***、**和*分别表示在1%、5%和10%水平上显著；括号中为参数估计的t值。在知识溢出机制中，P25表示低知识溢出样本；P75表示高知识溢出样本。

在表5-15中，模型(1)—(6)分别表示东部、中部和西部地区融资约束机制下创新文化激励环境对知识型企业区位选择的影响。模型(1)—(2)表示在融资约束机制下创新文化激励环境对东部地区知识型企业区位选择的影响。高融资约束条件和低融资约束条件下，创新文化激励环境对东部地区知识型企业区位选择均产生正向影响且在1%的水平上显著。相较于高融资约束样本，在低融资约束样本中，创新文化激励环境对东部地区知识型企业选择科技创新中心城市概率的作用效果更强，东部地区融资约束机制下创新文化激励环境对知识型企业选择科技创新中心城市的影响不存在，假设5a未得到证明。

模型(3)—(4)表示在融资约束机制下创新文化激励环境对中部地区知识型企业区位选择的影响。高融资约束条件和低融资约束条件下，创新文化激励环境对中部地区知识型企业区位选择均产生正向影响且在1%的水平上显著。相较于高融资约束样本，在低融资约束样本中，创新文化激励环境对中部地区知识型企业选择科技创新中心城市概率的作用效果更强，中部地区融资约束机制下创新文化激励环境对知识型企业选择科技创新中心城市的影响不存在，假设5a未得到证明。

模型(5)—(6)表示在融资约束机制下创新文化激励环境对西部地区知识

型企业区位选择的影响。高融资约束条件和低融资约束条件下,创新文化激励环境对西部地区知识型企业区位选择均产生正向影响且在1%的水平上显著。相较于高融资约束样本,在低融资约束样本中,创新文化激励环境对西部地区知识型企业选择科技创新中心城市概率的作用效果更强,西部地区融资约束机制下创新文化激励环境对知识型企业选择科技创新中心城市的影响不存在,假设5a未得到证明。

表5-15 不同地区创新文化激励环境通过融资约束影响知识型企业区位的选择

	东部地区 Cxzxcity		中部地区 Cxzxcity		西部地区 Cxzxcity	
	(1)	(2)	(3)	(4)	(5)	(6)
	P75	P25	P75	P25	P75	P25
Hjjl	0.258***	0.165***	0.244***	0.156***	0.245***	0.157***
	(16.29)	(10.12)	(13.17)	(11.84)	(13.89)	(12.26)
Size	0.000***	0.000	0.000**	-0.000	0.000***	-0.000
	(3.06)	(0.73)	(2.50)	(-1.22)	(2.86)	(-0.50)
Age	-0.097***	-0.013	-0.113***	0.004	-0.116***	0.001
	(-5.38)	(-0.46)	(-5.22)	(0.15)	(-5.61)	(0.06)
Ldzcb	0.852	4.878***	0.509	3.816**	0.761	3.748**
	(1.00)	(2.75)	(0.55)	(2.47)	(0.84)	(2.51)
Sdr	-0.972	3.172**	0.418	1.783	-0.211	1.852*
	(-1.00)	(2.40)	(0.31)	(1.59)	(-0.18)	(1.68)
Yyzjb	2.566***	-4.245**	3.334***	-2.967*	2.858***	-2.958**
	(2.70)	(-2.41)	(3.13)	(-1.91)	(2.76)	(-1.96)
Yszksub	0.704	-0.759*	1.239**	-0.408	1.272**	-0.313
	(1.52)	(-1.86)	(2.08)	(-1.20)	(2.26)	(-0.94)
Gdzczz	-0.001	0.001	-0.001	0.000	-0.000	0.000
	(-0.14)	(0.12)	(-0.17)	(0.07)	(-0.05)	(0.08)
Zcfz	1.552*	-4.000**	2.300**	-1.995	1.974**	-1.987
	(1.75)	(-2.53)	(2.22)	(-1.45)	(1.98)	(-1.48)
Zcbcl	0.249	1.581	3.191	0.187	2.120	-0.132
	(0.13)	(0.88)	(1.44)	(0.12)	(0.98)	(-0.09)

续表

	东部地区		中部地区		西部地区	
	Cxzxcity		Cxzxcity		Cxzxcity	
	(1)	(2)	(3)	(4)	(5)	(6)
	P75	P25	P75	P25	P75	P25
Zyywsr	-0.104	-0.064	-0.022	-0.061	-0.026	-0.019
	(-0.50)	(-0.26)	(-0.09)	(-0.28)	(-0.11)	(-0.09)
Indzcfz	0.748*	1.338*	0.475	0.113	0.535	0.044
	(1.77)	(1.84)	(1.03)	(0.32)	(1.17)	(0.14)
Indzcbc	0.741	0.351	0.640	-0.326	0.925	-0.332
	(0.89)	(0.42)	(0.63)	(-0.78)	(0.94)	(-0.69)
Cons	-2.516***	-1.921***	-2.676***	-1.553***	-2.539***	-1.597***
	(-5.10)	(-2.64)	(-4.47)	(-2.91)	(-4.43)	(-3.08)
N	1102	585	198	141	153	107

注：***、**和*分别表示在1%、5%和10%水平上显著；括号中为参数估计的t值。在融资约束机制中，P25表示高融资约束样本，P75表示低融资约束样本。

在表5-16中，模型(1)—(6)分别表示东部、中部和西部地区人力资本机制下创新文化激励环境对知识型企业区位选择的影响。模型(1)—(2)表示在人力资本机制下创新文化激励环境对东部地区知识型企业区位选择的影响。高人力资本条件和低人力资本条件下创新文化激励环境对东部地区知识型企业区位选择均产生正向影响且在1%的水平上显著。相较于低人力资本样本，在高人力资本样本中，创新文化激励环境对东部地区知识型企业选择科技创新中心城市概率的作用效果更强，东部地区人力资本机制下创新文化激励环境对知识型企业选择科技创新中心城市的影响存在，假设5b得到证明。

模型(3)—(4)表示在人力资本机制下创新文化激励环境对中部地区知识型企业区位选择的影响。高人力资本条件和低人力资本条件下创新文化激励环境对中部地区知识型企业区位选择均产生正向影响且在1%的水平上显著。相较于低人力资本样本，在高人力资本样本中，创新文化激励环境对中部地区知识型企业选择科技创新中心城市概率的作用效果更强，中部地区人力资本机制下创新文化激励环境对知识型企业选择科技创新中心城市的影响存在，假设

5b 得到证明。

模型(5)—(6)表示在人力资本机制下创新文化激励环境对西部地区知识型企业区位选择的影响。高人力资本条件和低人力资本条件下创新文化激励环境对西部地区知识型企业区位选择均产生正向影响且在1%的水平上显著。相较于低人力资本样本,在高人力资本样本中,创新文化激励环境对西部地区知识型企业选择科技创新中心城市概率的作用效果更强,西部地区人力资本机制下创新文化激励环境对知识型企业选择科技创新中心城市的影响存在,假设5b 得到证明。

表5-16 不同地区创新文化激励环境通过人力资本影响知识型企业区位的选择

	东部地区		中部地区		西部地区	
	Cxzxcity		Cxzxcity		Cxzxcity	
	(1)	(2)	(3)	(4)	(5)	(6)
	P75	P25	P75	P25	P75	P25
$Hjjl$	0.197***	0.150***	0.200***	0.146***	0.205***	0.148***
	(20.68)	(8.85)	(20.40)	(9.50)	(20.17)	(10.74)
$Size$	0.000**	0.000	0.000**	0.000	0.000**	0.000
	(2.12)	(1.39)	(1.97)	(1.29)	(1.99)	(0.90)
Age	-0.028**	-0.042*	-0.026**	-0.047**	-0.026**	-0.077***
	(-2.52)	(-1.69)	(-2.32)	(-2.10)	(-2.25)	(-3.84)
$Ldzcb$	3.069***	-0.558	3.096***	-0.704	3.162***	0.917
	(4.43)	(-0.36)	(4.41)	(-0.48)	(4.40)	(0.68)
Sdr	-0.841	0.257	-0.763	-0.143	-0.801	-0.358
	(-1.23)	(0.16)	(-1.09)	(-0.10)	(-1.13)	(-0.27)
$Yyzjb$	-0.303	0.719	-0.464	0.847	-0.541	-0.637
	(-0.42)	(0.47)	(-0.64)	(0.58)	(-0.72)	(-0.48)
$Yszksub$	-0.038	1.216*	-0.084	1.220*	-0.067	1.026*
	(-0.17)	(1.79)	(-0.36)	(1.88)	(-0.29)	(1.78)
$Gdzczz$	-0.003	0.005	-0.004	0.005	-0.004	0.006
	(-0.88)	(0.81)	(-0.94)	(0.82)	(-1.04)	(0.95)
$Zcfz$	0.695	-0.452	0.573	-0.119	0.522	-1.156
	(1.04)	(-0.35)	(0.85)	(-0.09)	(0.75)	(-1.01)

续表

	东部地区		中部地区		西部地区	
	Cxzxcity		Cxzxcity		Cxzxcity	
	(1)	(2)	(3)	(4)	(5)	(6)
	P75	P25	P75	P25	P75	P25
Zcbcl	-0.190	1.798	-0.150	-0.279	-0.300	-2.694
	(-0.17)	(0.68)	(-0.14)	(-0.12)	(-0.27)	(-1.25)
Zyywsr	-0.245*	0.005	-0.241*	0.038	-0.255*	0.232
	(-1.77)	(0.02)	(-1.72)	(0.14)	(-1.79)	(0.94)
Indzcfz	-0.027	3.311**	-0.030	3.021**	-0.035	3.520***
	(-0.34)	(2.13)	(-0.38)	(2.06)	(-0.45)	(2.58)
Indzcbc	0.005	1.640	0.005	1.488	0.004	1.848**
	(0.16)	(1.61)	(0.14)	(1.54)	(0.12)	(2.02)
Cons	-2.375***	-2.165**	-2.332***	-1.730*	-2.352***	-1.305
	(-8.32)	(-2.16)	(-8.08)	(-1.93)	(-8.03)	(-1.63)
N	642	327	265	98	208	98

注：***、**和*分别表示在1%、5%和10%水平上显著；括号中为参数估计的t值。在人力资本机制中，P25表示低人力资本样本，P75表示高人力资本样本。

在表5-17中，模型(1)—(6)分别表示东部、中部和西部地区知识溢出机制下创新文化激励环境对知识型企业区位选择的影响。模型(1)—(2)表示在知识溢出机制下创新文化激励环境对东部地区知识型企业区位选择的影响。高知识溢出条件和低知识溢出条件下创新文化激励环境对东部地区知识型企业区位选择均产生正向影响且在1%的水平上显著。相较于高知识溢出样本，在低知识溢出样本中，创新文化激励环境对东部地区知识型企业选择科技创新中心城市概率的作用效果更强，东部地区知识溢出机制下创新文化激励环境对知识型企业选择科技创新中心城市的影响不存在，假设5c未得到证明。

模型(3)—(4)表示在知识溢出机制下创新文化激励环境对中部地区知识型企业区位选择的影响。高知识溢出条件和低知识溢出条件下创新文化激励环境对中部地区知识型企业区位选择均产生正向影响且在1%的水平上显著。相较于高知识溢出样本，在低知识溢出样本中，创新文化激励环境对中部地区知识型企业选择科技创新中心城市概率的作用效果更强,中部地区知识溢出机制下创新文化激励环境对知识型企业选择科技创新中心城市的影响不存在,假设5c未得到证明。

模型(5)—(6)表示在知识溢出机制下创新文化激励环境对西部地区知识型企业区位选择的影响。高知识溢出条件和低知识溢出条件下创新文化激励环境对西部地区知识型企业区位选择均产生正向影响且在1%的水平上显著。相较于高知识溢出样本,在低知识溢出样本中,创新文化激励环境对西部地区知识型企业选择科技创新中心城市概率的作用效果更强,西部地区知识溢出机制下创新文化激励环境对知识型企业选择科技创新中心城市的影响不存在,假设5c未得到证明。

表5-17 不同地区创新文化激励环境通过知识溢出影响知识型企业区位的选择

	东部地区		中部地区		西部地区	
	Cxzxcity		Cxzxcity		Cxzxcity	
	(1)	(2)	(3)	(4)	(5)	(6)
	P75	P25	P75	P25	P75	P25
Hjjl	0.174***	0.223***	0.168***	0.186***	0.165***	0.196***
	(15.05)	(15.19)	(20.50)	(6.73)	(19.82)	(7.91)
Size	0.000**	0.000	0.000	-0.000	0.000	-0.000
	(2.37)	(0.13)	(0.99)	(-0.23)	(0.81)	(-0.40)
Age	-0.037**	-0.020	-0.052***	-0.049	-0.053***	-0.081**
	(-2.37)	(-1.08)	(-5.16)	(-1.11)	(-5.19)	(-2.10)
Ldzcb	3.412***	4.556***	0.548	8.178***	0.682	7.545***
	(3.06)	(4.45)	(0.71)	(3.76)	(0.85)	(3.78)
Sdr	-0.629	-2.889**	0.223	-0.919	0.089	0.521
	(-0.63)	(-2.56)	(0.33)	(-0.38)	(0.13)	(0.23)
Yyzjb	-1.643	-3.046***	1.195	-8.174***	0.830	-7.985***
	(-1.45)	(-2.90)	(1.50)	(-3.48)	(1.02)	(-3.73)
Yszksub	-0.262	0.670	-0.174	1.077	-0.169	0.290
	(-0.93)	(1.48)	(-0.77)	(1.03)	(-0.73)	(0.38)

续表

	东部地区		中部地区		西部地区	
	Cxzxcity		Cxzxcity		Cxzxcity	
	(1)	(2)	(3)	(4)	(5)	(6)
	P75	P25	P75	P25	P75	P25
Gdzczz	0.043**	-0.006	0.027***	0.005	0.045***	0.006
	(2.38)	(-1.06)	(2.92)	(0.46)	(3.65)	(0.60)
Zcfz	0.194	-1.714*	1.081	-5.198**	0.747	-5.478***
	(0.18)	(-1.84)	(1.47)	(-2.46)	(0.99)	(-2.86)
Zcbcl	-0.263	3.767**	-2.711**	1.366	-2.974**	1.730
	(-0.17)	(2.36)	(-2.26)	(0.44)	(-2.44)	(0.62)
Zyywsr	-0.403**	-0.042	-0.055	0.209	-0.078	0.247
	(-2.11)	(-0.21)	(-0.39)	(0.57)	(-0.53)	(0.70)
Indzcfz	0.024	0.675**	-0.252***	0.901*	-0.384**	1.000**
	(0.08)	(2.19)	(-2.67)	(1.89)	(-2.52)	(2.37)
Indzcbc	0.044	0.005	-0.094**	0.033	-0.127*	-0.002
	(0.31)	(0.05)	(-2.13)	(0.19)	(-1.94)	(-0.03)
Cons	-1.906***	-2.863***	-0.815***	-2.744***	-0.576*	-2.133**
	(-4.48)	(-5.66)	(-2.89)	(-2.73)	(-1.95)	(-2.44)
N	1407	427	124	117	102	95

注：***、**和*分别表示在1%、5%和10%水平上显著；括号中为参数估计的t值。知识溢出机制中，P25表示低知识溢出样本；P75表示高知识溢出样本。

在表5-18中，模型（1）—（6）分别表示东部、中部和西部地区融资约束机制下创新文化约束环境对知识型企业区位选择的影响。模型（1）—（2）表示在融资约束机制下创新文化约束环境对东部地区知识型企业区位选择的影响。高融资约束条件和低融资约束条件下，创新文化约束环境对东部地区知识型企业区位选择均产生正向影响且在1%的水平上显著。相较于低融资约束样本，在高融资约束样本中，创新文化约束环境对东部地区知识型企业选择科技创新中心城市概率的作用效果更强，东部地区融资约束机制下创新文化约束环境对知识型企业选择科技创新中心城市的影响存在，假设5a成立。

表5-18 不同地区创新文化约束环境通过融资约束影响知识型企业区位的选择

	东部地区 Cxzxcity		中部地区 Cxzxcity		西部地区 Cxzxcity	
	(1)	(2)	(3)	(4)	(5)	(6)
	P75	P25	P75	P25	P75	P25
Hjys	0.198***	0.316***	0.329***	0.233***	0.308***	0.245***
	(13.99)	(9.54)	(11.60)	(11.45)	(12.05)	(11.86)
Size	0.000**	0.000	0.000*	-0.000	0.000**	-0.000
	(1.97)	(0.37)	(1.82)	(-0.84)	(2.03)	(-0.33)
Age	-0.222***	-0.072**	-0.271***	-0.084***	-0.252***	-0.090***
	(-9.87)	(-2.09)	(-9.26)	(-2.85)	(-9.46)	(-3.10)
Ldzcb	1.169	4.168**	0.486	3.339*	0.868	3.328*
	(1.22)	(2.00)	(0.44)	(1.84)	(0.83)	(1.88)
Sdr	0.427	1.983	1.215	0.522	1.001	0.420
	(0.44)	(1.42)	(0.85)	(0.42)	(0.80)	(0.34)
Yyzjb	1.878*	-4.067**	2.753**	-3.072*	2.143*	-3.117*
	(1.77)	(-1.96)	(2.17)	(-1.67)	(1.80)	(-1.74)
Yszksub	-0.189	-0.456	0.555	-0.168	0.475	-0.117
	(-0.40)	(-1.05)	(0.90)	(-0.45)	(0.83)	(-0.32)
Gdzczz	-0.004	0.003	-0.002	0.001	-0.002	0.001
	(-0.60)	(0.55)	(-0.31)	(0.21)	(-0.32)	(0.22)
Zcfz	1.310	-3.426*	2.154*	-1.473	1.760	-1.460
	(1.33)	(-1.82)	(1.78)	(-0.88)	(1.56)	(-0.89)
Zcbcl	0.749	1.369	4.824**	0.055	2.921	-0.140
	(0.37)	(0.69)	(2.01)	(0.03)	(1.27)	(-0.08)
Zyywsr	-0.044	0.012	0.081	-0.017	0.102	0.018
	(-0.21)	(0.05)	(0.33)	(-0.07)	(0.44)	(0.08)
Indzcfz	1.582***	1.489*	1.568**	0.438	1.600**	0.362
	(2.79)	(1.84)	(2.08)	(0.95)	(2.22)	(0.83)
Indzcbc	0.584	-1.082	0.778	-1.638*	1.094	-1.641**
	(0.66)	(-1.17)	(0.66)	(-1.92)	(1.00)	(-1.99)

续表

	东部地区 Cxzxcity		中部地区 Cxzxcity		西部地区 Cxzxcity	
	(1)	(2)	(3)	(4)	(5)	(6)
	P75	P25	P75	P25	P75	P25
Cons	-1.638***	-1.006	-1.753***	-0.613	-1.687***	-0.638
	(-3.14)	(-1.19)	(-2.61)	(-0.96)	(-2.66)	(-1.01)
N	1102	585	198	141	153	107

注：***、**和*分别表示在1%、5%和10%水平上显著；括号中为参数估计的t值。在融资约束机制中，P25表示高融资约束样本，P75表示低融资约束样本。

模型(3)—(4)表示在融资约束机制下创新文化约束环境对中部地区知识型企业区位选择的影响。高融资约束条件和低融资约束条件下，创新文化约束环境对中部地区知识型企业区位选择均产生正向影响且在1%的水平上显著。相较于高融资约束样本，在低融资约束样本中，创新文化约束环境对中部地区知识型企业选择科技创新中心城市概率的作用效果更强，中部地区融资约束机制下创新文化约束环境对知识型企业选择科技创新中心城市的影响不存在，假设5a未得到证明。

模型(5)—(6)表示在融资约束机制下创新文化约束环境对西部地区知识型企业区位选择的影响。高融资约束条件和低融资约束条件下，创新文化约束环境对西部地区知识型企业区位选择均产生正向影响且在1%的水平上显著。相较于高融资约束样本，在低融资约束样本中，创新文化约束环境对西部地区知识型企业选择科技创新中心城市概率的作用效果更强，西部地区融资约束机制下创新文化约束环境对知识型企业选择科技创新中心城市的影响不存在，假设5a未得到证明。

东部地区的创新文化约束环境对知识型企业选择科技创新中心城市的融资约束机制存在，可能的原因是东部地区的法治环境较好，交易环境公开透明，金融机构与知识型企业之间的信息传递效率较高，金融机构随时可以获取东部地区知识型企业的信息,交易成本降低,信息不对称情况减少,东部地区知识型企业面临的融资约束随之缓解。然而,中、西部地区的法治环境还有待完善,知识型企业获得金融机构的资金支持较为困难。

在表5-19中,模型(1)—(6)分别表示东部、中部和西部地区人力资本机制下创新文化约束环境对知识型企业区位选择的影响。模型(1)—(2)表示在人力资本机制下创新文化约束环境对东部地区知识型企业区位选择的影响。高人力资本条件和低人力资本条件下创新文化约束环境对东部地区知识型企业区位选择均产生正向影响且在1%的水平上显著。相较于低人力资本样本,在高人力资本样本中,创新文化约束环境对东部地区知识型企业选择科技创新中心城市概率的作用效果更强,东部地区人力资本机制下创新文化约束环境对知识型企业选择科技创新中心城市的影响存在,假设5b得到证明。

表5-19 不同地区创新文化约束环境通过人力资本影响知识型企业区位的选择

	东部地区 $Cxzxcity$		中部地区 $Cxzxcity$		西部地区 $Cxzxcity$	
	(1)	(2)	(3)	(4)	(5)	(6)
	$P75$	$P25$	$P75$	$P25$	$P75$	$P25$
$Hjys$	0.297***	0.158***	0.314***	0.167***	0.332***	0.173***
	(18.58)	(9.35)	(18.46)	(10.06)	(18.21)	(11.32)
$Size$	-0.000	0.000	-0.000	-0.000	-0.000	-0.000
	(-0.55)	(0.06)	(-0.46)	(-0.26)	(-0.45)	(-0.70)
Age	-0.118***	-0.086***	-0.121***	-0.091***	-0.124***	-0.117***
	(-9.16)	(-3.19)	(-9.15)	(-3.58)	(-9.11)	(-5.03)
$Ldzcb$	3.658***	0.646	3.671***	0.161	3.696***	2.001
	(4.75)	(0.34)	(4.66)	(0.09)	(4.56)	(1.28)
Sdr	-0.554	-2.112	-0.368	-2.227	-0.397	-2.150
	(-0.78)	(-1.21)	(-0.50)	(-1.35)	(-0.53)	(-1.46)
$Yyzjb$	-0.759	-0.324	-0.926	0.110	-0.999	-1.596
	(-0.94)	(-0.18)	(-1.12)	(0.06)	(-1.17)	(-1.03)

续表

	东部地区 Cxzxcity		中部地区 Cxzxcity		西部地区 Cxzxcity	
	(1) P75	(2) P25	(3) P75	(4) P25	(5) P75	(6) P25
Yszksub	-0.121	0.561	-0.144	0.562	-0.112	0.405
	(-0.51)	(0.82)	(-0.59)	(0.84)	(-0.46)	(0.68)
Gdzczz	-0.005	0.006	-0.004	0.006	-0.005	0.005
	(-1.09)	(0.82)	(-1.03)	(0.83)	(-1.11)	(0.78)
Zcfz	0.221	-1.251	0.080	-0.691	-0.012	-1.853
	(0.30)	(-0.82)	(0.10)	(-0.46)	(-0.02)	(-1.42)
Zcbcl	-1.160	1.060	-1.231	-0.236	-1.509	-3.856
	(-0.99)	(0.35)	(-1.03)	(-0.08)	(-1.24)	(-1.50)
Zyywsr	-0.143	-0.019	-0.152	-0.081	-0.144	0.160
	(-0.97)	(-0.06)	(-1.02)	(-0.26)	(-0.94)	(0.59)
Indzcfz	0.067	3.343**	0.066	3.121**	0.060	3.450**
	(0.80)	(2.04)	(0.79)	(2.00)	(0.71)	(2.37)
Indzcbc	0.020	1.227	0.019	1.107	0.017	1.370
	(0.56)	(1.14)	(0.54)	(1.05)	(0.47)	(1.37)
Cons	-1.561***	-1.383	-1.522***	-1.136	-1.501***	-0.762
	(-5.37)	(-1.35)	(-5.16)	(-1.20)	(-5.01)	(-0.89)
N	642	327	265	98	208	98

注：***、**和*分别表示在1%、5%和10%水平上显著；括号中为参数估计的t值。在人力资本机制中，P25表示低人力资本样本，P75表示高人力资本样本。

模型(3)—(4)表示在人力资本机制下创新文化约束环境对中部地区知识型企业区位选择的影响。高人力资本条件和低人力资本条件下创新文化约束环境对中部地区知识型企业区位选择均产生正向影响且在1%的水平上显著。相较于低人力资本样本，在高人力资本样本中，创新文化约束环境对中部地区知识型企业选择科技创新中心城市概率的作用效果更强，中部地区人力资本机制下创新文化约束环境对知识型企业选择科技创新中心城市的影响存在，假设

5b 得到证明。

模型(5)—(6)表示在人力资本机制下创新文化约束环境对西部地区知识型企业区位选择的影响。高人力资本条件和低人力资本条件下创新文化约束环境对西部地区知识型企业区位选择均产生正向影响且在1%的水平上显著。相较于低人力资本样本,在高人力资本样本中,创新文化约束环境对西部地区知识型企业选择科技创新中心城市概率的作用效果更强,西部地区人力资本机制下创新文化约束环境对知识型企业选择科技创新中心城市的影响存在,假设5b 得到证明。

在表5-20中,模型(1)—(6)分别表示东部、中部和西部地区知识溢出机制下创新文化约束环境对知识型企业区位选择的影响。模型(1)—(2)表示在知识溢出机制下创新文化约束环境对东部地区知识型企业区位选择的影响。高知识溢出条件和低知识溢出条件下创新文化约束环境对东部地区知识型企业区位选择均产生正向影响且在1%的水平上显著。相较于高知识溢出样本,在低知识溢出样本中,创新文化约束环境对东部地区知识型企业选择科技创新中心城市概率的作用效果更强,东部地区知识溢出机制下创新文化约束环境对知识型企业选择科技创新中心城市的影响不存在,假设5c 未得到证明。

模型(3)—(4)表示在知识溢出机制下创新文化约束环境对中部地区知识型企业区位选择的影响。高知识溢出条件和低知识溢出条件下创新文化约束环境对中部地区知识型企业区位选择均产生正向影响且在1%的水平上显著。相较于高知识溢出样本,在低知识溢出样本中,创新文化约束环境对中部地区知识型企业选择科技创新中心城市概率的作用效果更强,中部地区知识溢出机制下创新文化约束环境对知识型企业选择科技创新中心城市的影响不存在,假设5c 未得到证明。

模型(5)—(6)表示在知识溢出机制下创新文化约束环境对西部地区知识型企业区位选择的影响。高知识溢出条件和低知识溢出条件下创新文化约束环境对西部地区知识型企业区位选择均产生正向影响且在1%的水平上显著。相较于高知识溢出样本,在低知识溢出样本中,创新文化约束环境对西部地区知识型企业选择科技创新中心城市概率的作用效果更强,西部地区知识溢出机制下创新文化约束环境对知识型企业选择科技创新中心城市的影响不存在,假设5c未得到证明。

表5-20 不同地区创新文化约束环境通过知识溢出影响知识型企业区位的选择

	东部地区		中部地区		西部地区	
	Cxzxcity		Cxzxcity		Cxzxcity	
	(1)	(2)	(3)	(4)	(5)	(6)
	P75	P25	P75	P25	P75	P25
Hjys	0.173***	0.807***	0.172***	1.927***	0.171***	1.940***
	(13.72)	(14.68)	(18.97)	(5.80)	(18.57)	(6.71)
Size	0.000*	-0.000	-0.000	-0.000**	-0.000	-0.000**
	(1.74)	(-0.04)	(-0.87)	(-2.13)	(-0.95)	(-2.08)
Age	-0.101***	-0.203***	-0.106***	-0.189**	-0.108***	-0.203***
	(-6.09)	(-6.64)	(-9.80)	(-2.09)	(-9.80)	(-2.71)
Ldzcb	3.709***	6.154***	1.060	8.496**	1.165	8.272**
	(3.26)	(4.19)	(1.33)	(2.42)	(1.42)	(2.48)
Sdr	0.317	-5.866***	0.910	-9.974**	0.833	-9.061**
	(0.31)	(-3.88)	(1.36)	(-2.31)	(1.20)	(-2.34)
Yyzjb	-1.829	-3.431**	0.692	-4.897	0.230	-5.442
	(-1.56)	(-2.28)	(0.84)	(-1.34)	(0.27)	(-1.57)
Yszksub	-0.570*	0.748	-0.392*	-0.201	-0.359	-0.531
	(-1.95)	(1.24)	(-1.67)	(-0.11)	(-1.49)	(-0.39)
Gdzczz	0.032*	-0.015**	0.032***	0.030*	0.052***	0.032**
	(1.93)	(-2.03)	(3.12)	(1.91)	(4.02)	(2.09)
Zcfz	0.503	-4.396***	1.276*	-7.865**	0.925	-9.794***
	(0.46)	(-3.27)	(1.68)	(-2.17)	(1.19)	(-2.77)
Zcbcl	-0.784	2.426	-2.491**	-16.883***	-2.695**	-17.619***
	(-0.48)	(1.05)	(-1.99)	(-2.80)	(-2.11)	(-3.11)
Zyywsr	-0.469**	0.311	-0.122	0.811	-0.147	1.002
	(-2.33)	(1.16)	(-0.83)	(1.21)	(-0.98)	(1.50)

续表

	东部地区 Cxzxcity		中部地区 Cxzxcity		西部地区 Cxzxcity	
	(1)	(2)	(3)	(4)	(5)	(6)
	P75	P25	P75	P25	P75	P25
Indzcfz	0.431	0.766**	−0.038	0.988	−0.046	1.216**
	(1.37)	(2.39)	(−0.35)	(1.59)	(−0.40)	(2.14)
Indzcbc	0.208	−0.002	−0.011	0.010	−0.013	−0.005
	(1.42)	(−0.07)	(−0.24)	(0.04)	(−0.27)	(−0.14)
Cons	−1.473***	−2.163***	−0.582**	−4.208**	−0.417	−3.361**
	(−3.46)	(−3.46)	(−2.09)	(−2.55)	(−1.46)	(−2.36)
N	1407	427	124	117	102	95

注：***、**和*分别表示在1%、5%和10%水平上显著；括号中为参数估计的t值。在知识溢出机制中，P25表示低知识溢出样本；P75表示高知识溢出样本。

第四节 本章小结

在第三章企业区位选择视角下科技创新中心城市形成机理分析的基础上，本章研究了创新文化环境、企业区位选择与科技创新中心城市形成的作用机理，进一步将创新文化环境分为创新文化激励环境和创新文化约束环境，研究了创新文化环境对知识型企业选择科技创新中心城市的一般作用机制和影响途径。依据2004—2018年中国A股649家上市公司的知识型企业数据，采用Logit模型和分样本回归法对定性分析的结果进行了实证检验。研究发现：

首先，创新文化环境并未缓解知识型企业的融资约束，也未提升知识型企业的知识溢出水平，仅仅提升了知识型企业的人力资本水平，促使知识型企业选择科技创新中心城市。创新文化环境对知识型企业选择科技创新中心城市的融资约束机制因企业属性变化而变化，但是人力资本和知识溢出机制相反。创新文化环境对知识型企业选择科技创新中心城市的融资约束机制因地区差异而不同，而人力资本和知识溢出机制不因地区差异而变化。

其次，创新文化激励环境并未缓解知识型企业的融资约束，也未提升知识型企业的知识溢出水平,仅仅提升了知识型企业的人力资本水平,促使知识型企业选择科技创新中心城市。创新文化激励环境对知识型企业选择科技创新中心城市的影响机制也不因企业属性和地区不同而不同。

最后,创新文化约束环境未缓解知识型企业的融资约束,也未提升知识型企业的知识溢出水平,仅仅提升了知识型企业的人力资本水平,促使知识型企业选择科技创新中心城市。创新文化约束环境对知识型企业选择科技创新中心城市的融资约束机制因企业属性变化而变化,但是人力资本和知识溢出机制不因企业属性变化而变化。创新文化约束环境对知识型企业选择科技创新中心城市的融资约束机制因地区差异而不同,而人力资本和知识溢出机制则不因地区差异而变化。

第六章 结论与展望

第一节 研究结论

本文依据创新生态系统理论、新经济地理理论以及 Barro and Sala – I – Matin(1997)[248]南北分析框架的基本范式,构建了企业区位选择视角下科技创新中心城市形成的理论分析框架,并从微观企业视角数理论证了地理区位、产业政策以及创新文化环境等因素对知识型企业选择科技创新中心城市的影响及作用机理。在此基础上,依据 2004—2018 年中国 A 股 649 家上市公司的知识型企业数据,采用 Logit 模型、中介效应逐步法(Causal Steps Approach)和分样本回归法,实证分析了地理区位、产业政策以及创新文化环境等因素对知识型企业选择科技创新中心城市的作用机理以及上述影响因素在融资约束、人力资本以及知识溢出机制下的传导效果,进而揭示了企业区位选择视角下科技创新中心城市形成的一般规律。本文的主要研究结论及发现是:

第一,在对科技创新中心城市内涵进行界定的基础上,基于创新生态系统理论、新经济地理理论以及内生增长理论构建了企业区位选择视角下科技创新中心城市形成的理论模型。分析地理区位、产业政策以及创新文化环境等因素影响知识型企业选择科技创新中心城市的一般作用机理和影响途径。对理论分析的结论进行数理证明和进一步扩展,研究发现,地理区位、产业政策以及创新文化环境通过改变知识型企业的融资约束、人力资本以及知识溢出,对知识型企业选择科技创新中心城市产生了显著的影响;当地理区位、产业政策以及创新文化环境等因素不断改善且累积到一定程度时,知识型企业的融资约束逐渐缓解,人力资本和知识溢出水平也随之提升,知识型企业自发地向科技创新中心城市集中。

第二,研究了地理区位、企业区位选择与科技创新中心城市形成的作用机理,从国内市场潜力和国际市场潜力两个维度进行实证检验。研究发现:(1)国内和国际市场潜力均可以缓解知识型企业面临的融资约束,提升企业人力资本以及知识溢出水平,驱使知识型企业选择科技创新中心城市;(2)国内市场潜力对知识型企业选择科技创新中心城市的融资约束机制不因企业属性的变化而变化,但人力资本和知识溢出机制却因企业属性的不同而不同,国内市场潜力对知识型企业选择科技创新中心城市的融资约束、人力资本和知识溢出机制因地区差异而不同;(3)国际市场潜力对知识型企业选择科技创新中心城市的融资约束机制不因企业属性差异而改变,但人力资本机制却因企业属性差别而迥异,对知识溢出机制不因企业属性变动而变动。国际市场潜力对知识型企业选择科技创新中心城市的融资约束、人力资本和知识溢出机制因地区差别而变化。

第三,研究了产业政策、企业区位选择与科技创新中心城市形成的作用机理,从政府补贴和税收优惠两个维度进行实证检验。研究发现:(1)政府补贴可以缓解知识型企业面临的融资约束,提升企业人力资本以及知识溢出水平,促使知识型企业选择科技创新中心城市;(2)政府补贴对知识型企业选择科技创新中心城市的融资约束和人力资本机制不因企业属性差别而变化,但知识溢出机制因企业属性变动而变动。政府补贴对知识型企业选择科技创新中心城市的融资约束、人力资本以及知识溢出机制因地区差异而不同;(3)税收优惠并未缓解知识型企业的融资约束,也未提升知识型企业的知识溢出水平,仅仅提升了知识型企业的人力资本水平,促使知识型企业选择科技创新中心城市;(4)税收优惠对知识型企业选择科技创新中心城市的融资约束和人力资本机制因企业属性变化而变化,而知识溢出机制不因企业属性不同而不同。税收优惠对知识型企业选择科技创新中心城市的融资约束和知识溢出机制因地区差异而不同,而人力资本机制不因地区差异而变化。

第四,研究了创新文化环境、企业区位选择与科技创新中心城市形成的作用机理。将创新文化环境进一步分为创新文化激励环境和创新文化约束环境进行实证检验。研究发现:(1)创新文化环境并未缓解知识型企业的融资约束,也未提升知识型企业的知识溢出水平,仅仅提升了知识型企业的人力资本水平,促使知识型企业选择科技创新中心城市,创新文化环境对知识型企业选择科技创新中心城市的融资约束机制因企业属性和地区差异而变化,但是人力资本和知识溢出机制相反。(2)创新文化激励环境和创新文化约束环境并未缓解知识型企业的融资约束,也未提升知识型企业的知识溢出水平,仅仅提升了知识型企业的人力资本水平,促使知识型企业选择科技创新中心城市。创新文化激励环境对知识型企业选择科技创新中心城市的影响机制不因企业属性和地区不同而不同。创新文化约束环境对知识型企业选择科技创新中心城市的融资约束机制因企业属性和地区不同而不同,但是人力资本和知识溢出机制相反。

第二节 政策建议

一、取缔地方保护主义,扩大对外开放

(一)鉴于地理区位是影响科技创新中心城市形成的主要因素,所以,各级政府要打破地区之间的行政和贸易壁垒,加强地区之间的合作与交流,降低各地区行业进入门槛,消除各地区市场分割的现象。具体来说,各级政府应该剔除阻碍商品流通的政策、法规和不必要的技术标准、认证制度、检验检疫制度等壁垒;对于科技创新中心城市以外的产品与本地产品享受"同等的待遇",特别是在政府采购过程中,不能以型号、厂商等方式限制科技创新中心城市以外的企业参与政府的投标采购,更不能采取技术壁垒、价格歧视等形式,提高科技创新中心城市以外企业的竞争门槛;在市场竞争中,消除科技创新中心城市以外企业与本地企业在产品市场上不平等待遇,为外地产品引进入科技创新中心市提供"绿色通道",促进科技创新中心城市知识型企业的自由进入与退出,促进创新资源自由流动,充分发挥科技创新中心城市的聚集效应和溢出效应,推动科技创新中心城市和周边地区协同发展。

(二)继续发挥地理区位对东部和中部地区知识型企业区位选择的正向作用,积极扩大科技创新中心城市对外开放,不断开拓国际市场,增加国际市场潜力;加大科技创新中心城市对内开放,搞活国内市场,挖掘国内市场潜力,进一

步发挥国内外市场的规模经济效应,不断增强东部和中部地区科技创新中心城市的经济实力和创新能力。

(三)针对地理区位对西部地区知识型企业区位选择影响不明显的实际情况,从西部地区科技创新中心城市地处内陆、与国际市场对接不便的实际情况出发,扬长避短,大力开拓国内市场,发展高端制造业,对高新技术、高端人才产生巨大的需求,增强知识型企业的创新能力和产出效率,带动有前后关联向企业的发展,不断提高当地人均收入和生活水平,激发国内市场潜力,使国内市场潜力对知识型企业产生强大的吸引力,促进西部地区科技创新中心城市的形成和发展。与此同时,西部地区还应该利用互联网、物联网等现代信息技术大力发展跨境电子商务,开拓国际市场,激发国际市场潜力,推进西部地区科技创新中心城市的建立和发展。

二、实施多样化、差异化的产业政策

从总体上来看,产业政策对科技创新中心城市的形成产生积极的影响。但是,产业政策实施的效果因企业或地区的不同而不同,因此,各级政府应该实行多样化、差异化的产业政策。

首先,政府应该加大给予科技创新中心城市知识型企业的补贴力度,有效地缓解知识型企业的融资约束,提升知识型企业的人力资本水平,增强知识型企业的创新能力和产出效率,提高知识溢出水平,吸引更多的知识型企业向科技创新中心城市聚集,壮大科技创新中心城市的创新实力。

其次,针对民营知识型企业融资难的问题,政府应该进行税收制度改革,逐步消除民营知识型企业在财税政策方面的"歧视待遇",激发民营知识型企业的创新活力,提高民营知识型企业的技术创新水平,把大量的民营知识型企业吸引到科技创新中心城市,加快科技创新中心城市建立的步伐,提高产业政策的有效性。

最后,优化产业政策,实现产业政策与市场机制有机融合。针对产业政策实施过程之中,存在知识型企业机会主义倾向,政府应该优化产业政策,大力实施"普惠式"的功能性产业政策,谨慎实施"特惠式"的选择性产业政策,杜绝机会主义行为的发生,为知识型企业营造公平的竞争环境。同时,实现产业政策与市场机制的有机融合,既发挥产业政策的扶持、帮助和鼓励作用,又发挥市场机制对创新资源的配置作用,激发知识型企业的创新活力,推动科技创新中心城市的发展。

三、营造良好的创新文化环境,调动创新者的积极性

(一)树立以人为本的理念。科技创新,人才是关键。如何留住人才、吸引人才,这是科技创新中心城市建立与发展的核心问题。一方面,要牢固树立"创新发展以科技为本、科技创新以人才为本"的观念,尊重人才、关心人才、爱护人才,营造"依靠人才开拓创新"的创新文化氛围,使创新者全身心地投入到创新活动之中;另一方面,为创新者提供良好的工作环境、丰厚的生活待遇,在科技创新中心城市营造"激励创新、尊重创新、勇于创新"的文化环境,形成凝聚力和向心力,充分发挥创新者的主观能动性,激发创新潜力,提高知识型企业的产出效率。

(二)培育创新精神。科技创新面临着经济风险、政治风险、技术风险、市场风险和财务风险等多重风险,失败处处可见。因此,科技创新中心城市必须为创新者营造包容失败、宽容失败的文化环境,形成人人支持创新、人人关心创新的氛围,从而增强创新者的自信心和创新勇气,鼓励创新者敢于冒险,勇于创新,不畏惧创新过程中面临的一切艰难险阻,有所发明,有所创造,提高科技创新中心城市的创新水平。

(三)加强制度建设。完善的法律法规和制度是科技创新中心城市健康发展的保障。营造良好的创新文化环境离不开制度的承载和支撑,制度不仅能够为创新主体构建一个和谐、稳定的运作机制与社会环境,而且能够营造一个有利于创新文化成长的良好环境和土壤。所以,政府应该从科技创新中心城市的实际需要出发,出台一些新的法律和法规,颁布相关的规章制度,形成有效的激励机制,激发创新者的工作积极性,提高科技创新中心城市的创新能力。

参考文献

[1] 安虎森,2007.增长极形成机制及增长极与外围区的关系[J].南开学报(哲学社会科学版)(4):90-101.

[2] 安同良,等,2009.R&D补贴对中国企业自主创新的激励效应[J].经济研究,44(10):87-98,120.

[3] 奥林,2001.地区间贸易和国际贸易[M].王继祖,等译.北京:首都经济贸易大学出版社.

[4] 贝尔纳.历史上的科学[M].伍况甫,等译.北京:科学出版社,1959:214-280.

[5] 蔡晓珊,陈和.知识型企业创业的关键环境要素探讨:基于SEM模型的实证研究[J].中央财经大学学报,2016(01):115-122.

[6] 陈艳莹,等,2015.新企业进入对制造业在位企业利润率的影响:基于逃离竞争效应及其异质性的视角[J].中国工业经济,(8):50-65.

[7] 陈冬华,等,2018.政府行为必然会提高股价同步性吗?:基于我国产业政策的实证研究[J].经济研究,53(12):112-128.

[8] 陈关聚,2012.基于随机前沿的装备制造业人力资本贡献率研究:以上市公司2001-2010年面板数据为例[J].科技进步与对策,29(16):50-55.

[9] 楚天骄,等,2017.中国独角兽企业的空间分布及其影响因素研究[J].世界地理研究26(6):101-109.

[10] 丛海彬,等,2015.浙江省区域创新中心空间格局及其驱动机制研究[J].人文地理,30(4):95-101.

[11] 成力为,等,2010.引资动机、外资特征与我国高技术产业自主创新效率[J].中国软科学(7):45-57,164.

[12] 褚杉尔,等,2018.知识产权保护是否放松了文化创意企业的融资约

束？[J].财经论丛(3):50-57.

[13] 储德银,等,2016.财政补贴、税收优惠与战略性新兴产业创新投入[J].财贸研究,27(5):83-89.

[14] 党兴华,等,2013.网络位置、地理临近性与企业创新绩效:一个交互效应模型[J].科研管理,34(3):7-13,30.

[15] 德鲁克,1989.创新和企业家精神[M].《世界经济科技》周刊编辑室,译.北京:企业管理出版社.

[16] 邓凯,2018.空间差异视角下西部地区高新技术企业创新环境的外生优势分析[J].统计与信息论坛(9):88-96.

[17] 董铠军,2018.创新生态系统的本质特征与结构:结合生态学理论[J].科学技术哲学研究,35(5):118-123.

[18] 董晓芳,等,2014.企业创新、生命周期与聚集经济[J].经济学,13(2):767-792.

[19] 杜德斌,等,2016.全球科技创新中心的内涵、功能与组织结构[J].中国科技论坛(2):10-15.

[20] 杜江,等,2017.科技金融对科技创新影响的空间效应分析[J].软科学,31(4):19-22,36.

[21] 杜爽,冯晶,杜传忠.产业集聚、市场集中对区域创新能力的作用:基于京津冀、长三角两大经济圈制造业的比较[J].经济与管理研究,2018,39(07):48-57.

[22] 杜能,1986.孤立国同农业和国民经济的关系[M].吴衡康,译.北京:商务印书馆.

[23] 杜德斌,等,2015.全球科技创新中心的空间分布、发展类型及演化趋势[J].上海城市规划(1):76-81.

[24] 杜德斌,2016.中国孕育世界级科技创新中心的潜力[J].地理教育(12):1.

[25] 杜勇宏,2015.基于三螺旋理论的创新生态系统[J].中国流通经济,29(1):91-99.

[26] 冯根福,等,2008.中国上市公司治理与企业技术创新关系的实证分

析[J].中国工业经济(7):91-101.

[27] 樊增强,2018.全球科技创新发展趋势与中国创新驱动的战略抉择[J].中州学刊(10):44-50.

[28] 傅超,等,2017.国内外科技创新中心发展经验借鉴与启示[J].科技管理研究(23):57-64.

[29] 范方志,等,2015.区域文化环境与我国上市公司融资行为:基于分层线性模型的研究[J].中央财经大学学报(9):31-37.

[30] 符淼,2009.地理距离和技术外溢效应:对技术和经济集聚现象的空间计量学解释[J].经济学(季刊),8(4):1549-1566.

[31] 高锡荣,罗琳,张红超.从全球创新指数看制约我国创新能力的关键因素[J].科技管理研究,2017,37(01):15-20.

[32] 高厚宾,等,2018.新兴市场企业跨国并购、政治关联与创新绩效:基于并购异质性视角的解释[J].国际贸易问题(2):137-148.

[33] 郭玥,2018.政府创新补助的信号传递机制与企业创新[J].中国工业经济(9):98-116.

[34] 顾震宇,等,2015.2015国际大都市科技创新能力评价的研究[J].竞争情报,11(6):12-16.

[35] 顾伟男,等,2018.我国中心城市科技创新能力的演变及提升路径[J].经济地理(2):113-122.

[36] 关成华,等,2018.创新驱动、知识产权保护与区域经济发展:基于2007-2015年省级数据的门限面板回归[J].宏观经济研究(10):86-92.

[37] 韩坚,等,2017.产业集聚、空间效应与区域创新研究[J].财政研究(8):90-100.

[38] 韩永辉,等,2017.产业政策推动地方产业结构升级了吗?:基于发展型地方政府的理论解释与实证检验[J].经济研究,52(8):33-48.

[39] 贺灿飞,等,2001.信息成本、集聚经济与中国外商投资区位[J].中国工业经济(9):38-45.

[40] 黄肖琦,等,2006.新经济地理学视角下的FDI区位选择:基于中国省际面板数据的实证分析[J].管理世界(10):7-13,26,171.

[41] 黄先海,等,2003.论功能性产业政策:从WTO"绿箱"政策看我国的产业政策取向[J].浙江社会科学(2):68-72.

[42] 黄昱方,等,2013.创生环境对科技型小微企业资源获取的影响研究:以苏南地区为例[J].科技进步与对策,30(22):31-36.

[43] 黄鲁成,2003.区域技术创新生态系统的特征[J].中国科技论坛(1):23-26.

[44] 郝寿义,等,2011.企业区位选择与空间集聚的博弈分析[J].南开经济研究(3):69-78.

[45] 胡志坚,等,1999.区域创新系统理论的提出与发展[J].中国科技论坛(6):20-23.

[46] 艾永芳,等,2017.文化差异、制度环境和科技创新:基于跨国视角的比较分析[J].经济问题探索(12):50-61.

[47] 金煜,等,2006.中国的地区工业集聚:经济地理、新经济地理与经济政策[J].经济研究,41(4):79-89.

[48] 贾俊雪,等,2007.中国区域经济趋同与差异分析[J].中国人民大学学报(5):61-68.

[49] 姜国华,等,2011.宏观经济政策与微观企业行为:拓展会计与财务研究新领域[J].会计研究(3):9-18,94.

[50] 克里斯塔勒,1998.德国南部中心地原理[M].常正文,等译.北京:商务印书馆.

[51] 康志勇,等,2018."鱼与熊掌能兼得"吗?:市场竞争、政府补贴与企业研发行为[J].世界经济文汇(4):101-117.

[52] 罗晓辉,等,2018.结构趋同与"优势企业扶持"政策的创新激励效应:来自于地方政府同质化竞争的解释[J].管理世界,34(12):181-183.

[53] 李政,等,2018.财政分权、政府创新偏好与区域创新效率[J].管理世界,34(12):29-42,110,193-194.

[55] 李盛竹,等,2016.国家科技创新能力影响因素的系统动力学仿真:基于2006—2014年度中国相关数据的实证[J].科技管理研究,36(13):8-15.

[55] 李文贵,余明桂.民营化企业的股权结构与企业创新[J].管理世界,2015(4):112-125.

[56] 李爽,2018.要素价格扭曲、政治关联与中国工业企业的技术创新积极性[J].财贸研究,29(7):1-14.

[57] 李燕萍,等,2018.中国科技企业孵化器的地域集聚及影响因素研究[J].财经问题研究(12):52-59.

[58] 李雪,等,2008.区位、规模经济与技术创新活动的空间集聚[J].商业经济与管理(8):61-67.

[59] 李万福,等,2017.创新补助究竟有没有激励企业创新自主投资:来自中国上市公司的新证据[J].金融研究(10):130-145.

[60] 李芸达,等,2012.先投后融,抑或先融后投:基于对我国企业产权制度的分析[J].会计研究(1):43-50,97.

[61] 李婷,等,2005.科技创新环境评价指标体系的探讨[J].中国科技论坛(4):30-31,36.

[62] 李福,等,2018.创新中心的形成:创新资源的集聚与利用模式[J].中国科技论坛(4):7-14.

[63] 李惠平,2009.关于华南科技创新中心建设的思考[J].科技管理研究(8):56-58.

[64] 李天柱,等,2016.需求导向的政府科技服务创新案例研究:以东莞松山湖高新区为例[J].科学学与科学技术管理,37(9):58-66.

[65] 李萌,等,2012.基于层次分析法(AHP)的城市创新环境综合评价研究[J].科技管理研究(4):50-53.

[66] 李沃源,等,2019.基于系统构成要素的西部地区科技创新系统环境组合评价研究[J].科学管理研究,37(1):59-62.

[67] 李莉,等,2015.中国高科技企业信贷融资的信号博弈分析[J].经济研究,50(6):162-174.

[68] 李乃文,等,2012.基于系统动力学的产业发展不同阶段人才集聚的决定因素分析[J].科技进步与对策,29(05):152-155.

[69] 刘丙泉,田晨,马占新.财政分权对区域技术创新效率的影响研究

[J].软科学,2018,32(07):5-9,15.

[70] 刘岳平,等,2018.空间邻近、溢出效应对企业区位选择的影响[J].软科学,32(4):49-53.

[71] 刘修岩,等,2010.集聚经济与企业区位选择:基于中国地级区域企业数据的实证研究[J].财经研究,36(11):83-92.

[72] 刘修岩,等,2007.市场潜能与制造业空间集聚:基于中国地级城市面板数据的经验研究[J].世界经济(11):56-63.

[73] 刘娟,2010.人口学视角下的产业集聚综述[J].人口学刊(6):19-22.

[74] 乐菲菲,等,2018.高管政治关联会导致创业板企业上市后创新绩效"变脸"吗?[J].经济与管理,32(1):73-79,86.

[75] 勒施,1995.经济空间秩序:经济财货与地理间的关系[M].王守礼,译.北京:商务印书馆.

[76] 廖晓东,等,2018.基于区位熵的中国科技服务业空间集聚测度理论与对策研究[J].科技管理研究,38(02):171-178.

[77] 黎文靖,等,2014.产业政策激励了公司投资吗[J].中国工业经济(5):122-134.

[78] 黎文靖,等,2016.实质性创新还是策略性创新?:宏观产业政策对微观企业创新的影响[J].经济研究,51(4):60-73.

[79] 柳光强,2012.完善促进文化产业发展的财税政策研究[J].财政研究(2):16-18.

[80] 柳光强,2016.税收优惠、财政补贴政策的激励效应分析:基于信息不对称理论视角的实证研究[J].管理世界(10):62-71.

[81] 柳卸林,等,2018.从创新生态系统看中国如何建成世界科技强国[J].科学学与科学技术管理,39(3):3-15.

[82] 罗琦,等,2007.融资约束抑或过度投资:中国上市企业投资—现金流敏感度的经验证据[J].中国工业经济(09):103-110.

[83] 罗孝高,2004.创新文化的基本模式与创新文化的建设[J].广西社会科学(5):153-155.

[84] 林毅夫,2002.自生能力、经济转型与新古典经济学的反思[J].经济

研究(12):15-24,90.

[85] 林毅夫,等,2018.区域型产业政策与企业生产率[J].经济学,17(2):781-800.

[86] 林善浪,等,2017.高速公路发展对于新企业选址的影响:来自中国制造业微观企业数据的证据[J].财贸研究,28(3):28-38.

[87] 逯建,等,2014.中国的内陆离海有多远:基于各省对外贸易规模差异的研究[J].世界经济,37(3):32-55.

[88] 缪尔达尔,1992.亚洲的戏剧:对一些国家贫困问题的研究[M].谭力文,张卫东,译.北京:北京经济学院出版社.

[89] 孟庆玺,等,2016.产业政策扶持激励了企业创新吗?:基于"五年规划"变更的自然实验[J].南方经济(12):1-25.

[90] 马光荣,等,2014.银行授信、信贷紧缩与企业研发[J].金融研究(7):76-93.

[91] 成全,等,2016.原始性创新环境影响因素研究:基于BP-DEMATEL模型的实证[J].科学学研究,34(4):591-600.

[92] 倪进峰,等,2017.产业集聚、人力资本与区域创新:基于异质产业集聚与协同集聚视角的实证研究[J].经济问题探索(12):156-162.

[93] 牛东晓,等,2009.企业科技创新中心主体构建研究[J].科学学与科学技术管理(10):157-160.

[94] 潘文卿,2012.中国沿海与内陆间经济影响的溢出与反馈效应[J].统计研究,29(10):30-38.

[95] 佩鲁,1987.新发展观[M].张宁,丰子义,译.北京:华夏出版社.

[96] 彭华涛,等,2017.世界主要国家产业创新中心的经验与启示[J].中国科技论坛(11):180-186.

[97] 邱成利,等,2003.论构建区域创新文化环境与对策[J].科学管理研究(5):25-28.

[98] 饶光明,等,2009.内外共生循环的区域科技创新机理[J].数量经济技术经济研究,26(1):129-139.

[99] 孙刚.选择性高科技产业政策能被精准执行吗:基于"高新技术企业"

认定的证据[J]. 经济学家,2018(08):75-85.

[100] 孙晓华,等,2010. 企业异质性与产业创新能力:基于我国36个工业行业的实证检验[J]. 产业经济研究(4):9-15.

[101] 孙伯灿,等,2001. 中国高新技术产业税收优惠政策实证研究[J]. 浙江大学学报(人文社会科学版),31(6):61-94.

[102] 邵挺,2010. 经济地理与外资企业的区位选择[J]. 经济管理,32(6):39-46.

[103] 萨克森宁,1999. 地区优势:硅谷和128公路地区的文化与竞争[M]. 曹蓬,等译. 上海:上海远东出版社.

[104] 苏炜,等,2018. 珠三角城市创新环境评价及政策研究[J]. 科技管理研究,38(10):60-69.

[105] 世界银行,2007. 政府治理、投资环境与和谐社会:中国120个城市竞争力的提升[M]. 北京:中国财政经济出版社.

[106] 石敏俊,等,2006. 中国地区间经济联系与区域发展驱动力分析[J]. 地理学报(6):593-603.

[107] 宋凌云,等,2013. 重点产业政策、资源重置与产业生产率[J]. 管理世界(12):63-77.

[108] 徐朝阳,等,2010. 发展战略与经济增长[J]. 中国社会科学(3):94-108.

[109] 斯密,2007. 国富论[M]. 北京:北京出版社.

[110] 施炳展,等,2012. 地理距离通过何种途径减少了贸易流量[J]. 世界经济,35(7):22-41.

[111] 佟爱琴,等,2007. 对知识型企业人力资本界定的重新思考[J]. 科学管理研究(4):95-99.

[112] 谭劲松,等,2017. 产业政策与企业研发投资[J]. 会计研究(10):58-64,97.

[113] 唐清泉,等,2007. 政府补贴动机及其效果的实证研究:来自中国上市公司的经验证据[J]. 金融研究(6):149-163.

[114] 王佳宁,等,2016. 创新中心理论溯源、政策轨迹及其国际镜鉴[J].

改革(11):41-52.

[115] 王仁祥,等,2017.金融集聚能够提升科技创新效率么?:来自中国的经验证据[J].经济问题探索(1):139-148.

[116] 王春元,等,2018.税收优惠与企业自主创新:融资约束的视角[J].科研管理(3):37-44.

[117] 王琪,2006.从构建创新文化环境做起[J].学习月刊(1):24-25.

[118] 王俊松,2015.相关性多样化、内外资联系与城市创新能力[J].南方经济(12):55-70.

[119] 王旭,2000.美国城市史[M].北京:中国社会科学出版社.

[120] 王缉慈,2006.解开集群概念的困惑——谈谈我国区域的集群发展问题[J].经济经纬(2):65-68.

[121] 王文翌,等,2014.产业集聚、创新与知识溢出:基于中国制造业上市公司的实证[J].产业经济研究(4):22-29.

[122] 王春元,等,2018.税收优惠与企业自主创新:融资约束的视角[J].科研管理,39(3):37-44.

[123] 韦伯,1997.工业区位论[M].李刚剑,等译.北京:商务印书馆.

[124] 文玫,2004.中国工业在区域上的重新定位和聚集[J].经济研究,39(2):84-94.

[125] 汪秋明,等,2014.战略性新兴产业中的政府补贴与企业行为:基于政府规制下的动态博弈分析视角[J].财经研究,40(7):43-53.

[126] 吴敬琏,1999.制度高于技术:论发展我国高新技术产业[J].决策咨询通讯(4):48-51.

[127] 吴和雨,2017.加快推进上海科创中心建设的路径探索:基于企业创新模式视角[J].统计科学与实践(12):8-12.

[128] 吴金希,2014.创新生态体系的内涵、特征及其政策含义[J].科学学研究,32(1):44-51,91.

[129] 吴永钢,等,2016.信任、融资约束与企业投资[J].南开经济研究(4):71-84.

[130] 伍建民,2014.建设全国科技创新中心的内涵与形势[J].前线(10):

91-93.

[131] 魏江,2003.产业集群:创新系统与技术学习[M].北京:科学出版社.

[132] 温军,等,2012.异质机构、企业性质与自主创新[J].经济研究,47(3):53-64.

[133] 温忠麟,等,2014.有调节的中介模型检验方法:竞争还是替补?[J].心理学报,46(5):714-726.

[134] 翁媛媛,等,2009.科技创新环境的评价指标体系研究:基于上海市创新环境的因子分析[J].中国科技论坛(2):31-35.

[135] 武晓芬,等,2018.制度信用环境、融资约束和企业创新[J].经济问题探索(12):70-80.

[136] 薛婧,等,2018.中国式财政分权与区域创新能力:基于R&D边际创新产出及要素市场扭曲的解释框架[J].经济问题探索(11):152-162.

[137] 徐康宁,等,2008.跨国公司价值链的区位选择及其决定因素[J].经济研究,43(3):138-149.

[138] 徐冠华,2001.大力构建有利于创新的文化环境[J].中国软科学(3):1-7.

[139] 徐倪妮,等,2019.科技人才流动的宏观影响因素研究[J].科学学研究,37(3):414-421.

[140] 徐康宁,等,2010.基于本土市场规模的内生化产业升级:技术创新的第三条道路[J].中国工业经济(11):58-67.

[141] 徐彪,等,2011.区域环境对企业创新绩效的影响机制研究[J].科研管理,32(9):147-156.

[142] 肖凡,等,2018.21世纪以来中国高新技术企业的时空分布和影响机制[J].经济地理,38(2):27-35.

[143] 薛捷,2015.区域创新环境对科技型小微企业创新的影响:基于双元学习的中介作用[J].科学学研究(5):782-791.

[144] 薛捷,2015.知识网络双重异质性对于科技型企业产品创新的影响

研究[J].中国科技论坛(8):28-34.

[145] 熊鸿儒,2015.全球科技创新中心的形成与发展[J].学习与探索(9):112-116.

[146] 肖兴志,等,2011.中国战略性新兴产业创新效率的实证分析[J].经济管理(11):26-35.

[147] 许婷婷,等,2013.基于因子分析的江苏省区域创新环境评价与分析[J].科技进步与对策,30(4):124-128.

[148] 冼国明,等,2003.中国出口与外商在华直接投资:1983-2000年数据的计量研究[J].南开经济研究(1):45-48.

[149] 易靖韬,等,2015.企业异质性、高管过度自信与企业创新绩效[J].南开管理评论,18(6):101-112.

[150] 于晓宇,2011.企业创新战略决策的决定因素:基于区域文化的视角[J].科技进步与对策,28(18):69-74.

[151] 于斌斌,2012.区域一体化、集群效应与高端人才集聚:基于推拉理论扩展的视角[J].经济体制改革(6):16-20.

[152] 叶素云,等,2012.中国工业企业的区位选择:市场潜力、资源禀赋与税负水平[J].南开经济研究(5):94-110.

[153] 叶静怡,等,2016.知识溢出、距离与创新:基于长三角城市群的实证分析[J].世界经济文汇(3):21-41.

[154] 余珮,等,2012.新经济地理学框架下跨国公司在中国分层区位选择研究[J].世界经济,35(11):31-58.

[155] 余明桂,等,2016.中国产业政策与企业技术创新[J].中国工业经济(12):5-22.

[156] 鄢圣文,2015.产业集聚的人才集聚效应分析[J].现代商业(36):36-37.

[157] 约瑟夫·熊彼特.经济发展理论[M].张培刚,译.北京:商务印书馆,1990.

[158] 尹彦,等,2011.基于超循环理论的企业知识创新动态模型[J].西安电子科技大学学报(社会科学版),21(3):1-8.

[159] 袁江,等,2009.强制性技术变迁、不平衡增长与中国经济周期模型[J].经济研究,44(12):17-29.

[160] 袁红英,等,2017.区域科技创新中心建设的理论与实践探索[J].经济与管理评论,33(1):134-140.

[161] 扬西蒂,等,2006.共赢:商业生态系统对企业战略、创新和可持续性的影响[M].王凤彬,等译.北京:商务印书馆.

[162] 余泳泽,等,2015.要素禀赋、适宜性创新模式选择与全要素生产率提升[J].管理世界(9):13-31,187.

[163] 袁冬梅,等,2011.对外开放促进产业集聚的机理及效应研究:基于中国的理论分析与实证检验[J].财贸经济(12):120-126.

[164] 岳书敬,等,2006.人力资本与区域全要素生产率分析[J].经济研究(4):90-96,127.

[165] 张虎,韩爱华.金融集聚、创新空间效应与区域协调机制研究:基于省级面板数据的空间计量分析[J].中南财经政法大学学报,2017(1):10-17.

[166] 赵坚,2008.我国自主研发的比较优势与产业政策:基于企业能力理论的分析[J].中国工业经济(8):76-86.

[167] 赵中建,等,2012.欧洲国家创新政策热点问题研究[M].上海:华东师范大学出版社.

[168] 赵放,等,2014.多重视角下的创新生态系统[J].科学学研究,32(12):1781-1788,1796.

[169] 赵领娣,等,2014.人力资本、治理结构与能源类上市公司高管—员工薪酬差距[J].中国海洋大学学报(社会科学版)(3):54-60.

[170] 郑健壮,等,2011.创新型企业影响创新型集群创新资源集聚和扩散的机理研究[J].科技和产业,11(3):23-27.

[171] 周密,等,2018.雄安新区建设中国第三增长极研究[J].南开学报(哲学社会科学版)(2):19-28.

[172] 周黎安,2004.晋升博弈中政府官员的激励与合作:兼论我国地方保护主义和重复建设问题长期存在的原因[J].经济研究,39(6):33-40.

[173] 周海成,2016.国际大都市科技创新与金融"双中心"建设的经验与启示:以纽约、伦敦为例[J].科学管理研究(1):105-108.

[174] 周开国,等,2017.融资约束、创新能力与企业协同创新[J].经济研究,52(7):94-108.

[175] 张涛,等,2017.建设全球性产业科技创新中心的模式与路径选择:基于江苏省产业科创中心的科研活动[J].现代经济探讨(1):73-77.

[175] 朱欢,2010.我国金融发展对企业技术创新作用效果的实证分析[J].科技管理研究,30(14):26-30.

[177] 张相林,2010.科技人才创新行为评价体系设计研究[J].中国行政管理(7):107-111.

[178] 张培富,等,2000.技术创新过程的自组织进化[J].科学管理研究(6):1-4.

[179] 张樨樨,2010.中国人才集聚的理论分析与实证研究:基于IMSA分析范式[M].北京:首都经济贸易大学出版社.

[180] 曾国屏,等,2013.从"创新系统"到"创新生态系统"[J].科学学研究(1):4-12.

[181] 钟颖杰,等,1998.中国八个地区的消费需求分析[J].地理学报(4):9-16.

[182] 朱宗元,等,2018.新三板融资环境下中小企业信用风险评估[J].统计与信息论坛,33(10):107-113.

[183] 郑萌萌,等,2013.民营中小企业信贷融资制约因素的实证研究:基于创业板上市公司数据的分析[J].东岳论丛,34(8):127-131.

[184] ARTHUR W B. Positive Feedbacks in the Economy[J]. Mckinsey Quarterly, 1990, 262(2): 81-94.

[185] ASHEIM B T, ISAKSEN A, 2002. Regional innovation systems: the integration of local "sticky" and global "ubiquitous" knowledge [J]. The journal of technology transfer, 27(1): 77-86.

[186] ASHEIM B T, COENEN L, 2005. Knowledge bases and regional innovation systems: comparing nordic clusters [J]. Research policy, 34

(8):1173 - 1190.

[187] ALBAHARI A, et al., 2016. The influence of Science and Technology Park characteristics on firms' innovation results: STP characteristics and firms' innovation results[J]. Papers in regional science, 97(2):253 - 280.

[188] ADNER R, 2006. Match your innovation strategy to your innovation ecosystem [J]. Harvard business review, 84(4):98 - 107.

[189] A. DUMONT, 1890. Depopulation et Civilisation: Etude demongraphique [M]. Paris: Lecrosnier et Babe, Librairesediteurs.

[190] ADNE CAPPELEN, RAKNERUD A, RYBALKA M, 2012. The effects of R&D tax credits on patenting and innovations [J]. Discussion Papers, 41(2): 334 - 345.

[191] AGHION P, DEWATRIPONT M, DU L S, et al, 2012. Industrial Policy and Competition [R]. NBER Working Paper, No. 18048.

[192] AIELLO F, CARDAMONE P, 2009. R&D spillovers and firms' performance in Italy Evidence from a flexible production function [M]. Spatial Econometrics.

[193] BOUDVILLE J R, 1966. Problem of regional economic planning [M]. Edinburgh: Edinbyrgh Up.

[194] BUESAA M, HEIJSA J, BAUMERT T, 2010. The determinants of regional innovation in Europe: a combined factorial and regression knowledge production function approach[J]. Research policy, 39(6):722 - 735.

[195] BOSCHMA R, FRENKEN K, 2011. The emerging empirics of evolutionary economic geography [J]. Journal of economic geography, 11(2):295 - 307.

[196] BALDWIN R E, OKUBO T, 2006. Heterogeneous firms, agglomeration and economic geography: spatial selection and sorting [J]. Journal of economic geography, 6(3):323 - 346.

[197] BARRO R J, LEE J W, 1993. International comparisons of educational

attainment [J]. Journal of monetary economic,32(3):363-394.

[198] BARNEY J B, 1991. Firm resources and sustained competitive advantage [J]. Journal of management,17(1):99-120.

[199] BOSCHMA R A, 2005. Proximity and innovation: a critical assessment [J]. Regional studies,39(1):61-74.

[200] BARRO R J, 1988. Governm[5]ent spending in a simple model of endogenous growth [J]. NBER Working Papers.

[201] BELIZ H, LEIJPRAS A, 2016. Financing Patterns of R&D in Small and Medium-sized Eaterprises and the Perception of Innovation Barriers in Germany [J]. Science & Public Policy, 43(2): 1-27.

[202] BARRO R J, SALAIMARTIN X, 1997. Technological Diffusion, Convergence, and Growth [J]. Journal of Economic Growth, 2(1):1-26.

[203] BALASUBRAMANIAN N, Lee J, 2008. Firm age and innovation [J]. Social Science Electronic Publishing, 17(5):1019-1047.

[204] BARON R M, KENNY D A, 1986. The Moderator-Mediator Variable Distinction in Social Psychological Research: Conceptual, Strategic, and Statistical Considerations [J]. Personality and Social Psychology, 51:1173-1182.

[205] BROWN J R, MARTINSSON G, 2013. Petersen B C. Law, Stock Markets, and Innovation [J]. The Journal of Finance,68(4):33.

[206] CHATTERJEE S, 1991. Agglomeration economies: the spark that ignites a city? [J]. Journal of political economy, 99(3): 483-499.

[207] CORNAGGIA J et al, 2015. Does banking competition affect innovation? [J]. Journal of financial economics, 115(1): 189-209.

[208] COOKE P, 2001. Regional innovation systems, clusters, and the knowledge economy [J]. Industrial and corporate change,10(4):945-974.

[209] CLARYSSE B,WRIGHT M,MUSTAR P, 2009. Behavioural additionality of R&D subsidies: a learning perspective [J]. Research policy,38(10):1517-1533.

[210] CHESBROUGH H, 2004. Managing Open Innovation [J]. Research technology management, 47(1):23-26.

[211] CHOI S R, 1986. Banks and the World's Major Banking Centers [J]. Weltwirts - Chaftliches Archiv, 122(1): 48-64.

[212] CANEPA A, STONEMAN P, 2008. Financial Constraints to Innovation in the UK: Evidence from CIS2 and CIS3 [J]. Oxford Economic Papers, 60(4): 711-730.

[213] CROZET M, 2004. Do migrants follow market potentials? An estimation of a new economic geography model [J]. Journal of Economic Geography(4):439-458.

[214] DEVEREUX M P, GRIFFITH R, SIMPSON H. Firm location decisions, regional grants and agglomeration externalities [J]. Journal of Public Economics, 2007, 91(3-4):413-435.

[215] DOSI G, MARENGO L, PASQUALI C, 2006. How much should society fuel the greed of innovators? On the relations between appropriability, opportunities and rates of innovation[J]. Research policy 35(8): 1110-1121.

[216] DVIR R, PASHER E, 2004. Innovation engines for knowledge cities: an innovation ecology perspective [J]. Journal of knowledge management, 8(5):16-27.

[217] DUSHNITSKY G, LENOX M J, 2005. When do incumbents learn from entrepreneurial ventures? : corporate venture capital and investing firm innovation rates [J]. Research policy, 34(5):615-639.

[218] DEJONG G F, 1977. Residential preferences and migration [J]. Demography, 14(2):169-178.

[219] DUCHIN R, OZBAS O, SENSOY B A, 2010. Costly external finance, corporate investment, and the subprime mortgage credit crisis [J]. Social Science Electronic Publishing, 97(3):418-435.

[220] DICKSON P H, WEAVER K M, HOY F, 2006. Opportunism in the

R&D alliances of SMES: The roles of the institutional environment and SME size [J]. Journal of Business Venturing, 21(4): 487-513.

[221] DAVID P, YOSHIKAWA J P O, 2008. The Implications of Debt Heterogeneity for R&D Investment and Firm Performance [J]. The Academy of Management Journal, 51(1):165-181.

[222] ETZKOWITZ H, LEYDESDORFF L, 2000. The dynamics of innovation: from national systems and "Mode 2" to a triple helix of university-industry-government relations [J]. Research policy, 29(2):109-123.

[223] EARL M, 2001. Knowledge management strategies: toward a taxonomy [J]. Journal of management information systems, 18(1):215-233.

[224] FRIEDMANN J, 1966. Regional development policy: a case study of Venezuela [M]. Cambridge, Mass: M.I.T. Press.

[225] FURMAN J L, PORTER M E, STERN S. The determinants of national innovative capacity [J]. Research Policy, 2002, 31(6): 899-933.

[226] FAZZARI S M, et al., 1988. Financing Constraints and Corporate Investment [J]. Brookings Papers on Economic Activity (1):141-206.

[227] FRENKEN K, BOSCHMA R A, 2007. A theoretical framework for evolutionaryeconomic geography: industrial dynamics and urban growth as a branching process [J]. Papers in evolutionary economic geography, 7 (5), 635-649.

[228] GORDON I R, PHILIP M C, 2005. Innovation, agglomeration, and regional development. [J]. Journal of economic geography, 5(5): 523-543.

[229] GROSSMAN G M, HELPMAN E, 1993. Innovation and growth in the global economy [M]. MIT Press.

[230] HOTELLING H, 1929. Stability in Competition [J]. Economic Journal, 39(153): 41-57.

[231] HEAD K, RIES J, 1996. Inter-City Competition for Foreign Investment: Static and Dynamic Effects of China's Incentive Areas [J]. Jour-

nal of Urban Economics, 40(1): 38 – 60.

[232] HENDERSON J V, 1974. The sizes and types of cities [J]. American economic review, 64(4): 640 – 656.

[233] HARRIS C D, 1954. The market as a factor in the localization of industry in the United States [J]. Annals of the Association of American Geographers, 44(4): 315 – 348.

[234] HINLOOPEN J, 2000. More on subsidizing cooperative and noncooperative R&D in duopoly with spillovers [J]. Journal of economics, 72(3): 295 – 308.

[235] HALL B H, HARHOFF D, 2012. Recent research on the economics of patents [J]. Annual review of economics 4: 541 – 565.

[236] HALL P, 1966. The World Cities [M]. London: Weidenfeld and Nicolson.

[237] HANNAN M T, FREEMAN J H, 1977. The population ecology of organizations [J]. American journal of sociology, 82(5): 929 – 964.

[238] HSU P H, TIAN X, XU Y, 2014. Financial development and innovation: Cross – country evidence [J]. Journal of Financial Economics, 112(1): 116 – 135.

[239] HICK, RICHARD J, 1932. The Theory of Wages [M]. London: Macmillan.

[240] HALL B H, 2002. The Financing of Research and Development [J]. Oxford Review of Economic Policy, 18(1): 35 – 51.

[241] HERBG, DUNPHY S, 1998. Culture and Innovation [J]. Cross Cultural Management(4): 13 – 21.

[242] HEOPMAN E, 1993. Innovation, Imitation, and Intellectual Property Rights [J]. Econometrica, 61(6): 1247 – 1280.

[243] HANSON, G, 2005. Market potential, increasing returns and geographic concentration [J]. Journal of International Economics, 67(1): 1 – 24.

[244] HEAD K, MAYER T, 2006. Regional wage and employment responses to market potential in the EU[J]. Regional Science and Urban Economics,36(5):573-594.

[245] HERING L, PONCET S, 2010. Market Access and Individual Wages: Evidence from China[J]. Review of Economics and Statistics ,92(1):145-159.

[246] HADLOCK C J, PIERCE J R, 2010. New Evidence on Measuring Financial Constraints: Moving Beyond the KZ Index [J]. Review of Financial Studies, 23(5):1909-1940.

[247] HANSEN G S, HILL C W L, 1991. Are institutional investors myopic? A time-series study of four technology-driven industries [J]. Strategic Management Journal,12(1):1-16.

[248] ISARD W, 1956. Location and space-economy: a general theory relating to industrial location, market areas, land use, trade, and urban structure [M]. Cambridge: MIT Press.

[249] JACOBS J,1969. The Economy of Cities [M]. New York:Vintage.

[250] KRUGMAN P, 1991. Increasing returns and economic geography [J]. Journal of political economy, 99(3):483-499.

[251] KRUGMAN P, VENABLES A, 1995 Globalization and the inequality of nations [J]. Quarterly journal of economics, 4(2): 857-880.

[252] KELLER W, 2002. Geographic localization of international technology diffusion [J]. American economic review,92(1): 120-142.

[253] KENNEY, MARTIN, RICHARD F, 1994. Japanese Maquiladoras: Production Organization and Global Commodity Chains [J]. World Development, 22(1): 27-44.

[254] LAUNHARD W, 1993. Mathematical principles of economics [M]. Cambridge:Great Britain at the University Press.

[255] LALL S, 2001. Comparing National Competitive Performance: An Economic Analysis of World Economic Forum's Competitiveness Index [J].

Working Papers.

[256] LUCAS R, 1988. On the mechanics of economic development [J]. Journal of Monetary Economics,22(1): 3 –42.

[257] LUNDVALL B, BORRASS S, 1997. The Globalising Learning Economy: Implications for Innovation Policy [R]. Report from DG XII, Commission of the European Union.

[258] MALMBERG A, MASKELL P, 2006. Localized learning revisited [J]. Growth and change 37(1): 1 –18.

[259] MANSFIELD E. The Economics of Technological Change [M]. New York: W. W. Norton: 1971.

[260] MOORE J F, 1993. Predators and prey: a new ecology of competition [J]. Harvard business review,71(3):75 –86.

[261] MARSHALL A,1890. Prinsiples of Economics [M]. London: Macmillan and Co. Ltd..

[262] MELLINGER A,SACHS J D, GALLUP J L, 1999. Climate, water navigability, and economic development [J]. CID working paper.

[263] MODIGLIANI F, MILLER M H, 1959. The Cost of Capital, Corporation Finance and the Theory of Investment [J]. American Economic Review(4): 655 –669.

[264] MASKELL P, ESKELINEN H, HANNIBALSSON I, et al,1998. Competitiveness, Localised Learning and Regional Development: Specilisation and Prosperity in Small Open E – conomies [M]. London/New York: Routlegde.

[265] NOOTEBOOM B, 2000. Institutions and forms of co – ordination in innovation systems [J]. Organization studies, 21(5):915 –939.

[266] PORTER M E, 1990. The Competitive Advantage of Nations [M]. New York: Free Press.

[267] PETROU A, DASKALOPOULOU I, 2009. Innovation and small firms' growth prospects: relational proximity and knowledge dynamics in a low –

tech industry [J]. European planning studies, 17(11): 1591 – 1604.

[268] POLANYI, M, 1966. The tacit Dimension [M]. New York: Doubleday and Company.

[269] PIGA C A, GIANFRANCO A, 2007. R&D Investment, Credit Rationing and Sample [J]. Discussion Paper, 59(2):149 – 178.

[270] QIU J, WAN C, 2014. Technology spillovers and corporate cash holdings [J]. Journal of Financial Economics, 115(3): 558 – 573.

[271] ROMER P M, 1990. Endogenous Technological Change [J]. Journal of political economy, 98(5): 71 – 102.

[272] RACHEL G, STEPHEN R, HELEN S, 2009. Technological catch up and geographic proximity [J]. Journal of Regionalience, 49(4): 689 – 720.

[273] ROMER, PAUL M, 1986. Increasing Returns and Long – Run Growth [J]. Journal of Political Economy, 94(5): 1002 – 1037.

[274] RAO, NIRUPAMA, 2016. Do Tax Credits Stimulate R&D Spending? The Effect of the R&D Tax Credit in its First Decade [J]. Journal of Public Economics, 140(8):1 – 12.

[275] SAMMARRA A, BIGGIERO L, 2008. Heterogeneity and specificity of inter – firm knowledge flows in innovation networks [J]. Journal of Management Studies, 45(4): 800 – 829.

[276] SASIDHARAN et al, 2015. Financing constraints and investments in R&D: evidence from Indian manufacturing firms [J]. The quarterly review of economics and finance, 55(1): 28 – 39.

[277] STIGLITZ J E. Development policies in a world of globalization [J]. Gallagher, 2005: 15 – 32.

[278] SAHIN F, 2000. Manufacturing competitiveness: different systems to achieve the same results [J]. Production and inventory management journal, 41(1): 56 – 65.

[279] STERNBERG R, 1996. Reasons for the genesis of High – Tech Regions—theoretical explanation and empirical evidence [J]. Geoforum,

27(2): 205-223.

[280] SASSEN S,1991. The Global City: New York, London, Tokyo[M]. New Jersey: Princeton University Press.

[281] SCHULTZ T W, 1975. The value of the ability to deal with disequilibria [J]. Journal of economic literature, 13(3):827-846.

[282] THRIFT, N,1994. On the Social and Cultural Determinants of International Financial Centers: the Case of the City of London [M]. London: Power and Space Blackwell,.

[283] TASSEY G, 2004. Underinvestment in Public Good Technologies [J]. Journal of Technology Transfer, 30(1): 89-113.

[284] VENABLES T, 1996. Equilibrium locations of vertically linked industries[J]. International economic review, 37(2):341-360.

[285] VERNON R,1966. International investment and international trade in the product cycle [J]. International Executive, 8(4): 16-16.

[286] VANDENBUSSCHE J, AGHION P, MEGHIR C, 2006. Growth, distance to frontier and composition of human capital [J]. Journal of Economic Growth, 11(2):97-127.

[287] WALLSTEN S J, 2001. An empirical test of geographic knowledge spillovers using geographic information systems and firm-level data [J]. Regional science and urban economics, 31(5): 571-599.

[288] WALLNER J, MENRAD M, 2010. Extending the innovation ecosystem framework [R]. Upper Austria University of Applied Sciences, School of Business.

[289] WALRAVE B, et al, 2018. A multi-level perspective on innovation ecosystems for path-breaking innovation [J]. Technological forecasting and social change,136:103-113.

[290] WRIGHT P M, 1994, Mcmahan G C, Mcwilliams A. Human resources and sustained competitive advantage: a resource-based perspective[J]. International Journal of Human Resource Management, 5(2):301-

326.

[291] WHITED T M, WU G, 2006. Financial Constraints Risk [J]. Review of Financial Studies, 19(2):531-559.

[292] YANG H, PHELPS C, STEENSMA H K, 2010. Learning from What Others Have Learned from You: The Effects of Knowledge Spillovers on Originating Firms[J]. Academy of Management Journal, 53(2):371-389.

[293] ZAHRA S A, GEORGE G, 2002. Absorptive capacity: a review, reconceptualization, and extension [J]. Academy of management review, 27: 185-203.